U0721466

公共安全与应急管理研究

赵秀丽　杨志勇　著

中国原子能出版社

图书在版编目（CIP）数据

公共安全与应急管理研究 / 赵秀丽，杨志勇著. 北京：中国原子能出版社，2024. 8. -- ISBN 978-7-5221-3511-3

Ⅰ. D035.29

中国国家版本馆 CIP 数据核字第 2024ZJ4446 号

公共安全与应急管理研究

出版发行	中国原子能出版社（北京市海淀区阜成路 43 号　100048）
责任编辑	张　磊
责任印制	赵　明
印　　刷	北京厚诚则铭印刷科技有限公司
经　　销	全国新华书店
开　　本	787 mm×1092 mm　1/16
印　　张	19.25
字　　数	315 千字
版　　次	2025 年 6 月第 1 版　2025 年 6 月第 1 次印刷
书　　号	ISBN 978-7-5221-3511-3　　定　价　**78.00** 元

版权所有　侵权必究

前言

公共安全与应急管理是现代社会面临的重要议题，涉及的范围广泛，包括自然灾害、公共卫生事件、恐怖袭击、技术事故等多种突发事件。有效的公共安全与应急管理对于保障人民生命财产安全，维护社会稳定，具有至关重要的意义。

公共安全与应急管理的核心在于预防和减轻突发事件造成的损失。通过科学的风险评估和预警系统，可以及时识别潜在的风险因素，制定相应的防范策略。例如，对于地震、洪水等自然灾害，可以通过地质勘查、气象监测等手段提前预警，采取必要的防护措施，减少灾害带来的损害。

应急响应机制是公共安全与应急管理的重要组成部分。在突发事件发生时，迅速、有效的应急响应可以最大限度地减轻损失，保护人民的生命和财产安全。建立健全的应急响应体系，包括应急预案、指挥调度、救援力量、物资储备等，可以提高应对突发事件的能力和效率。

公众参与和社会责任是公共安全与应急管理的重要方面。公众的安全意识和自我保护能力对于应对突发事件至关重要。通过开展安全教育和培训，提高公众的安全意识和应急能力，可以更好地保护自己和他人。同时，各个社会组织和企业也应承担起应急管理的社会责任，积极参与公共安全事务，共同维护社会的安全稳定。

技术创新和信息化是公共安全与应急管理的重要支撑。随着科技的发展，各种先进的技术手段如人工智能、大数据、物联网等被广泛应用于公共安全领域，为应急管理提供了强大的技术支持。通过建立信息化的应急管理系统，可以实时监测和分析突发事件的动态，及时做出决策，提高应急响应的效率和准确性。

目　录

第一章 公共安全的理论基础

第一节 公共安全概念与定义

一、公共安全概念

（一）公共安全的基本概念

公共安全是一个综合性概念，涵盖了社会、政治、经济和环境等多个领域。它的核心目标是保障社会秩序的稳定，保护公民免受各种威胁，确保社会正常运作及公众福祉。公共安全不仅仅是一个抽象的理念，更是一种现实条件，需全社会共同维护。其涵盖的范围极广，既包括个人的生命安全，也包括国家的安全利益。

公共安全首先涉及个人生命和财产的保护。这是其最基本的层面。公共安全的首要任务是保障每个人的生命安全，防止暴力、犯罪和灾害等威胁。同时，公共安全还需保护个人财产不受侵犯，确保财产权得到有效的法律保障，从而维护社会的秩序与稳定。

公共安全还包括社会稳定与治安管理。社会稳定是公共安全的基础，涵盖政治、经济、文化等各个方面。在一个稳定的社会环境中，人们能够更好地发展自己，实现个人价值，社会秩序更为有序，公共资源也能得到更有效的利用。治安管理则是维护社会稳定的关键手段，涵盖警务、法律制度和监督管理等措施，以确保社会秩序不受犯罪行为的干扰。

此外，公共安全还涉及环境保护与自然资源的管理。环境安全是公共安全的一个重要组成部分，直接关系到人类的生存和发展。随着工业化与城市化的推进，环境污染、资源枯竭等问题日益严峻，给人类社会带来重大挑战。因此，保护环境、节约资源和实现可持续发展已成为维护公共安全的重要任务。

信息安全与网络安全也是公共安全的核心内容。随着信息技术的迅猛发展，网络已经成为人们生活与工作的关键载体。然而，网络犯罪、信息泄露等问题层出不穷，对个人、组织甚至国家的安全构成威胁。因此，强化信息安全与网络安全，防范网络犯罪，保护个人隐私，维护网络空间的安全与稳定，已成为当代公共安全的重要组成部分。

最后，公共安全还包括国家安全与国际安全。国家安全是保障国家政权、主权与领土完整的基本内容，涉及政治、军事、经济、文化等多个方面。国际安全则是国家安全的延伸，涉及国家间的关系，包括国际冲突、恐怖主义与跨国犯罪等问题。维护国家安全和国际安全，促进国际社会和平与稳定，也是公共安全的重要任务之一。

（二）公共安全的重要性

公共安全是社会稳定与发展的根本保障，它直接关系到每个人的生命、财产安全以及社会秩序的稳定。公共安全的保障需要政府、社会组织和每个公民的共同努力。无论是在日常生活中，还是在突发事件面前，公共安全始终是至关重要的。

公共安全直接影响人民的生命安全。在一个安全的社会中，人们能够放心生活、工作和娱乐。当人们不再担心遭遇犯罪或其他危害时，他们能够更好地发挥潜力，为社会做出更大贡献。因此，维护公共安全就是保护人们的基本权利与尊严。

公共安全还直接关系到社会的稳定与发展。一个安全的社会能够吸引更多投资和人才，推动经济繁荣与社会进步。反之，若社会不安全，犯罪率高、灾害频发，将对社会产生严重负面影响，可能导致经济停滞和社会动荡。公共安全是社会稳定与发展的基石之一。

公共安全不仅是政府的责任，更需要社会各界的共同努力。政府应加强执法力度，完善法律体系，提高应对突发事件的能力。同时，公民应增强安全意识，遵守法律法规，积极参与维护公共安全的行动。只有政府与社会各界携手合作，才能实现公共安全的全面保障。

随着社会不断发展，新的安全挑战不断涌现，如网络安全、环境安全等。因此，我们必须不断更新观念，提升应对能力，及时应对新的安全威胁。只有这样，才能确保公共安全工作始终走在时代前沿，有效保障人民的安全与幸福。

二、公共安全定义

（一）学术界对公共安全的定义

公共安全通常被定义为社会中个体和群体免受内外威胁、危险和伤害的状态。该定义强调公共安全与个体及群体利益的紧密关系，其核心在于保护人民的生命、财产和基本权利。在这一意义上，公共安全被视为国家的基本责任，政府有义务确保公民的安全。

公共安全还涉及社会稳定和治安的维护。这意味着，在一个安全的社会中，人们应享有相对稳定与安宁的生活环境，不必担忧犯罪、暴力或社会动荡的困扰。公共安全的实现不仅是对具体威胁的应对，还包括预防和化解社会矛盾、维持社会秩序的工作。

此外，公共安全还涵盖对自然灾害、公共卫生事件和环境污染等非人为因素的防范与应对。随着全球化进程的加速，气候变化、流行病传播等跨国界挑战日益显现，这些都对公共安全构成严峻考验。因此，公共安全的定义不仅需要包括应对人为威胁，也应考虑自然灾害和环境风险的管理。

公共安全还涉及信息安全和网络安全。随着信息技术的飞速发展，网络空间已经成为人们生活和工作的关键组成部分。然而，网络犯罪、网络恐怖主义等新兴安全威胁也不断出现。确保信息系统和网络的安全与稳定，已成为维护公共安全的重要任务之一。

公共安全的实现离不开政府、社会组织和个人的共同努力。政府在公共安全领域发挥着核心作用，但也需要民众的参与和支持。社会组织和个人可以通过增强安全意识，积极参与公共安全事务，从而共同维护社会的安全与稳定。

（二）政府机构对公共安全的理解

政府机构强调对各类安全威胁的预防和应对。政府认识到，公共安全面临来自多个方面的威胁，包括自然灾害、恐怖主义、犯罪活动、公共卫生事件等。为此，政府采取了多种措施，如加强监测预警机制、提高安全意识、建立危机管理体系等，力求在预防和应对各类安全威胁时，最大限度地保护公民的生命和财产安全。

政府机构重视社会稳定与治安的维护。政府认识到，社会的稳定与治安是公共安全的基础，也是实现经济发展和社会进步的前提。为此，政府采取一系列措施，包括加强警务力量、完善法律制度、加强社会管理等，以维护社会秩序，保障公民的生命和财产安全。

政府机构还关注环境与资源安全。政府认识到，环境污染和资源枯竭等问题对公共安全构成了严重威胁，直接影响到人民的生存与发展。政府因此采取了一系列措施，如加强环境监测、推动节能减排、加强环境治理等，旨在保护环境、节约资源，推动经济可持续发展，从而维护公共安全。

政府机构高度重视信息安全与网络安全。随着信息技术的迅速发展，尽管它为社会带来了巨大的便利，却也带来了新的安全挑战，如网络犯罪和信息泄露等问题。为应对这些挑战，政府采取了一系列措施，包括加强网络监管、提升信息安全意识、加强网络安全技术研发等，旨在保护个人隐私，维护网络空间的安全和稳定。

政府机构同样注重国家安全和国际安全。政府认识到，国家安全和国际安全是维护公共安全的重要内容，关乎国家的长期发展以及国际社会的和平与稳定。政府通过加强国防建设、推动国际合作、参与国际安全事务等措施，致力于维护国家的政治安全、军事安全与经济安全，同时促进国际社会的和平与发展。

第二节　安全理论与模型

一、公共安全理论基础

（一）系统理论在公共安全中的应用

系统理论强调整体性和各部分之间的相互作用。在公共安全领域，我们不能仅关注某一个单独的方面，而是应综合考虑各种因素的交织与互动。系统理论提醒我们，公共安全是一个多维度的复杂系统，涉及政治、经济、社会、文化等多个方面。只有全面理解这些因素之间的关系，才能有效保障公共安全。

系统理论还强调动态性。公共安全并非一成不变，而是随着社会发展、时代变迁和科技进步而不断变化。系统理论告诉我们，公共安全需要不断调整和更新安全策略，以应对新兴的安全威胁。只有跟上时代的步伐，才能有效保障公共安全。

系统理论的另一个关键点是反馈机制。在公共安全领域，我们必须不断收集、分析和反馈各类信息，及时发现安全隐患，并采取相应措施予以解决。系统理论强调，反馈机制是确保系统稳定的核心要素。通过及时的反馈和调整，才能有效维护公共安全的持续稳定。

系统理论还强调复杂性。公共安全受多种因素共同作用的影响，且这些因素之间存在复杂的互动关系。系统理论提醒我们，在制定安全策略时，不能忽视任何一个影响因素，而应综合考虑各种内部和外部的影响，形成系统性的安全防范和应对措施。只有这样，才能有效应对不同层面的安全挑战，保障公共安全。

（二）社会契约理论与公共安全

社会契约理论是政治哲学中的核心概念，且与公共安全有着密切的关系。最早由霍布斯、洛克、卢梭等思想家提出，社会契约理论旨在解释政府权力的合法性来源及公民与政府之间的权利与义务的关系。在这一理论框架下，公共安全被视为政府最基本的责任之一，并与个人和集体的权利与义务紧密相连。

社会契约理论首先强调政府权力的合法性来源。根据该理论，政府的权力并非来源于神权或君权神授，而是通过人民自愿达成的社会契约而产生的。这意味着，政府的权力应当是人民赋予的，并受到人民的监督和制约。政府在行使权力时必须符合人民的利益与意愿，而保障公共安全便是政府履行这一责任的核心任务之一。

社会契约理论还强调政治权利与义务之间的关系。在社会契约框架下，个人放弃部分自由，服从政府的治理，换取社会秩序和公共安全的保障。公民对政府的权威具有一定的服从义务，而政府则承担着保障公民基本权利和安全的责任。因此，公共安全在这一框架下，成为政府对公民承诺和责任的具体现象。

此外，社会契约理论强调政府与公民之间的互惠关系。政府承诺保护公民的生命、财产和基本权利，而公民则同意接受政府的统治并履行相应的社会义务。在这种互惠的契约关系中，公共安全成为政府履行承诺的核心内容之一。政府通过制定法律、维护秩序、提供公共服务等手段来保障公共安全，而公民则通过遵守法律、支持政府的工作等方式来助力政府的治理。

社会契约理论最后强调了政府的责任和义务。政府作为社会契约的执行者，其首要任务是维护社会秩序和保障公共安全。为了履行这一责任，政府需要建立有效的法律体系、强化执法机构、加强安全防范等措施。同时，政府还应积极参与社会和国际事务，预防和应对各种安全威胁与危机，确保公民的安全和社会的稳定。

二、公共安全模型

（一）公共安全管理模型

公共安全管理模型是一种系统化的管理理论，旨在通过高效的组织和管理，提高公共安全水平，从而确保社会稳定和公民福祉。该模型涉及政府机构、社会组织、企业，以及个人等多个方面，旨在从不同层面实现公共安全的管理与保障。

公共安全管理模型强调政府的领导和监管作用。政府在公共安全管理中扮演着核心角色，负责制定相关政策、法律和标准，构建健全的管理体系和工作机制，加强对各类安全威胁的监测、预警和应急处置，确保社会稳定与公民安全。政府通过设立专门的安全管理机构，协调各方资源，优化公共安全工作，提高管理效率和效果。

公共安全管理模型也注重社会各方的参与与协作。除了政府机构外，社会组织、企业和个人等各方都是公共安全管理的重要参与者。社会组织可发挥自身优势，参与公共安全管理，开展安全宣传教育、组织安全演练等活动，提升公众的安全意识和自我防范能力。企业应加强安全生产管理，保障员工的安全和健康，防止生产安全事故的发生。个人应增强安全意识，遵守法律法规，积极参与公共安全管理，协同政府维护社会和谐稳定。

公共安全管理模型还强调科技的支撑与应用。随着信息技术的发展，科技已成为公共安全管理的重要工具和支撑。政府和相关部门可利用先进技术，建立健全安全监测和预警系统，实时监测各类安全威胁，提高应对突发事件的能力。科技还可用于强化安全检查与监管，提升安全生产和交通管理水平，从而更好保障公共安全。

公共安全管理模型同样重视风险管理与应急响应。在复杂多变的安全环境中，预防和应对突发事件至关重要。公共安全管理模型倡导采取风险管理思维，全面分析各类安全风险，采取有效措施进行防范和控制。此外，建立健全应急响应机制，制定科学合理的应急预案，组织应急演练和救援工作，也能显著提高应对突发事件的能力和效率。

（二）公共卫生安全模型

公共卫生安全模型是一种综合性管理模式，旨在应对和控制社会公共卫生事件、突发传染病等问题，保障人民健康与生命安全。该模型涵盖了监测与预警、应急响应、风险评估、信息传播、资源调配等多个方面，是建设健康社会的重要保障之一。

公共卫生安全模型的核心在于监测与预警。通过建立健全的监测系统，可以及时发现并掌握公共卫生事件的动态。预警机制能够及早提醒政府和公众采取必要的应对措施，进而提高公共卫生事件应对的效率和精准度，减少损失和伤害。

公共卫生安全模型还强调应急响应能力。发生公共卫生事件时，必须迅速启动应急响应机制，协调各方资源，采取有效措施控制疫情扩散，保护人民健康和生命安全。应急响应包括医疗救治、物资保障、人员调度等方面，要求政府和相关部门能够迅速、有效地应对突发事件。

此外，公共卫生安全模型还需要进行风险评估和管理。在公共卫生事件发生之前，应对潜在风险进行科学评估与预测，并制定相应的应对策略和预案。风险管理涵盖政策制定、资源配置、社会教育等多个方面，需要政府、专家和公众共同参与，以形成合力应对公共卫生风险。

公共卫生安全模型还强调信息传播与公众参与。透明及时地发布公共卫生信息是增强公众信任、凝聚社会力量的重要途径。政府与媒体应加强信息披露与宣传，引导公众科学防控，减少谣言和恐慌。同时，公众也应积极配合政府措施，增强自我保护意识，共同维护社会稳定和公共卫生安全。

最后，公共卫生安全模型需要做好资源调配与国际合作。在重大公共卫生事件中，必须统筹利用各类资源，保障医疗物资、人力支持等方面的供给。同时，国际合作同样至关重要，各国应加强信息共享、技术交流与资源支持，共同应对跨国传染病等公共卫生挑战。

1. 传染病爆发模型

传染病爆发模型是一种基于流行病学原理与数学模型的建模工具，旨在模拟和预测传染病在人群中的传播过程。此类模型通常考虑传播途径、人群流动、接触模式等因素，通过对传染病传播动态的建模和模拟，帮助政府和卫生机构制定有效的疫情控制策略，如隔离措施、疫苗接种、医疗资源分配等。

公共卫生安全模型不仅包括传染病爆发模型，还涉及环境卫生、食品安全、慢性疾病控制、医疗资源分配等多方面内容。通过综合考虑各种因素，公共卫生安全模型可以帮助政府和卫生机构更全面地管理和应对公共卫生事件，提高公民健康水平与生活质量。

传染病爆发模型和公共卫生安全模型在公共卫生管理中的作用至关重要。它们帮助政府和卫生机构更好地理解和预测传染病的传播规律，及时采取有效控制措施，遏制疫情蔓延。同时，这些模型能优化医疗资源的分配与利用，提升应对突发公共卫生事件的能力与效率。

2. 公共卫生应急响应模型

公共卫生应急响应模型是指在突发公共卫生事件发生时，政府和相关部门采取的一系列措施与机制，旨在及时有效地应对并控制疫情，最大程度地减少人员伤亡与社会影响。该模型包括预防、监测、应急响应与恢复等环节，涉及多个部门和层级，是保障公共卫生安全的重要手段。

公共卫生应急响应模型强调预防为主的原则。预防是公共卫生工作的首要任务，也是防控突发公共卫生事件的关键。政府和相关部门应加强潜在危险因素的监测和评估，及时发现和预警可能的公共卫生风险，并采取有效措施进行防范。这包括加强卫生教育与宣传，提高公众健康意识和自我防护能力，确保环境卫生与食品饮用水安全，预防各类传染病的发生。

应急响应模型还注重监测与预警机制的建设。监测与预警是应急响应的基础，能够及时发现疫情动态，为应急响应提供科学依据。政府和相关部门应建立健全监测网络与信息系统，加强对传染病和突发公共卫生事件的监测，及时发布预警信息，引导社会公众采取必要防护措施。

公共卫生应急响应模型强调及时有效的应急响应。当突发公共卫生事件发生时，政府和相关部门应迅速启动应急响应机制，协调各方力量，采取科学合理的措施进行疫情防控和救治。这包括封控疫情源头、隔离治疗病例、追踪密切接触者、加强医疗救援和物资保障等。

此外，公共卫生应急响应模型也强调灵活多样的恢复措施。在疫情得到有效控制后，政府应及时调整应对策略，采取恢复性措施，促进经济社会的恢复与发展。这包括加强疫后重建，恢复生产生活秩序，强化卫生防疫设施建设等。

第三节 公共危机分类与特征

一、公共危机分类

（一）自然灾害引发的危机

自然灾害是由地球自然过程或活动引起的对人类社会造成严重危害的自然事件。这类事件包括地震、飓风、洪水、干旱、火灾等，其影响范围广泛，常常对人类生活和社会秩序产生深远的冲击。

自然灾害引发的危机主要表现在人员伤亡和财产损失上。当自然灾害发生时，往往会造成大量人员伤亡和失踪，给家庭和社会带来沉痛的痛苦。同时，灾害可能导致房屋倒塌、农田受损、基础设施受损或瘫痪等，严重影响社会经济发展，带来巨大的财产损失。

自然灾害也可能影响社会秩序和安全。在灾后，社会秩序往往会受到威胁，例如，可能发生抢劫、暴乱等社会动荡现象，这使得社会的安全状况更加脆弱。同时，灾后可能出现医疗资源不足、食品短缺、饮用水困难等问题，这些问题加剧了人们的恐慌和不安，给社会稳定带来更大挑战。

自然灾害还可能导致环境破坏和生态失衡。许多自然灾害会造成大量的植被破坏、土壤侵蚀、水源污染等现象，这些问题不仅对生态系统造成破坏，还会导致生物多样性的丧失，进而影响人类的生存环境和可持续发展。

此外，一些严重的灾害可能会导致大量人口流动和社会重建问题。灾区的居民往往失去家园和生计，被迫迁移。这不仅给灾区带来了巨大的压力，也可能对周边地区和其他国家产生连锁反应。灾后的社会重建需要大量的资金和时间，恢复社会秩序和基础设施是一个漫长而复杂的过程。

（二）人为因素引发的危机

人为因素引发的危机是由人类的行为、决策失误或疏忽所导致的突发事件或长期问题，这些问题对社会、经济、环境等多个方面造成了严重的影响和损失。由于其种类繁多且影响深远，人为因素引发的危机可以根据危机的性质、成因以及影响等进行不同的分类。

首先，从危机的性质来看，人为因素引发的危机可以分为四种类型：安全类、环境类、经济类和社会类危机。安全类危机通常指恐怖袭击、暴力事件、人为事故等，这些事件不仅导致人员伤亡和财产损失，还可能引发广泛的社会动荡。环境类危机如污染事件、生态破坏和气候变化等，直接危害生态系统的稳定，并且对人类的健康和生活质量构成威胁。经济类危机则包括金融危机、经济衰退、市场崩溃等，这些问题常常导致经济停滞、失业增加，并加剧社会的不稳定。而社会类危机则包括政治危机、社会动荡、文化冲突等，可能引发社会秩序混乱、社会信任缺失，甚至加剧社会分裂。

根据危机的影响范围和程度，我们还可以将人为因素引发的危机分为局部性危机、全球性危机和跨国性危机。局部性危机通常发生在一个较小的范围内，其影响也较为局部，例如企业内部的事故或地区性冲突。全球性危机影响范围广泛，波及整个地球，例如全球金融危机或全球流行病。而跨国性危机则指那些超越国界、跨越地域的危机，例如国际恐怖袭击或全球气候变化等。

除此之外，人为因素引发的危机还可以根据其持续时间和演变过程进行分类。短期危机是那些持续时间较短、突发性强的危机事件，如自然灾害或突发的恐怖袭击等。长期危机则通常持续较长时间，且演变过程较缓慢，例如经济衰退或社会动荡等。而逐步危机是指危机事件由于长期积累效应而逐渐加剧的情况，典型的例子有环境污染和资源枯竭等。

最后，根据危机的应对策略和解决途径，我们可以将危机分为紧急危机和潜在危机。紧急危机通常需要立即采取行动进行应对，这类危机多为自然灾害、突发事故等，必须依靠迅速有效的应急响应来解决。而潜在危机则通常隐藏在社会、经济或环境的各个层面，需要通过长期的战略规划和系统治理来应对，如气候变化和社会不公等问题。

二、公共危机特征

（一）危机的不确定性

危机的不确定性指的是在危机发生之前，我们往往难以准确预测其具体形式、规模及影响程度。这种不确定性源自多个复杂因素，涉及社会、经济、政治、自然等不同层面。正因如此，危机管理变得极为复杂，需要政府、企业以及社会各界在应对危机时保持高度警觉，并具备灵活的应变能力。

危机的不确定性首先体现在危机的发生原因和形式上。危机的起因可能多种多样，包括自然灾害、人为事故、社会动荡等，这些因素本身就具有高度的不确定性。例如，地震、洪水等自然灾害的发生常常是突发性的，难以提前准确预测和防范；而社会动荡、恐怖袭击等人为因素引发的危机更为复杂，可能受到政治、经济、文化等多重因素的交织影响，增加了不确定性。

此外，危机的不确定性还表现在其发展和演变过程中。一旦危机爆发，其发展路径往往难以预料，且可能受到多种因素的影响。例如，疫情爆发后，病毒变异、传播速度加快、防控措施的滞后等因素都会使危机的演变过程更加扑朔迷离。同样，在经济领域，金融危机可能引发连锁反应，进一步扩大危机的影响范围，增加其发展过程中不可预测的复杂性。

危机的不确定性还表现在危机的影响及后果上。危机通常会对社会、经济、政治等多个方面产生深远影响，但这些影响的具体程度和范围往往难以准确评估。例如，自然灾害可能带来人员伤亡、财产损失、生态环境破坏等多重后果，但其具体影响取决于灾害发生的时间、强度及地区等多种因素。因此，事前无法准确预测灾害的具体影响。同样，在经济领域，金融危机可能导致股市崩盘、企业倒闭、失业激增等问题，但这些后果的深度和广度也难以精确预见。

（二）危机的紧迫性

危机的紧迫性源自其突发性和不可预测性。许多危机事件都是突如其来的，来势迅猛，难以防范。例如，自然灾害、恐怖袭击、突发疫情等事件可能在短时间内造成巨大影响，迅速波及社会各个层面。在这种情况下，相关部门和社会各界必须迅速响应，采取及时有效的应对措施，以最大程度减少损失和危害。

紧迫性还表现在危机所带来的威胁性和影响范围上。许多危机会对人民的生命安全及社会稳定构成直接威胁。例如，核泄漏、大规模恐怖袭击等事件可能导致严重人员伤亡，甚至引发社会动荡。同时，一些危机具有跨国性或全球性影响，例如，全球气候变化、全球金融危机等，这类危机不仅对局部地区造成深远影响，也可能对全球的经济、环境和社会系统产生长远的冲击。

危机的紧迫性还体现在应对过程的复杂性和挑战性上。许多危机本身具有多样性、多层次性及交叉性，需要综合考虑多方面的因素和利益，制定科学合理的应对策略。此外，危机的处理通常面临信息不对称、决策不确定等一系列挑战，这就要求政府、企业及社会组织等各方力量密切协作，形成合力，才能有效应对复杂的危机局面。

公共危机往往具有一些特殊的特征，这些特征决定了我们在危机处理中必须采取与常规事件不同的策略和措施。首先，公共危机具有公共性和社会性，其影响往往波及社会的各个层面，甚至会影响国家的整体稳定，因此需要政府及社会各界的共同参与。其次，公共危机经常伴随着信息不对称和舆论压力，媒体在危机中的作用尤为重要，政府和媒体应加强沟通和信息披露，引导公众理性看待危机，减少恐慌与误解。最后，公共危机涉及的领域广泛，通常跨越政治、经济、文化等多个层面，因此，需要从多个维度综合考虑并制定全面的应对方案。

第四节　应急管理理论

一、应急管理的理论基础

（一）系统理论在应急管理中的应用

系统理论在应急管理中的应用，强调将复杂的应急管理系统视为由相互关联、相互作用的各个要素组成的一个整体。这一理论框架有助于提高应急管理的效率、灵活性和适应性，旨在通过分析系统的结构和功能，识别关键要素及其相互关系，从而更有效地应对各类突发事件和危机。

在应急管理中，系统理论的核心应用体现在对应急管理系统的整体认识与分析。应急管理系统涉及应急组织、资源、技术、政策等多个要素，这些要素之间互相作用、互相影响，构成了一个复杂的系统。应用系统理论的方法，有助于理清这些要素之间的关系和作用，为决策者提供科学的依据和指导，确保应急管理决策的科学性和有效性。

系统理论在应急管理中的应用，也体现在对系统边界与结构的界定上。系统理论强调应急管理系统与外部环境之间的互动，明确系统的边界，辨别内部与外部要素之间的相互作用。通过界定系统的边界，能够更好地理解应急管理系统的运行机制与规律，为应急管理策略的制定和实施提供坚实的基础。

此外，系统理论还应用于对应急管理系统动态和演化的分析。应急管理系统是一个动态的系统，受内外部因素的影响和制约，具有自我调节和自我适应的能力。通过系统理论，可以分析系统的动态特征和演化趋势，及时发现潜在问题并采取相应措施，增强系统的稳定性和应对突发事件的能力。

系统理论还为风险评估和预警分析提供了理论基础。通过系统理论的方法，能够识别和评估系统中存在的风险与隐患，预测其可能带来的影响和损失，并据此制定相应的风险管理和应对策略。通过预警分析，能够提前识别潜在的危机，并采取必要的防范措施，减少损失和危害。

此外，系统理论还可以为应急管理决策提供科学支持。通过对应急管理系统的综合分析，识别出系统的优势和不足，发现潜在问题，帮助决策者作出更加合理的决策，推动应急管理工作的有效实施。

（二）风险管理理论与应急管理

风险管理理论与应急管理密切相关，是现代社会中至关重要的两个领域。两者虽在侧重点和方法上有所不同，但在实际应用中往往相互交织、相辅相成，共同构成了一个完整的风险管理与应急管理体系，旨在有效应对各种不确定性和突发事件，保障人民生命财产安全，维护社会的稳定与可持续发展。

风险管理理论注重在日常运作中对潜在风险的全面识别、评估和控制。根据风险管理理论，任何组织和活动都存在潜在的风险。只有通过对这些风险的认知和有效管理，才能够降低其对组织和社会的影响。风险管理的核心环节包括风险识别、风险评估以及风险应对等，目的是建立一套科学合理的风险管理体系，从而实现对组织和社会风险的全面掌控。

与之相对，风险管理理论强调的是长期、持续的风险管控与规避。风险管理不仅是一次性事件的应对，它应该是一个持续不断的过程。组织需要定期更新风险识别与评估，及时调整风险管理策略和措施，以适应外部环境和内部组织的变化。通过这一持续过程，组织能够提升自身的抗风险能力，确保长期稳定发展。

相比之下，应急管理则侧重于在突发事件发生时迅速做出反应和有效处理。应急管理强调的是一旦危机或突发事件发生，组织能够迅速组织协调资源，最大限度减少损失与影响。应急管理的核心是建立科学、有效的应急预案与应急响应机制，明确责任分工和处置流程，确保在紧急情况下能够迅速有序地开展应对工作。

应急管理还特别强调提升应对能力和实战演练的重要性。仅有完善的预案和机制是不够的，组织需要有丰富的实战经验和专业技能来支持应急管理的实施。因此，定期的应急演练和培训尤为重要，这不仅有助于提高员工的应急意识，还能增强其在实际应急场景中的应对能力，确保应急管理能够高效开展。

二、应急管理理论实施流程

（一）应急计划的制订与更新

应急计划的制订与更新是应对各种突发事件和危机的关键举措，它是应急管理理论实施流程中至关重要的一环。应急计划的制订旨在提前预防和减轻可能发生的灾害，应对突发事件，保障人民生命财产安全，维护社会稳定。而应急计划的更新则是为了适应环境变化和新的挑战，保持其及时性和有效性。

应急计划的制定需要深入调研和风险评估。在制订应急计划之前，需要对可能面临的各种突发事件和灾害进行全面的调查和评估，了解其可能的发生原因、影响范围和后果。只有深入了解现实情况，才能够有针对性地制定应对方案，提高应对能力。

应急计划的制定需要明确责任分工和应对程序。在制订应急计划时，需要明确各级政府部门、相关机构和个人的责任和职责，建立起协同合作的工作机制。同时，还需要制定详细的应对程序和流程，确保在灾害发生时能够迅速、有序地进行处置和救援。

应急计划的制订需要充分考虑资源保障和支持保障。在制订应急计划时，需要充分考虑各种资源的供给和调配，包括人力、物资、技术等方面的资源。同时，还需要考虑与各方的合作和支持，建立起资源共享的机制，提高应对能力。

应急计划的制订还需要强调信息收集和传播。在灾害发生时，及时准确地掌握各种信息对于有效应对非常重要。需要建立健全的信息收集和传播系统，加强与媒体、社会组织和公众的沟通，及时发布相关信息，指导公众科学防范和应对。

应急计划的更新是保持其有效性和及时性的重要手段。随着社会环境的变化和新的挑战的出现，原有的应急计划可能会变得不再适用或不够完善。需要定期对应急计划进行评估和更新，根据新的情况和需求进行调整和完善，保持其与时俱进。

（二）应急装备的采购与维护

应急装备的采购与维护是应急管理工作中至关重要的一环，它直接关系到应急响应的能力和效率。在应急管理理论实施流程中，应急装备的采购与维护是一个重要的环节，需要科学规划和有效管理。

应急装备的采购是应急管理理论实施流程的第一步。在制订应急管理计划时，需要根据应急响应的需要和实际情况，确定所需的应急装备种类和数量。采购应急装备需要考虑到装备的性能、质量、价格等因素，同时也需要考虑到供应商的信誉和服务质量。为了确保采购的装备能够满足应急响应的需要，可以进行招标采购或者与专业供应商进行合作，确保采购过程公开透明、合法合规。

应急装备的维护是应急管理理论实施流程中的关键环节。一旦采购到应急装备，就需要对其进行定期的维护和保养，以确保其性能和功能完好，随时能够投入使用。维护工作包括定期检查、保养、维修等，需要制定维护计划和标准，建立维护记录和档案，对装备的使用情况进行监测和评估。还需要培训专业的维护人员，提高其维护技能和水平，确保维护工作的质量和效率。

应急装备的更新是应急管理理论实施流程中的重要环节。随着科技的进步和应急管理需求的变化，部分应急装备可能会逐渐过时或者不能满足实际需要。需要定期评估和更新应急装备，及时淘汰老化的装备，引进新型的、更先进的装备，以提高应急响应的能力和效率。在进行装备更新时，需要充分考虑到装备的性能、适用性、成本等因素，确保更新的装备能够更好地满足应急管理的需求。

应急装备的管理是应急管理理论实施流程中的重要环节。管理工作包括对装备的库存管理、使用管理、调配管理等方面。需要建立健全的装备管理制度和流程，明确装备的归属、责任和管理权限，确保装备的安全、有效使用。同时，还需要建立装备信息化管理系统，对装备的数量、型号、位置等信息进行统一管理和监控，提高装备管理的效率和精度。

应急装备的培训是应急管理理论实施流程中的重要环节。即使采购到了先进的应急装备，如果没有经过专业的培训和训练，也无法发挥其最大的作用。需要对应急装备的使用人员进行专业的培训和训练，提高其操作技能和应急响应能力。培训内容包括装备的使用方法、操作流程、应急处置技能等，可以通过模拟演练、实地训练等方式进行，确保装备能够在实际应急情况下得到有效运用。

（三）应急响应指挥结构

应急响应指挥结构是应急管理体系中的关键组成部分，它是指在突发事件发生时，为了有效地组织指挥和协调各种救援和救助力量，保障公众的生命财产安全，政府和相关部门建立的一套指挥管理机构和工作体系。应急响应指挥结构通常由应急指挥部、应急指挥中心、分指挥部、现场指挥部等组成，各个部门和岗位之间有明确的职责分工和协作机制。

应急指挥部是应急响应指挥结构的核心，负责统一指挥、领导和协调应急救援工作。应急指挥部由政府主管部门或地方政府建立，一般由主要领导担任指挥长，配备专业的应急管理人员和工作人员，负责制定应急预案、组织应急演练、协调应急资源、发布应急通知等工作。在应急事件发生时，应急指挥部迅速启动应急响应机制，指挥调度各方救援力量，及时处置突发事件，最大程度地减少损失和影响。

应急指挥中心是应急响应指挥结构的重要组成部分，负责信息收集、监测预警、指挥调度和信息发布等工作。应急指挥中心通常设立在政府主管部门或地方政府内，配备专业的应急管理人员和技术设备，负责收集、汇总和分析突发事件的相关信息，及时发布预警信息，协调指挥各类救援力量，为应急指挥部提供决策支持和技术保障。

分指挥部是应急响应指挥结构的重要支撑，根据具体的应急事件性质和规模设立，负责协助应急指挥部开展具体的应急处置工作。分指挥部由政府主管部门或地方政府内设立，一般由专业的应急管理人员和工作人员组成，根据应急预案和指挥部的指示，组织实施救援、救助、医疗救治等具体工作，协调各类资源，保障应急工作的顺利开展。

现场指挥部是应急响应指挥结构的重要组成部分，负责具体的应急处置和现场指挥工作。现场指挥部通常设立在突发事件现场或附近，由应急救援部门或单位设立，负责组织实施现场救援、搜救、灾情评估、伤员救治等具体工作，协调各类救援力量，保障救援工作的有效开展。

第五节 风险评估与预防策略

一、公共安全风险评估要素

（一）风险源分析

风险源分析以及公共安全风险评估是保障社会稳定和人民安全的重要环

节，对于预防和应对各类安全风险至关重要。风险源分析旨在识别可能导致公共安全事件的各种潜在因素和来源，而公共安全风险评估则是综合考量这些因素，评估其对公共安全的影响程度和可能性，为制定有效的应对策略提供科学依据。

风险源分析的重点在于识别和界定潜在的安全威胁和危险因素。这包括但不限于自然灾害、人为事故、恐怖袭击、公共卫生事件等各种可能导致公共安全事件的因素。通过对这些因素的全面分析和辨识，可以有针对性地制定相应的应对措施，减少安全风险的发生和影响。

公共安全风险评估需要综合考虑各种因素的影响程度和可能性。这包括对潜在风险的严重性、频率、扩散速度、影响范围等方面进行评估，从而确定其对公共安全的实际影响程度。通过对各项指标的综合评估，可以量化和排列各种风险，确定应对的优先级和重点。

公共安全风险评估需要充分考虑社会、经济、政治、文化等多方面因素的影响。公共安全事件往往涉及多个领域和多个利益相关者，其影响因素也十分复杂多样。评估人员需要综合考虑各种因素的相互作用和影响，确保评估结果的科学准确性和可靠性。

公共安全风险评估还需要充分利用科学技术手段和数据支持。现代科技手段如人工智能、大数据分析、地理信息系统等可以为风险评估提供丰富的数据和信息支持，提高评估的精确性和准确性。同时，还可以利用模型模拟和场景演练等方法，对不同风险情景进行探索和分析，为应对措施的制定提供参考。

公共安全风险评估需要定期更新和完善。随着社会发展和环境变化，公共安全风险也在不断演变和变化。评估人员需要不断收集、分析和反馈各种信息，及时调整评估指标和方法，保持评估工作的及时性和有效性。只有如此，才能不断提高应对各类安全风险的能力，保障社会的稳定和人民的安全。

（二）潜在损害评估

潜在损害评估是公共安全风险评估的重要组成部分，它涉及对可能发生的损害或灾害进行系统分析和评估，以确定可能的影响范围、程度和后果。

在公共安全风险评估中，潜在损害评估是确定风险的基础，有助于提前识别潜在风险，并采取相应的措施加以预防和化解。

潜在损害评估涉及对潜在风险因素的识别和分析。在进行公共安全风险评估时，需要全面分析可能导致风险的各种因素，包括自然灾害、人为事故、社会动荡、技术故障等。通过对潜在风险因素的识别和分析，可以全面了解可能导致的潜在损害和影响，为风险的评估和管理提供基础。

潜在损害评估涉及对潜在风险事件的影响范围和程度进行评估。一旦确定了潜在风险因素，就需要对可能发生的风险事件的影响范围和程度进行评估。这包括确定可能受影响的区域、人群和财产，以及可能导致的经济、社会和环境损失。通过对潜在损害的评估，可以更好地了解风险的严重程度和影响范围，为风险的应对和应急管理提供依据。

潜在损害评估涉及对潜在风险事件的可能后果和应对措施进行评估。一旦确定了潜在风险事件的影响范围和程度，就需要评估可能导致的后果和影响，并制定相应的应对措施。这包括制定应急预案、加强监测预警、提高应急响应能力等措施，以降低潜在损害的发生和影响。通过对潜在损害的评估，可以更好地规划和实施风险管理和应急管理措施，提高公共安全的水平和能力。

潜在损害评估还需要考虑到不确定性和风险的动态变化。在进行评估时，需要考虑到不同因素之间的相互作用和复杂性，以及可能存在的不确定性和随机性。同时，还需要考虑到风险的动态变化和演变过程，及时调整评估结果和管理措施，确保公共安全风险的有效管理和控制。

二、公共安全预防策略的分类

（一）物理防护措施

物理防护措施是公共安全预防策略中的重要组成部分，它主要通过物理设施和设备来防止或减轻各类安全风险和威胁，保障公众的生命财产安全。物理防护措施包括建筑物防护、边界安全、安全设施等多种形式，旨在提高公共场所和重要设施的安全性，有效防范和应对各种安全风险。

建筑物防护是物理防护措施的重要方面之一。建筑物是人们生活和工作的重要场所，其安全性直接关系到公众的生命和财产安全。在设计和建设建筑物时，需要考虑各种安全因素，采取相应的物理防护措施。例如，通过加固建筑结构、设置防爆玻璃、安装防弹门窗等方式，提高建筑物的抗震、抗爆、防护等能力，降低发生安全事故的风险。

边界安全是物理防护措施的另一个重要方面。边界是公共场所和重要设施与外部环境之间的界限，其安全性直接关系到内部安全的稳定和保障。在边界设置和管理方面，需要采取一系列物理防护措施，确保边界的严密和安全。例如，通过设置围墙、栅栏、监控摄像头、安全检查点等手段，控制边界进出口，防止非法人员和物品进入，保障内部安全和秩序。

安全设施是物理防护措施的重要补充和支撑。安全设施是指各种安全防护装置和设备，通过技术手段和工程设计，提高公共场所和重要设施的安全性和防护能力。例如，安装监控摄像头、安全门禁系统、消防设备、安检设备等，可以有效监控和防范各类安全风险和威胁，及时发现和处置安全事件，保障公众的安全和利益。

公共安全预防策略根据预防对象和手段的不同，可以分为多种类型。其中，预防策略可以分为个人预防、社会预防和技术预防三大类。个人预防是指个体通过自我保护意识和行为来预防安全风险，例如，加强安全意识、学习安全知识、规范行为等；社会预防是指社会组织和社会力量通过各种方式来预防安全风险，例如加强社会管理、提高警惕性、组织应急演练等；技术预防是指通过科技手段和技术装备来预防安全风险，例如安装监控摄像头、利用智能识别技术、开发安全防护设备等。

（二）技术性预防措施

技术性预防措施包括利用各种先进技术手段和工程措施，对安全风险进行防范和控制。这些技术手段包括但不限于监控系统、报警设备、安全防护装置、应急救援设备等，它们可以通过实时监测、自动报警、快速反应等方式，提高公共安全的防范和处理能力。例如，在交通安全方面，利用交通监控摄像头、智能交通信号灯等技术手段可以有效减少交通事故的发生和严重程度。

技术性预防措施在公共安全预防中发挥着重要作用。在各个领域，都可以运用先进技术手段来提高安全防范和应对能力。例如，在防灾减灾方面，利用遥感技术、地震预警系统等可以提前监测地质灾害的发生，减少损失和伤亡。在消防安全方面，利用智能消防系统、烟雾报警器等可以及时发现火灾隐患，提高灭火效率。在网络安全方面，利用防火墙、入侵检测系统等可以防范网络攻击和数据泄露。

技术性预防措施的应用需要注重科学性和实用性。在选择和运用技术手段时，需要充分考虑其适用性、可靠性和成本效益等因素，确保其在实际应用中能够发挥应有的作用。同时，还需要不断引入新技术、优化现有技术，不断提高技术水平和应对能力。

技术性预防措施的应用还需要与管理性预防措施和行为性预防措施相结合，形成多层次、多方位的安全防范体系。技术性预防措施可以起到补充和强化作用，但单靠技术手段往往难以完全解决问题，还需要政府、企业和个人等各方共同努力，加强管理和监督，提高安全意识和自我防范能力。

第二章 公共安全的技术与装备

第一节 智能监控与感知技术

一、公共安全智能监控技术的特点与优势

（一）实时性与准确性

实时性是公共安全智能监控技术的重要特点之一，它指的是监控系统能够及时、准确地获取和处理监控数据，并及时做出响应和决策的能力。公共安全智能监控技术以其独特的特点和优势，为保障社会公共安全提供了强有力的支持和保障。

公共安全智能监控技术具有高度的实时性。通过传感器、摄像头、监测设备等技术手段，监控系统能够实时监测和感知各种安全风险和威胁，及时获取监控数据并进行处理。例如，监控系统可以实时检测火灾、地震、恐怖袭击等突发事件，并及时向相关部门发送警报和预警信息，以便及时采取应急措施，保障公众安全。

公共安全智能监控技术具有高效性和准确性。监控系统通过先进的数据采集、传输、处理和分析技术，能够高效地获取、传输和处理监控数据，并对数据进行准确的分析和判断。例如，监控系统可以通过图像识别技术对异常行为进行识别和分析，对可疑人员、车辆等进行实时监控和跟踪，提高监控的准确性和有效性。

公共安全智能监控技术具有全面性和覆盖性。监控系统可以覆盖城市、

社区、交通、公共场所等各个领域和层面，对各种安全风险和威胁进行全面监测和管理。例如，监控系统可以通过视频监控、声音监测、气象监测等手段，实现对城市交通、人流、气象等各个方面的全面监控和管理，提升城市公共安全水平。

公共安全智能监控技术还具有智能化和自动化的特点。监控系统通过引入人工智能、大数据分析、物联网等技术，实现对监控数据的智能化分析和处理，自动识别、预测和预警安全风险和威胁，提高监控系统的智能化水平和应对能力。例如，监控系统可以通过人脸识别、行为分析等技术，自动识别和分析可疑人员、异常行为等，提高安全事件的识别和处理效率。

公共安全智能监控技术还具有灵活性和可扩展性。监控系统可以根据不同的安全需求和监控对象，灵活选择和配置监控设备和技术手段，满足不同场景和应用的监控需求。同时，监控系统还具有良好的可扩展性，可以根据实际需要进行系统的升级和扩展，提高监控系统的性能和覆盖范围，适应社会公共安全保障工作的不断发展和变化。

准确性是公共安全智能监控技术的显著特点之一。通过先进的传感器技术和数据分析算法，智能监控系统可以实现对公共场所和重要设施的精准监控和实时分析，能够准确识别异常行为、异常事件和异常物体，及时发出警报并采取相应的应急措施，有效防范和化解安全风险，保障公众的安全和利益。

智能监控技术具有全天候、全方位的监控能力。智能监控系统可以实现对公共场所和重要设施的全天候、全方位监控，不受时间和地点的限制，能够对各种安全风险和威胁进行全面监测和掌控。无论是白天还是黑夜、室内还是室外，智能监控系统都能够及时发现异常情况并采取相应措施，保障公众的安全。

智能监控技术具有高效的实时预警和应急响应能力。智能监控系统能够实时监测和分析各类数据信息，一旦发现异常情况，就能够迅速发出警报并采取相应的应急措施。例如，通过智能监控系统可以实现对火灾、恐怖袭击、盗窃等安全风险的实时预警，及时通知相关部门和人员进行处置，最大限度地减少损失和影响，保障公众的安全。

智能监控技术还具有数据分析和挖掘的能力。通过对监控数据的积累和分析，智能监控系统可以发现一些潜在的安全隐患和问题，为公共安全管理提供决策支持和参考依据。例如，通过对人群流动、车辆轨迹、异常行为等数据的分析，可以发现人员聚集、交通拥堵、治安异常等问题，并及时采取相应的措施进行处置，维护社会的稳定和秩序。

智能监控技术具有灵活可扩展的特点。随着科技的不断发展和应用，智能监控技术也在不断完善和更新，可以根据实际需要对监控设备和系统进行灵活配置和扩展，适应不同场所和环境的监控需求。例如，可以根据特定场所的安全需求，选择合适的监控设备和技术手段，实现对不同区域和目标的精准监控和防范。

（二）数据分析与决策支持

数据分析在公共安全智能监控技术中扮演着至关重要的角色，其特点和优势对于提高监控系统的效能和智能化水平至关重要。公共安全智能监控技术是通过采用先进的传感器、图像识别、数据分析等技术手段，对公共场所、交通道路、关键设施等进行实时监测和分析，以提升公共安全防范水平和应对能力。

公共安全智能监控技术的特点之一是全面性。这种监控技术不仅可以对人员活动、车辆行驶、环境变化等进行监测，还可以对各种安全事件和异常情况进行实时识别和分析。通过全面监控和分析，可以有效预防和应对各类安全风险，提高公共安全的整体防范能力。

公共安全智能监控技术具有高效性。采用先进的传感器、图像识别等技术手段，可以实现对监控对象的高效监测和识别，大大提高监控系统的响应速度和准确性。通过及时发现和识别各种安全隐患和异常情况，可以快速采取相应的措施，避免事态扩大和损失加剧。

公共安全智能监控技术具有智能化和自动化特点。利用人工智能、机器学习等技术手段，监控系统可以不断学习和优化，提高对安全事件的识别和预测能力。同时，监控系统还可以实现自动报警、自动处置等功能，减轻人工干预的压力，提高工作效率和应对效果。

公共安全智能监控技术还具有灵活性和可扩展性。监控系统可以根据实际需要进行灵活布局和部署，覆盖范围广泛，可以适应各种复杂环境和场景。同时，监控系统还可以根据需求不断扩展和升级，引入新的技术手段和功能模块，不断提升监控系统的性能和功能。

公共安全智能监控技术具有数据驱动和信息化特点。监控系统通过采集和分析大量的监控数据，可以为决策者提供科学依据和参考意见，帮助他们制定有效的安全防范策略和措施。同时，监控系统还可以实现信息共享和传播，加强与相关部门和社会公众的沟通和协作，形成合力应对安全挑战。

公共安全智能监控技术具有信息获取和处理的能力。通过传感器、摄像头、监测设备等技术手段，监控系统能够实时获取各类信息和数据，包括图像、声音、视频、气象等多种类型的数据。这些数据经过处理和分析后，可以为决策者提供丰富的信息资源，为决策提供重要依据和支持。

公共安全智能监控技术具有数据分析和挖掘的能力。监控系统通过引入人工智能、大数据分析等技术，能够对获取的数据进行智能化分析和挖掘，发现数据之间的内在关联和规律。这种数据分析和挖掘能力可以帮助决策者发现潜在的安全隐患和风险，预测可能发生的安全事件，为决策提供更加科学、准确的依据。

公共安全智能监控技术具有实时预警和预测的能力。监控系统可以通过对实时数据的监测和分析，及时发现异常情况和突发事件，并向相关部门发送预警信息。这种实时预警和预测能力可以帮助决策者及时采取应急措施，防范和化解安全风险，保障公众的安全和利益。

公共安全智能监控技术还具有多维数据展示和可视化的能力。监控系统可以将获取的各类数据以图表、地图、报告等形式进行多维度展示和可视化，直观地呈现给决策者。这种多维数据展示和可视化能力可以帮助决策者更加直观地了解安全状况和趋势，更好地制定决策和应对措施。

公共安全智能监控技术具有智能决策辅助的能力。监控系统通过引入人工智能、机器学习等技术，可以为决策者提供智能化的决策辅助工具，包括风险评估、情报分析、应急响应规划等方面。这种智能决策辅助能力可以帮助决策者更加科学、合理地做出决策，提高决策效率和质量。

公共安全智能监控技术通过数据分析和决策支持，有效提升了公共安全管理的智能化水平，推动了应急管理和社会安全防范工作的深入发展。

（三）智能化与自动化

公共安全智能监控技术的智能化与自动化特点，使得监控系统在处理复杂安全问题时更加高效、精准。随着技术的不断发展，监控系统逐渐由传统的人工干预模式转变为智能化、自动化的管理模式，为保障公共安全提供了全新的解决方案。

智能化和自动化的特点，使得公共安全监控技术能够在各类安全事件发生时，实时做出响应，并自动触发应急预案。这不仅提高了处理效率，还减少了人工操作的错误率，降低了因人为因素导致的延误和失误。

在智能化方面，监控系统采用人工智能算法，对采集到的海量数据进行分析和处理。通过深度学习和模式识别，监控系统能够快速识别出异常行为，提前预警潜在安全风险。例如，通过图像识别技术，监控系统能够自动检测到可疑人物、车辆，甚至识别出隐患区域，为决策者提供实时的预警信息。

自动化方面，监控系统能够根据预设的规则和情境，自动做出决策和响应。当监控系统识别到特定的安全事件或异常行为时，能够自动触发警报、控制摄像头调整视角或调度其他设备进行干预。自动化不仅提高了反应速度，还保证了决策的准确性和及时性。

智能化和自动化的特点还使得监控系统能够应对复杂多变的公共安全环境。随着技术的不断进步，监控系统能够结合实时数据、历史数据以及外部环境信息，对安全事件进行全面预测和智能决策。例如，通过大数据分析，系统能够在发生事件之前预测出潜在的风险点，并提前制定应急预案。

智能化和自动化使得监控技术更加适应未来复杂多变的社会安全需求，提升了公共安全管理的效率和精准度。

二、感知技术在公共安全中的应用

（一）灾害与危机响应

灾害与危机响应是保障公共安全的重要环节，而感知技术在公共安全中的应用则是提升灾害与危机响应效能的关键。感知技术，如传感器、监控摄像头、无人机等，能够实时获取环境信息、监测安全风险、识别潜在威胁，为灾害与危机响应提供数据支撑和智能决策，进而提高公共安全管理的效率和水平。

感知技术在灾害与危机响应中的应用提升了信息获取的效率和准确性。传感器网络、监控摄像头等感知设备能够实时监测环境参数、人员活动、交通状况等信息，获取大量的实时数据。这些数据不仅能够帮助相关部门及时了解灾害和危机的发生情况，还能够提供详尽的信息支持，为应急决策提供准确、全面的数据基础。

感知技术在灾害与危机响应中的应用拓展了监测范围和深度。传统的灾害监测手段受限于人力、物力等因素，往往难以实现对广泛区域和多样化灾害的全面监测。而感知技术的应用则能够弥补这一不足，通过部署传感器网络、监控摄像头等设备，实现对地质灾害、气象灾害、交通事故等多种灾害的全面监测，提高了监测的广度和深度。

感知技术在灾害与危机响应中的应用提升了预警和预测的能力。基于感知技术获取的大数据，通过数据分析和模型建立，可以实现对灾害和危机的预警和预测。例如，通过监测地震前兆、气象变化、人员密集度等数据，可以提前预警地质灾害、气象灾害等自然灾害的发生，为应急部门提供充分的预警时间和应对准备。

感知技术在灾害与危机响应中的应用提升了应急响应的效能和精准度。感知技术能够及时发现灾害和危机的发生情况，并提供实时数据支持，为应急部门提供决策参考。例如，通过监控摄像头和无人机，可以实时掌握灾害现场的情况，为救援人员提供导航和指引；通过传感器监测气象变化和空气质量，可以及时采取防护措施，保障公众的生命安全。

感知技术在灾害与危机响应中的应用提升了应急资源的调配和管理效率。感知技术能够实时获取灾害和危机现场的信息，根据实际情况及时调配应急资源，提高资源利用效率。例如，通过监控摄像头和无人机，可以实时了解受灾情况，及时调派救援人员和物资；通过传感器监测人员密集度和交通状况，可以调整交通流量，疏散人群，减少安全隐患。

（二）交通管理与安全

交通管理与安全是现代社会面临的重要挑战之一，而感知技术在公共安全中的应用为解决交通管理与安全问题提供了新的解决方案。感知技术是指通过各种传感器、摄像头、雷达等设备，实时获取和分析环境信息，以实现对周围环境的感知和理解。在交通管理与安全领域，感知技术可以应用于交通监控、智能交通管理、驾驶辅助系统等方面，为提高交通安全、减少交通拥堵、优化交通流量等提供有效手段。

感知技术在交通监控中的应用可以实现对交通情况的实时监测和分析。通过部署各种传感器和摄像头，可以实现对道路交通、车辆行驶、行人活动等的全方位监控。监控系统可以实时采集交通数据，并通过数据分析和处理，及时发现交通违法行为、交通事故等安全隐患，为交通管理部门提供及时的预警和决策支持。

感知技术在智能交通管理中的应用可以实现交通信号灯、路灯、路牌等设备的智能化控制。通过利用传感器和智能控制系统，可以实时监测交通流量、车辆速度、道路状态等信息，实现交通信号的智能优化和调整，提高交通效率和道路通行能力。同时，智能交通管理系统还可以根据实时交通情况，灵活调整路灯亮度、道路限速等参数，提高交通安全性和舒适性。

感知技术在驾驶辅助系统中的应用可以为驾驶人员提供实时的交通信息和安全提示。通过采用雷达、摄像头、惯性传感器等设备，驾驶辅助系统可以实时监测车辆周围的环境和交通情况，及时发现交通障碍、车辆碰撞等危险情况，并向驾驶人员发出警报和提示，帮助其及时采取应对措施，避免交通事故的发生。

感知技术还可以应用于交通数据分析和交通模拟仿真等方面。通过采集和分析大量的交通数据，可以发现交通拥堵、交通事故等问题的规律和原因，为交通管理部门提供科学依据和决策支持。同时，利用交通模拟仿真技术，可以对不同交通管理方案进行模拟和评估，为制定有效的交通管理政策和措施提供参考。

第二节　紧急通信系统

一、公共紧急通信系统的组成部分

（一）通信网络与基础设施

公共紧急通信系统的组成部分之一是通信基础设施。通信基础设施包括网络设备、传输设备、基站设备等，它们构成了通信网络的基础框架和支撑系统。网络设备包括交换机、路由器、防火墙等，用于实现数据传输和网络连接；传输设备包括光纤、电缆、微波通信设备等，用于实现数据传输和通信链接；基站设备包括基站、天线、信号发射器等，用于无线通信和覆盖。

公共紧急通信系统的组成部分之二是通信终端设备。通信终端设备包括手机、固话、对讲机、调度台等，它们是用户与通信网络之间的终端设备，用于进行通信和信息交换。手机是最常见的通信终端设备，可以通过移动网络、卫星网络等实现语音通话、短信、数据传输等功能。固话是一种固定在特定位置的电话设备，通常通过固定电话线路或光纤网络进行通信；对讲机是一种便携式通信设备，常用于公共安全、应急救援等领域，可以实现即时通信和群组通话；调度台是一种专业的通信设备，用于管理和调度通信资源，实现对通信网络的监控和控制。

公共紧急通信系统的组成部分之三是应急通信设备。应急通信设备包括应急广播设备、应急联络设备、应急通信车辆等，它们用于在突发事件和紧急情况下提供紧急通信服务和支持。应急广播设备包括广播发射台、喇叭、电视台等，用于向公众发布紧急通知、预警信息和应急指导；应急联络设备包括应急电话、网络热线、短信群发等，用于向政府部门、救援组织、社会组织等发布通知和调度指令；应急通信车辆是一种移动式通信设备，通常配备有卫星通信、微波通信等设备，用于在灾难地区、交通不便地区等提供临时通信支持和服务。

公共紧急通信系统的组成部分之四是应急通信应用平台。应急通信应用平台是一个集成了通信服务、应急服务、应用服务等功能的综合平台，用于提供紧急通信服务和支持。应急通信应用平台包括应急通信指挥调度系统、应急通信数据分析系统、应急通信服务平台等，它们通过集成和共享通信资源，实现对通信服务的统一管理和调度，提高应急响应的效率和水平。

公共紧急通信系统的组成部分之五是通信应急预案和标准。通信应急预案和标准是指制定和实施在突发事件和紧急情况下的通信应急处理方案和标准，以保障通信网络的正常运行和应急通信需求的及时满足。通信应急预案包括通信应急预案、应急演练计划、通信资源调配方案等，用于规范和指导突发事件和紧急情况下的通信应急处理工作；通信应急标准包括通信设备标准、通信网络标准、通信服务标准等，用于规范和约束通信设备、网络和服务的设计、建设和运行。

公共紧急通信系统是保障基础设施安全的重要组成部分，它由多个组成部分构成，包括通信网络、应急通信设备、信息平台等，共同构建起一套完整的通信体系，为基础设施的安全运行提供重要支撑和保障。通信网络是公共紧急通信系统的基础设施之一。通信网络是信息传输的基础，它能够实现信息的传递和交流，是应急通信系统正常运行的基础。通信网络包括有线网络和无线网络两种形式，有线网络主要包括光纤网络、电缆网络等，而无线网络则包括移动通信网络、卫星通信网络等。这些通信网络能够覆盖广泛的区域，实现信息的快速传输和广泛覆盖，为应急通信提供了重要的技术支撑。

应急通信设备是公共紧急通信系统的重要组成部分。应急通信设备是指在突发事件发生时，能够及时启动、快速响应的通信设备，包括应急广播设备、应急通讯设备、应急联络设备等。这些设备具有快速启动、便捷携带、抗干扰等特点，能够在紧急情况下实现通信和联络，为救援和应急处理提供必要的支持。

信息平台是公共紧急通信系统的重要组成部分之一。信息平台是指用于信息管理、发布和共享的平台，能够实现信息的汇集、分析和传播，为紧急通信提供必要的信息支持。信息平台包括数据中心、应急指挥中心、信息发布平台等，这些平台能够汇集各类信息资源，及时发布预警信息、紧急通知等，为公众和相关部门提供及时、准确的信息支持。

应急通信系统还包括应急通信标准和规范等组成部分。应急通信标准和规范是对应急通信系统运行和管理的指导性文件，包括通信协议、通信规程、应急通信流程等。这些标准和规范能够规范和统一应急通信的运行和管理，提高应急通信的效率和可靠性，确保应急通信系统在紧急情况下的稳定运行。

人员培训和技术支持也是公共紧急通信系统的重要组成部分。人员培训是指对应急通信人员进行专业培训，提高其应急通信技能和应对能力，保障应急通信系统的正常运行。技术支持包括对通信设备和信息平台的维护和更新，确保其技术性能和功能完善，提高应急通信系统的可靠性和稳定性。

（二）紧急通信终端设备

紧急通信终端设备是公共紧急通信系统中至关重要的组成部分，它们承担着在紧急情况下进行信息传递和求助的功能。公共紧急通信系统是为了应对各种突发事件和紧急情况而建立的一套综合通信系统，旨在保障公众的生命安全和财产安全。下面将重点探讨紧急通信终端设备及其在公共紧急通信系统中的作用和组成部分。

紧急通信终端设备包括各种类型的通信设备，如手机、对讲机、应急电话、网络通信设备等。这些终端设备可以通过各种通信网络，如无线网络、有线网络、卫星网络等，实现与公共紧急通信系统的连接和信息传递。无论是在日常生活中还是在突发事件发生时，这些通信设备都可以为公众提供快速、便捷的通信渠道，帮助他们及时获取信息和求助。

紧急通信终端设备在公共紧急通信系统中扮演着重要角色。在突发事件发生时，公众可以通过这些终端设备与应急管理部门、救援队伍等相关部门进行通信联系，及时报告灾情、求助救援。同时，这些终端设备也可以接收来自应急管理部门的紧急通知和预警信息，帮助公众及时做出应对措施，减少损失和伤亡。

紧急通信终端设备的功能和性能不断得到提升和完善，以适应不同应急情况和环境需求。现代手机、对讲机等通信设备不仅具备语音通话功能，还可以实现短信、图像、视频等多种形式的通信方式，提供更加丰富的信息传递渠道。同时，一些应急电话和应急通信设备还具备自动定位、远程监控、紧急求救等功能，可以为应急救援提供更加全面的支持。

紧急通信终端设备还需要与公共紧急通信系统的其他组成部分相配合，形成完整的通信网络和体系。这些组成部分包括应急通信中心、应急广播系统、预警系统等。紧急通信终端设备与这些系统之间通过各种通信协议和接口进行连接和数据交换，实现信息的快速传递和共享，提高紧急通信系统的整体效能和应对能力。

紧急通信终端设备的普及和应用是公共紧急通信系统建设的重要环节。政府和相关部门需要通过宣传教育、技术培训等方式，提高公众对紧急通信终端设备的认识和应用能力，使更多的人掌握紧急通信技能，提高应对突发事件的能力。同时，还需要不断加强对紧急通信终端设备的技术研发和更新换代，提高其性能和可靠性，确保在紧急情况下能够发挥应有的作用。

二、公共紧急通信系统在不同场景下的应用

（一）自然灾害应急响应

对于地震灾害，公共紧急通信系统可以在多个方面发挥作用。在地震发生后，通信网络可能受到破坏，传统的通信设备可能无法正常运作，而紧急通信系统则能够通过卫星通信、微波通信等手段提供应急通信服务。紧急通信设备如应急电话、应急广播设备等能够及时向受灾地区发送预警信息和救援指令，为灾区居民提供紧急救援和支持。通信应急预案和标准能够为地震应急响应提供指导和支持，协调各方资源，提高救援效率和协同性。

对于洪涝灾害，公共紧急通信系统的应用也具有重要意义。在洪涝发生时，通常会导致通信基础设施受损，传统的通信网络可能无法正常运作，而紧急通信系统则可以通过无线通信、卫星通信等手段提供通信支持。调度台、对讲机等设备能够帮助救援人员进行实时通信和协调，协助灾区救援工作的

展开。同时，应急广播设备能够向受灾群众发送安全警示和救援信息，帮助他们及时做好应对和撤离准备，减少人员伤亡和财产损失。

对于暴雨和风暴等恶劣天气的应对，公共紧急通信系统同样发挥着重要作用。在恶劣天气条件下，传统的通信设备可能会受到影响，而紧急通信系统则能够通过多种通信手段保障通信连通性。应急电话、调度台等设备能够帮助救援人员进行实时通信和协调，应急广播设备能够向公众发布预警信息和应急通知，提醒他们采取安全措施，保障生命财产安全。通信应急预案和标准也能够指导应对工作的开展，确保应急响应的有序进行。

对于森林火灾等突发事件，公共紧急通信系统同样发挥着重要作用。在森林火灾发生时，通信网络可能会受到影响，而紧急通信系统则能够通过卫星通信、微波通信等手段提供通信支持。应急电话、对讲机等设备能够帮助救援人员进行实时通信和协调，应急广播设备能够向公众发布火灾预警信息和应急通知，引导人们安全疏散和逃生。通信应急预案和标准也能够为火灾应急响应提供指导和支持，提高救援效率和成功率。

（二）公共安全事件响应

公共安全事件响应是保障社会稳定和公众安全的关键环节，而公共紧急通信系统在不同场景下的应用则起着至关重要的作用。公共紧急通信系统利用先进的通信技术和设备，能够在突发事件发生时，及时传递信息、组织救援、指导疏散，提高公众安全意识，减少损失。以下将分别探讨公共紧急通信系统在自然灾害、公共卫生事件、安全事故等不同场景下的应用。

在自然灾害应对方面，公共紧急通信系统发挥着重要作用。在地震、洪水、飓风等自然灾害发生时，通信网络可能会受到破坏，传统通信手段受限，而公共紧急通信系统则能够通过卫星通信、微波通信等方式提供紧急通信保障。例如，在地震灾害中，公共紧急通信系统可以通过应急广播、短信预警等方式及时发布灾情信息和安全警报，指导民众采取避险措施；在洪水灾害中，公共紧急通信系统可以通过广播、手机短信等途径提醒民众转移安全，指导救援人员调度和资源配置，提高救援效率。

在公共卫生事件应对方面，公共紧急通信系统也具有重要作用。在传染病爆发、疫情爆发等公共卫生事件中，及时有效的信息传递和沟通对于控制疫情、保障公众健康至关重要。公共紧急通信系统可以通过短信、手机应用程序、社交媒体等渠道向公众发布疫情预警、防护指南、医疗资源调配等信息，帮助公众了解疫情动态，采取防护措施，协助政府及时采取措施控制疫情蔓延。同时，公共紧急通信系统还能够为医疗机构、卫生部门等提供联络渠道，加强各方沟通合作，提高疫情防控效能。

在安全事故应对方面，公共紧急通信系统也发挥着重要作用。在火灾、爆炸、交通事故等突发安全事件中，及时的信息传递和协调指挥对于救援和灾后重建至关重要。公共紧急通信系统可以通过警报系统、广播、电视、手机短信等渠道向公众发布安全警报、疏散指示等信息，引导民众有序疏散，避免人员伤亡。同时，公共紧急通信系统也为救援人员提供了重要的通信支撑，协助救援指挥部门组织救援力量、调度资源、实施救援行动，最大限度地减少灾害损失。

在公共安全事件中，公共紧急通信系统还能够提供紧急求助和援助信息，为受灾群众提供心理安慰和帮助。通过设置紧急求助热线、应急援助平台等渠道，公众可以随时向救援部门和志愿者组织求助，获取必要的帮助和支持，增强抗灾能力和自救能力。

第三节　空间信息技术在安全中的应用

一、空间信息技术在灾害监测与预警中的应用

（一）自然灾害的空间分析

空间信息技术在灾害监测中的应用可以实现对灾害影响范围和程度的实时监测和评估。通过遥感技术获取灾害现场的影像数据，结合地理信息系统进行空间分析和处理，可以实时掌握灾害的空间分布、扩散速度、影响范围等信息，为灾害的预警和应急响应提供科学依据。

空间信息技术在灾害预警中的应用可以实现对灾害风险和潜在威胁的早

期识别和预警。通过建立灾害风险评估模型，利用地理信息系统对灾害易发区、潜在危险源等进行空间分析和评估，可以提前预警可能发生的灾害，并及时采取相应的防范和应对措施，减少灾害造成的损失和影响。

空间信息技术在应急响应中的应用可以实现对灾害现场的快速定位和精准救援。通过利用全球定位系统（GPS）、地理信息系统等技术手段，可以对灾害现场的地理位置进行准确定位和标注，为救援人员提供准确的导航和路线规划，提高救援行动的效率和成功率。

空间信息技术还可以结合多源数据进行综合分析和综合利用，提高灾害监测与预警的准确性和可靠性。通过整合卫星遥感数据、地面监测数据、气象数据等多种数据源，可以更全面地了解灾害的发展趋势和影响程度，为灾害监测与预警提供更为科学和准确的依据。

空间信息技术在灾害监测与预警中的应用需要与应急管理部门、科研机构、社会组织等多方合作，形成多层次、多方位的监测与预警体系。只有通过各方的共同努力和协作，才能够实现对灾害的及时监测、准确预警和有效应对，最大程度地减少灾害造成的损失和影响。

（二）灾害风险评估与预警系统

空间信息技术在灾害监测中的应用为灾害风险评估提供了更加全面和精确的数据支持。通过卫星遥感、地理信息系统（GIS）、全球定位系统（GPS）等空间信息技术手段，可以实现对灾害发生地区的高分辨率、实时监测。例如，卫星遥感技术可以获取大范围的地表信息和灾害影响范围，识别潜在的灾害隐患和风险区域；GIS 技术可以对地形地貌、土地利用、人口分布等信息进行空间分析和建模，评估灾害的潜在影响和损失；GPS 技术可以实现对灾害发生地区的实时定位和监测，提供灾害预警和应急响应支持。

空间信息技术在灾害预警中的应用能够实现对灾害风险的及时识别和预警。通过空间信息技术手段获取的实时监测数据，可以用于建立灾害预警模型和预警系统，实现对灾害发生的及时预警和警报。例如，利用卫星遥感技术可以对地表水情、地质构造、植被覆盖等进行监测和分析，发现地质灾害、洪涝灾害等潜在风险；利用 GIS 技术可以对不同灾害类型的预警指标进行空间分析和建模，实现对灾害风险的评估和预警；利用 GPS 技术可以实现对移动性灾害（如风暴、台风等）的实时跟踪和监测，提供针对性的预警和警报。

空间信息技术在灾害监测与预警中的应用还能够实现多源数据融合和信息集成，提高监测和预警的准确性和可靠性。通过整合卫星遥感数据、地面监测数据、气象数据、人口数据等多源数据，可以构建多层次、多维度的灾害监测与预警系统，实现对灾害风险的多角度、全方位监测和评估。例如，将卫星遥感数据与地面监测数据相结合，可以实现对地表形态、植被状况等的动态监测和分析；将气象数据与人口数据相结合，可以实现对气象灾害对人口的影响和风险评估。

空间信息技术在灾害监测与预警中的应用还能够实现信息可视化和智能化分析，提高信息的传播和利用效率。通过地图、图表、报告等形式对监测数据和预警信息进行可视化展示，可以使决策者和公众更直观地了解灾害风险和预警情况，提高信息的传播效率和响应速度；通过人工智能、机器学习等技术对监测数据和预警信息进行智能化分析，可以实现对灾害风险的自动识别和预测，提高预警的准确性和及时性。

二、空间信息技术在公共健康与卫生监测中的应用

（一）疾病传播与空间分析

疾病传播与空间分析是公共健康与卫生监测中的重要内容，而空间信息技术的应用为公共健康与卫生监测提供了强大的支持。空间信息技术结合地理信息系统（GIS）、遥感技术、全球定位系统（GPS）等手段，能够实现对疾病传播过程、疾病爆发地点、人口分布等空间信息的采集、分析和可视化展示，为公共健康与卫生监测提供了全新的视角和解决方案。

空间信息技术在疾病传播过程中的应用。通过地理信息系统（GIS）和全球定位系统（GPS）等技术，可以实时监测和追踪疾病传播路径和扩散范围，分析疫情传播的时空特征和规律。例如，通过对病例发生地点、人口密集区、交通网络等空间信息的分析，可以研究疾病在不同区域和人群之间的传播关系，预测疾病的传播趋势和风险地区，为制定针对性的防控策略提

供科学依据。

空间信息技术在疾病爆发地点的识别和监测中发挥着重要作用。通过遥感技术获取卫星影像和空间数据，结合地理信息系统（GIS）进行空间分析，可以快速识别和监测疾病爆发地点和疫情聚集区。例如，可以利用卫星遥感技术监测土地利用变化、植被指数等因素，判断疫情爆发地点的环境特征和潜在风险因素，及时采取防控措施，遏制疫情扩散。

空间信息技术在人口分布与健康资源配置中的应用也具有重要意义。通过 GIS 技术和人口普查数据等空间信息，可以分析人口分布特征、健康需求和服务覆盖情况，评估健康资源的供给与需求状况，优化健康资源的配置和布局。例如，可以利用 GIS 技术和人口统计数据绘制人口密度分布图、医疗机构分布图等，评估医疗资源的不平衡性和短缺情况，提出合理的资源调配方案，优化健康服务的供给结构，提高公共健康服务的均等性和效率。

空间信息技术还可以为公众健康行为和疾病预防提供支持。通过移动定位技术和智能手机应用程序，可以实时监测公众的健康行为和活动轨迹，分析人群流动模式和聚集行为，识别潜在的疾病传播风险和健康威胁，提醒公众采取相应的防护措施和行为调整。例如，可以通过智能手机应用程序记录用户的位置信息和活动轨迹，分析人群聚集情况和密切接触者，预测疾病传播的可能路径和风险地点，提醒用户避开高风险区域，减少感染风险。

（二）公共卫生事件的空间响应

公共卫生事件的空间响应是指在公共卫生事件发生后，利用空间信息技术对事件的空间分布、传播路径、影响范围等进行监测和分析，并采取相应的措施和应对策略。而空间信息技术在公共健康与卫生监测中的应用则是指利用地理信息系统（GIS）、遥感技术等技术手段，对公共健康和卫生状况进行监测、分析和评估，为健康管理和应急响应提供科学依据。

空间信息技术在公共健康与卫生监测中的应用可以实现对疾病传播和流行病学特征的空间分析和研究。通过整合卫星遥感数据、地面监测数据、人口流动数据等多种数据源，结合地理信息系统进行空间分析和建模，可以深入了解疾病的传播路径、传播速度、高发区域等信息，为疫情监测和防控提供科学依据。

空间信息技术在公共健康与卫生监测中的应用可以实现对环境污染和健康风险的空间评估和监测。通过利用遥感技术获取环境污染物的空间分布和变化趋势，结合地理信息系统进行空间分析和模拟，可以识别和评估环境污染源对人体健康的潜在影响，为环境保护和健康风险评估提供科学依据。

空间信息技术在公共健康与卫生监测中的应用可以实现对健康资源的空间配置和优化。通过利用地理信息系统对医疗资源、医疗服务设施、疫苗接种点等进行空间分析和规划，可以合理配置和优化健康资源的空间布局，提高医疗服务的覆盖范围和质量，为公众提供更加便捷和高效的医疗保健服务。

空间信息技术还可以实现对人群健康和疾病风险的空间分布和时空动态监测。通过整合人口普查数据、医疗卫生档案数据等信息，结合地理信息系统进行空间分析和时空交叉分析，可以发现人群健康状况的空间差异和时空变化规律，为健康政策的制定和实施提供科学依据。

空间信息技术在公共健康与卫生监测中的应用需要充分发挥多部门、跨领域的合作机制。各级政府部门、科研机构、医疗卫生机构等应密切合作，共享数据资源，共同开展空间信息技术在公共健康与卫生监测中的研究和应用，共同提高公共卫生应对能力和促进健康发展。

第四节　灾害预警与监测技术

一、灾害监测技术的实时监控

（一）实时数据传输与处理

实时数据传输与处理确保了监测数据的及时性和准确性。灾害监测技术通常通过传感器、监测设备等实时采集各类数据，如气象数据、地质数据、水文数据等。利用实时数据传输技术，这些数据能够即时传输至数据中心或监测中心，经过实时处理和分析后，形成及时的监测报告和预警信息。这种即时的数据传输和处理，保证了监测数据的时效性和准确性，为灾害的及时预警和应对提供了重要支持。

实时数据传输与处理实现了监测数据的全面性和多样性。灾害监测技术涉及多种类型的监测数据，如气象数据、地质数据、水文数据等，而这些数据的及时获取和传输对于灾害监测至关重要。利用实时数据传输技术，不仅能够实现多种类型监测数据的快速传输，还能够保证数据的全面性和连续性。通过实时数据处理和分析，监测人员能够获得全面、多样的监测数据，为灾害的全面监测和分析提供了重要依据。

实时数据传输与处理提高了灾害监测的灵活性和适应性。灾害监测技术需要根据不同的灾害类型和监测需求进行灵活调整和应用，而实时数据传输与处理技术能够实现对监测系统的灵活配置和调整。监测人员可以根据实际需求调整监测设备的部署位置和监测参数，实时传输和处理相应的监测数据。这种灵活的监测方式，使监测系统能够适应不同灾害场景和监测需求，提高监测的灵敏度和准确性。

实时数据传输与处理还加强了监测数据的共享和交流。灾害监测涉及多个部门和单位的参与，而实时数据传输与处理技术能够实现监测数据的实时共享和交流。监测数据可以通过网络平台、移动应用等渠道实时共享给相关部门和人员，实现信息的及时沟通和协作。这种实时数据共享和交流，促进了监测数据的共享和利用，提高了灾害监测的综合效能和应对能力。

实时数据传输与处理提升了灾害监测技术的智能化和自动化水平。随着人工智能、大数据分析等技术的不断发展和应用，实时数据传输与处理技术能够实现对监测数据的智能化分析和处理。监测系统可以通过自动化算法和模型对监测数据进行实时分析和识别，发现潜在的灾害隐患和风险。这种智能化的数据处理方式，提高了监测数据的利用效率和监测系统的响应速度，为灾害的及时预警和应对提供了更强有力的支持。

（二）灾害监控中心与平台建设

灾害监控中心与平台的建设是现代灾害管理体系中至关重要的一环，而实时监控技术在灾害监测中的应用则为灾害监控中心提供了关键支持。实时监控技术通过各种传感器、监测设备以及数据采集系统，能够及时获取灾害相关信息，并通过信息处理和分析，实现对灾害发生、演变和影响的实时监测，为灾害监控中心提供及时准确的决策支持和应急响应。

实时监控技术在灾害监测中的应用有助于提高监测的及时性和精确性。通过实时监控技术，灾害监测中心可以实时获取各种灾害相关数据，如地震、洪水、气象、火灾等数据，保持对灾害形势的实时了解。传感器、监测设备等实时监控设备能够实时监测灾害发生的各种参数，如地震仪可实时监测地震活动、气象雷达可实时监测天气变化等，确保灾害监测的及时性和精确性。

实时监控技术能够实现对灾害影响范围和演变过程的实时监测。通过实时监控技术获取的数据，灾害监测中心可以及时掌握灾害的发展趋势、影响范围和演变过程，实现对灾害的全面监测和实时跟踪。例如，通过卫星遥感技术可以实时监测洪水、火灾等灾害影响范围，及时发布预警信息和应急通知，指导公众采取相应的防护措施，最大限度地减少灾害损失。

实时监控技术能够支持灾害监测中心的快速响应和决策。实时监控技术获取的数据能够通过数据处理和分析系统进行实时处理和分析，生成各种灾害监测报告、预警信息和应急预案，为灾害监测中心提供及时准确的决策支持。例如，通过数据挖掘和模型分析，可以预测地震、洪水等灾害的发生概率和可能影响范围，帮助政府和救援机构制定合理的灾害应对策略和应急预案，提高应对灾害的效率和准确性。

实时监控技术还能够支持灾害监测中心的信息共享和协同工作。通过建立灾害监测平台和信息共享机制，实时监控技术获取的数据能够与其他监测设备和信息系统进行数据共享和交互，实现灾害监测数据的集成和共享。这样，不同地区、部门和机构之间就能够实现信息共享和资源共享，加强协同作战，提高对灾害的监测和应对能力。

二、灾害预警技术的构成与功能

（一）预警信号与信息发布

灾害预警技术的构成包括多种预警信号的生成和识别系统。这些系统可以通过利用地震仪、气象雷达、水文监测设备等多种监测设备，实时监测地质灾害、气象灾害、水文灾害等各类灾害的发生情况和演变趋势。通过分析监测数据，识别潜在的灾害威胁，生成相应的预警信号，为灾害预警和应急响应提供科学依据。

灾害预警技术的构成还包括多种信息发布的途径和渠道。这些途径和渠道包括电视、广播、短信、互联网、移动应用等多种传播媒介。通过利用这些传播媒介，可以将预警信息迅速、准确地传达给受灾群众，提醒他们采取相应的防范措施，减少灾害带来的损失和伤害。同时，还可以通过建立社区广播系统、应急电话热线等地方性预警渠道，提高信息传播的覆盖范围和效率。

灾害预警技术的构成还包括多种预警系统的运行机制和管理体系。这些系统可以通过建立统一的预警平台和信息发布中心，实现对各类灾害预警信息的集中管理和统一发布。同时，还可以建立多级预警机制和责任分工体系，明确各级政府部门、应急管理机构、监测预警单位等在灾害预警中的职责和任务，确保预警信息的及时发布和有效响应。

灾害预警技术的构成还需要充分发挥信息化技术的作用，实现对预警信号和信息发布的智能化和精准化。可以利用人工智能、大数据分析、物联网等技术手段，对监测数据进行实时处理和分析，提高预警信号的准确性和及时性。同时，还可以通过建立预警信息共享平台和应急响应系统，实现各方信息的共享和协同，提高灾害预警的整体效能。

灾害预警技术的构成还需要与社会公众的参与和支持相结合，形成多元化、多层次的预警体系。公众可以通过参与应急演练、关注预警信息、积极报告灾情等方式，加强对灾害预警的认识和响应能力，提高自救互救的能力和效率。

（二）预警系统的响应机制

预警系统的响应机制包括预警信息的接收和传播。当灾害监测系统检测到可能发生的灾害信号后，将相关信息传输至预警系统中心。预警系统中心接收到信息后，进行快速处理和分析，并根据情况发布预警信息。预警信息通过各种渠道传播，包括电视、广播、手机短信、互联网等，以确保信息覆盖范围广泛，及时告知公众。

灾害预警技术的构成包括监测设备、数据传输系统、预警系统和信息发布平台等。监测设备主要包括气象监测设备、地质监测设备、水文监测设备等，用于实时采集灾害相关数据。数据传输系统负责将监测数据传输至预警系统中心，确保数据的及时性和准确性。预警系统中心负责接收、处理和发布预警信息，包括预警信息的分析、评估和发布。信息发布平台则用于向公众发布预警信息，包括电视、广播、手机短信、互联网等多种发布渠道。

灾害预警技术具有多种功能，包括灾害监测、预警发布、信息传播、应急响应等。通过监测设备实时采集灾害相关数据，实现对灾害的实时监测和分析。预警系统中心根据监测数据进行预警信息的分析和评估，及时发布预警信息，提醒公众采取应急措施。再次，预警信息通过各种渠道传播至公众，提高公众对灾害的认知和应对能力。各级应急管理部门根据预警信息采取相应的应急措施，组织灾害救援和应对工作，最大限度地减少灾害损失和影响。

预警系统的响应机制还需要建立健全的应急响应机制和应对体系。应急响应机制包括预警信息的接收、分析和评估、预警信息的发布、信息的传播和公众教育等环节，以确保预警信息的及时、准确传达和公众的有效响应。应对体系包括灾害应急预案、应急资源储备、救援队伍建设等，用于组织、调度和协调应急救援工作，提高灾害应对的效率和水平。

第五节　紧急救援装备

一、紧急救援装备的测试与认证

（一）装备性能测试

装备性能测试是紧急救援领域中至关重要的一环，而对紧急救援装备进行测试与认证则是保障其性能和可靠性的必要手段。紧急救援装备的测试与认证是通过对其关键性能指标进行严格测试和评估，确保其在紧急救援任务中能够达到设计要求和预期效果，提高救援行动的成功率和安全性。

紧急救援装备的测试与认证有助于确保其性能达标。通过对紧急救援装备的各项性能指标进行严格测试，如承载能力、耐久性、防水性、耐高温性等，可以评估装备在不同环境和条件下的性能表现，确保其满足救援任务的要求。例如，在救援器材中，氧气瓶的气密性、救生绳的拉力、安全帽的抗冲击性等关键性能必须符合相关标准和要求，通过测试与认证可以保证装备在救援行动中的可靠性和安全性。

紧急救援装备的测试与认证有助于提高装备的适用性和可操作性。通过对装备的人机工程学特性、操作易用性进行测试与评估，可以发现装备设计中存在的问题和不足，提出改进建议，提高装备的适用性和可操作性。例如，在应急避难设施中，应对逃生楼梯、应急照明设备等装备的设计是否符合人体工程学原理，是否易于操作和使用，通过测试与认证可以及时发现问题，保障装备的实用性和有效性。

紧急救援装备的测试与认证有助于规范市场秩序和保障用户权益。通过对装备性能指标的严格测试和认证，可以筛选出质量优良、性能可靠的装备，避免低质量产品进入市场，降低因装备故障造成的事故风险。同时，通过认证标志的使用，可以提高用户对装备质量的信任度，保障用户权益，促进市场健康发展。例如，在消防救援装备领域，消防水枪、灭火器等装备的性能测试与认证将有助于确保其满足国家标准和行业要求，保障消防救援工作的顺利进行和人员安全。

紧急救援装备的测试与认证还有助于促进技术创新和产品优化。通过对装备的性能指标进行测试与评估，可以发现装备设计中存在的问题和不足，为技术改进和产品优化提供参考和依据。例如，在应急通信设备领域，对应急通信终端的信号覆盖范围、通信质量、抗干扰能力等进行测试与认证，可以为相关技术改进和产品优化提供重要指导，提高通信设备在应急救援中的可靠性和适用性。

（二）安全与质量认证

紧急救援装备的测试与认证是保障救援行动安全和有效的重要保障。在紧急救援行动中，救援装备承担着关键的作用，它直接影响到救援人员的安全和生命。通过对救援装备进行测试和认证，可以及时发现和排除潜在的安全隐患和质量问题，确保救援装备在紧急情况下能够正常工作，保障救援人员和受灾群众的安全。

紧急救援装备的测试与认证是确保救援装备符合国家和行业标准的重要手段。在紧急救援领域，各国和地区都制定了一系列的救援装备标准和规范，用于指导救援装备的设计、制造和使用。通过对救援装备进行测试和认证，可以验证其是否符合相关的安全标准和质量要求，确保其在紧急情况下的可靠性和性能。

紧急救援装备的测试与认证是提高救援效率和响应速度的重要保障。在灾害和紧急情况下，时间就是生命，救援人员需要尽快到达事故现场，展开救援行动。通过对救援装备进行测试和认证，可以确保其在紧急情况下能够快速启动、迅速响应，提高救援效率和响应速度，最大限度地减少灾害造成的损失和伤害。

紧急救援装备的测试与认证还可以提高救援人员的信心和专业水平。在救援行动中，救援人员需要依靠救援装备开展各项任务，他们需要相信这些装备的质量和性能，才能够胜任救援任务。通过对救援装备进行测试和认证，可以向救援人员传递信心和安全感，提高他们的专业水平和工作效率。

紧急救援装备的测试与认证需要建立科学、严格的测试流程和标准。这包括对救援装备的结构、材料、性能等方面进行全面测试和评估，确保其在各种极端环境和条件下能够正常工作。同时，还需要建立健全的认证机制和监督体系，对救援装备的设计、制造、使用等各个环节进行监督和管理，确保救援装备的质量和安全。

二、紧急救援装备在通讯与定位装备中的应用

（一）无线通讯设备

无线通讯设备在紧急救援装备中的应用是保障救援行动成功的关键之一。这些设备不仅提供了实时的通讯手段，还具备定位功能，能够有效地协调救援人员、提供紧急援助、救治伤员，并促进救援行动的组织和执行。

通讯设备在紧急救援中扮演着至关重要的角色。这些设备包括对讲机、卫星电话、便携式无线电等，能够实现救援人员之间的实时通讯。对讲机是最常用的通讯工具之一，具有便携、耐用等特点，可用于短距离的实时语音通讯。而卫星电话则可以在偏远地区或通信中断的情况下提供通讯支持，保证救援人员与指挥中心的联系。便携式无线电还可以用于与外界的联络和信息交流，确保救援行动的顺利开展。

定位装备在紧急救援中发挥着重要作用。GPS 定位系统是最常见的定位装备之一，能够实时准确地确定救援人员的位置，并将其传输至指挥中心，以便对救援人员进行追踪和调度。还有一些先进的定位装备，如应急求生定位器（EPIRB）和个人定位器（PLB），可以在紧急情况下发出求救信号，并将求救信号及时传输至救援机构，提高救援的及时性和效率。这些定位装备的应用，能够帮助救援人员快速准确地找到受困者，并提供紧急救援服务。

通讯与定位装备的结合应用进一步增强了紧急救援行动的效率和效果。通过将通讯设备和定位装备结合起来使用，救援人员可以实时获取受困者的位置信息，并与他们进行有效的沟通。例如，救援人员可以利用 GPS 定位系统确定受困者的位置，然后通过卫星电话或对讲机与受困者取得联系，了解其具体情况，并指导其采取相应的自救措施。这种结合应用的方式，能够提高救援行动的协调性和针对性，有助于救援人员更快地找到受困者并进行救援。

通讯与定位装备的应用还有助于提高救援行动的安全性和可靠性。救援人员在执行任务时，可能面临着各种危险和挑战，如恶劣天气、复杂地形等，而通讯与定位装备能够提供及时的通讯支持和位置信息，帮助救援人员安全地执行任务。例如，在遇到突发情况或迷失方向时，救援人员可以通过通讯设备向指挥中心求助，并利用定位装备确定自己的位置，以便及时采取安全措施。这种应用方式有助于提高救援行动的安全性和可靠性，保障救援人员的安全。

（二）GPS 与定位技术

GPS 与定位技术在紧急救援装备中的应用是提升救援行动效率和安全性

的重要手段。紧急救援行动往往需要及时准确地确定被救援对象的位置，以便迅速派遣救援人员和资源，而 GPS 与定位技术正是实现这一目标的关键工具。以下将探讨 GPS 与定位技术在紧急救援装备中的应用，并阐述其在通信与定位装备中的重要作用。

GPS 与定位技术在通讯装备中的应用是紧急救援行动的关键。现代紧急救援装备通常配备有 GPS 模块和通讯设备，能够实现实时定位和通信功能。这种装备可以通过 GPS 卫星系统精确确定当前位置，并通过通讯设备与救援中心或其他救援人员进行实时通讯。例如，救援队员携带的 GPS 定位器可以将其当前位置发送至救援指挥中心，使指挥中心可以准确了解救援队员的位置信息，并及时指挥救援行动。

GPS 与定位技术在定位装备中的应用对于紧急救援行动的成功至关重要。在灾害现场或迷失区域，被救援对象往往难以准确描述自己的位置，而 GPS 定位装备可以通过卫星定位系统精确定位被救援对象的位置。例如，在登山迷失救援中，被救援者可以通过携带的 GPS 设备发送其准确位置给救援队员，从而帮助救援人员快速准确地找到被救援者的位置，实施救援行动。

GPS 与定位技术还可以结合应急救援平台，实现对多个救援装备的统一管理和调度。通过将 GPS 定位数据集成到救援平台中，救援指挥中心可以实时监控多个救援装备的位置信息，并根据需要进行调度和指挥。例如，在大型灾害救援行动中，救援指挥中心可以通过救援平台实时监控救援队员和救援设备的位置信息，根据灾情变化和救援需求及时调度救援队伍，提高救援行动的效率和响应速度。

GPS 与定位技术还可以结合其他传感器和监测设备，实现对被救援对象健康状况和环境条件的监测。例如，救援装备可以配备有心率监测器、体温传感器等健康监测设备，通过与 GPS 定位技术结合，可以实时监测被救援者的健康状况，并及时发现异常情况，为救援人员提供必要的信息支持。

第三章 文化安全与公共安全

第一节 文化安全的概念与范畴

一、文化安全的基础概念

（一）文化安全的基本概念

文化安全是一个涉及文化认同、文化传承和文化多样性等方面的综合概念。它强调了在社会发展和国际交往中，保护和维护各种文化形式和文化传统的重要性，以确保个体和群体在文化认同、文化权利和文化自由方面的基本权利得到尊重和保障。文化安全的基本概念涉及多个方面，包括文化多样性、文化认同、文化传承、文化权利等，下文将围绕这些方面对文化安全进行论述，以探讨其在当今世界的重要意义和应对挑战的策略。

文化安全强调了文化多样性的重要性。不同地区、不同民族和不同群体拥有着各自独特的文化传统、价值观念和生活方式。这种文化多样性丰富了人类社会的文化底蕴，推动了文明的交流和互鉴。文化安全的概念提倡尊重和保护各种文化形式的权利，防止任何形式的文化歧视和文化侵略，促进文化多元共存、相互尊重。

文化安全强调了文化认同的重要性。文化认同是个体和群体对自己所属文化的认同和归属感。在全球化的今天，文化认同面临着多样性和多元化的挑战。文化安全的概念强调了保护和维护个体和群体的文化认同权利，防止文化同化和文化消解，促进文化自信和自豪感，维护民族和国家的文化独立和主权。

文化安全强调了文化传承的重要性。文化传承是将文化传统、价值观念和知识技艺代代相传的过程。在全球化和现代化的进程中，文化传承面临着诸多挑战，包括文化断层、文化失传等问题。文化安全的概念倡导保护和传承各种文化传统和遗产，重视教育和传统文化的传承，培养新一代对本国文化的认同和热爱，确保文化传统的延续和发展。

文化安全还强调了文化权利的重要性。文化权利是个体和群体在文化领域享有的基本权利，包括言论自由、文化自由、文化参与等。文化安全的概念倡导保障各种文化权利的实现，保护个体和群体在文化领域的自由和权益，促进文化民主和文化平等，建设一个和谐、包容的文化社会。

文化安全的实现需要国际社会的共同努力和合作。在全球化和多元化的时代背景下，各国和地区之间的文化交流和文化合作越来越频繁，文化安全问题也日益突显。国际社会应加强对文化安全问题的重视和关注，加强国际文化交流与合作，促进各国文化发展和繁荣，共同维护世界文化多样性和文化安全。

（二）文化与安全的关系

文化对安全观念和行为模式的塑造具有重要影响。不同文化背景下的人们可能对安全有着不同的认知和态度。例如，在一些强调集体主义和社会责任的文化中，个人可能更加注重团体安全和集体利益，更愿意遵守安全规则和制度；而在一些强调个人主义和自由意志的文化中，个人可能更加注重个人权利和自我实现，对安全规则的遵守程度可能较低。文化因素影响着人们的安全意识、价值观和行为选择，决定了他们在安全事件面前的反应和行动。

文化背景也影响着安全管理的方式和效果。不同文化背景下的人们可能对安全管理制度和措施的接受程度不同。在一些注重权威和纪律的文化中，人们可能更容易接受集权式的安全管理模式，并且更加自觉地遵守管理规定；而在一些注重民主和个人权利的文化中，人们可能更倾向于参与式的安全管理模式，更注重自主权和个人选择。安全管理者在制定和实施安全管理措施时，需要充分考虑文化背景，尊重和理解不同文化背景下人们的安全观念和行为模式，以提高安全管理的效果和可持续性。

文化因素也会影响安全风险的产生和传播。一些文化背景下存在着对安全风险的低估或忽视，人们可能对潜在的安全威胁缺乏足够的认识和警惕。例如，在一些历史悠久、自然环境相对稳定的文化中，人们可能对自然灾害的风险认识不足，容易忽视安全预防措施的重要性；而在一些经济快速发展、竞争激烈的文化中，人们可能对工作压力和心理健康问题的风险忽视，容易出现工作疏忽和安全事故。文化因素的影响可能导致安全风险的漏洞和延误，增加安全事故的发生概率。

文化因素还可以作为安全教育和培训的重要内容，用以提升人们的安全意识和管理水平。通过对文化背景的分析和理解，可以有针对性地开展安全教育和培训，帮助人们建立正确的安全价值观和行为模式。例如，可以通过传统文化和宗教文化等渠道，向人们灌输安全意识和责任感，增强他们对安全的重视和自觉性。同时，还可以通过文化活动和媒体宣传等途径，向公众普及安全知识和技能，提高他们的应急处置能力和自救互救意识。这种针对文化因素的安全教育和培训，能够更加有效地推动安全文化的建设，促进社会整体安全水平的提升。

二、文化安全的范畴

（一）文化遗产保护与管理

物质文化遗产的保护是文化安全的重要内容之一。物质文化遗产包括古迹、古建筑、考古遗址、文物藏品等，是人类文明发展的历史见证和重要载体。保护物质文化遗产不仅是对历史文化的尊重和传承，也是对文化多样性的维护和促进。这涉及对遗产的保护、修复、维护和管理，包括加强遗产保护法律法规的制定与执行、加强对古迹古建筑的维修与保养、加强文物的监管与保护等方面。

非物质文化遗产的保护也是文化安全的重要内容之一。非物质文化遗产包括口头传统、表演艺术、社会实践、传统知识等，是民族文化的重要组成部分，具有丰富的文化内涵和独特的价值。保护非物质文化遗产需要采取措施，加强对非物质文化遗产的调查、研究、保护和传承。这包括建立非物质文化遗产名录、加强非物质文化遗产的传承与传播、加强非物质文化遗产的保护法律法规的制定与执行等。

历史文化遗产的保护也是文化安全的重要内容之一。历史文化遗产包括历史文化名城、历史文化街区、历史文化村落等，是历史文化的重要载体和遗产。保护历史文化遗产需要加强历史文化遗产的保护与管理，推动历史文化遗产的传承与弘扬。这包括加强历史文化遗产的保护规划与管理、加强历史文化遗产的宣传与推广、加强历史文化遗产的利用与开发等。

文化环境的保护也是文化安全的重要内容之一。文化环境是指与人类文化活动相关的自然环境和人造环境，包括自然景观、人文景观、文化遗址等。保护文化环境需要加强对文化环境的保护与管理，推动文化环境的可持续发展。这包括加强文化环境的保护规划与管理、加强文化环境的修复与重建、加强文化环境的利用与开发等。

（二）文化安全与社会和谐

文化安全与社会和谐密不可分，文化安全的范畴涉及多方面内容，包括文化多样性、文化认同、文化传承、文化权利等。文化安全不仅关乎个体和群体的文化认同和文化权益，也关系到社会的稳定和和谐。下文将围绕文化安全与社会和谐的关系，以及文化安全的范畴展开论述，以强调其在维护社会和谐和促进文化发展方面的重要性和作用。

文化安全与社会和谐密切相关。文化是社会的灵魂和基础，不同文化之间的交流和融合是社会和谐发展的重要基础。文化安全的实现不仅可以保障个体和群体在文化领域的权益和自由，也有助于促进社会成员之间的理解、尊重和包容，增强社会凝聚力和向心力，构建和谐社会。

文化安全的范畴涵盖了文化多样性。文化多样性是各种文化形式和文化传统的共存和共融。在全球化的今天，文化多样性面临着各种挑战，包括文化同质化和文化侵蚀等问题。文化安全的概念倡导尊重和保护各种文化形式和文化传统，防止文化同化和文化消解，促进文化多元共存、相互尊重。

文化安全的范畴还涉及文化认同。文化认同是个体和群体对自己所属文化的认同和归属感。在全球化和信息化的冲击下，文化认同面临着多样性和多元化的挑战。文化安全的概念强调了保护和维护个体和群体的文化认同权利，防止文化同化和文化消解，促进文化自信和自豪感。

文化安全的范畴还包括文化传承。文化传承是将文化传统、价值观念和知识技艺代代相传的过程。在全球化和现代化的进程中，文化传承面临着诸多挑战，包括文化断层、文化失传等问题。文化安全的概念倡导保护和传承各种文化传统和遗产，重视教育和传统文化的传承，培养新一代对本国文化的认同和热爱，确保文化传统的延续和发展。

文化安全的范畴还涉及文化权利。文化权利是个体和群体在文化领域享有的基本权利，包括言论自由、文化自由、文化参与等。文化安全的概念倡导保障各种文化权利的实现，保护个体和群体在文化领域的自由和权益，促进文化民主和文化平等，建设一个和谐、包容的文化社会。

1. 文化交流与互鉴

文化交流与互鉴是人类社会发展历程中的重要现象，也是促进文明进步和世界和平的重要力量。在当今全球化的背景下，文化交流与互鉴日益频繁，对于促进不同文化间的理解、融合与共存具有重要意义。然而，在文化交流与互鉴的过程中，也涌现出了一系列文化安全问题，引起了人们的广泛关注。

文化交流与互鉴是指不同文化之间的交流、融合和相互学习过程。在这个过程中，各种文化因素，包括语言、宗教、价值观念、传统习俗等，通过交流与互动，相互影响、借鉴、吸收，逐渐形成新的文化形态和认知方式。文化交流与互鉴具有双向性和多样性，既包括跨国、跨地域的文化交流，也包括不同社会群体内部的文化互动，形成了丰富多彩的文化生态。

文化安全作为一个新兴的概念，强调在文化交流与互鉴的过程中保障文化的独立性、多样性和自主性。文化安全不仅关乎文化的生存和传承，还涉及文化的认同、尊严和权益。在全球化的背景下，文化安全面临着来自外部文化入侵、文化霸权主义、文化侵蚀等威胁，需要采取有效措施加以保护和维护。文化交流与互鉴与文化安全之间存在着一种辩证的关系，既需要促进文化的开放和交流，又需要保障文化的独立和多样性。

文化交流与互鉴在促进文化创新和发展的同时，也带来了一系列的文化安全问题。文化交流与互鉴可能导致文化同质化和文化冲突。当外来文化与本土文化发生碰撞和融合时，可能造成文化特征的模糊和淡化，甚至引发文化认同危机和文化冲突。文化交流与互鉴可能带来文化侵蚀和文化失传。当外来文化对本土文化进行渗透和影响时，可能导致本土文化的衰退和失传，破坏文化生态的平衡和稳定。再次，文化交流与互鉴可能导致文化安全资源的枯竭和流失。当本土文化受到外来文化的竞争和压制时，可能导致本土文化资源的枯竭和流失，影响文化的可持续发展和传承。

如何在促进文化交流与互鉴的同时保障文化安全成为一个重要课题。需要树立文化自信，增强本土文化的传承和创新能力，提高文化对外抵御能力。需要加强文化保护和传承，保护和维护本土文化资源，促进文化多样性和文化生态的平衡。再次，需要加强文化政策的制定和实施，加强文化产业的发展，为文化交流与互鉴提供良好的政策环境和制度保障。需要加强国际合作和文化交流，促进文化共享与共赢，实现各国文化的共同繁荣和安全。

2. 文化对话与理解

文化安全是指在文化多样性、文化传承和文化交流的背景下，保护和维护各种文化形式的完整性和独特性，以及个体和社会在文化领域的自由和安全。其范畴涵盖了广泛的文化领域，包括物质文化遗产、非物质文化遗产、文化产业、文化交流与对话等方面。

物质文化遗产是文化安全的重要组成部分。物质文化遗产包括古迹、古建筑、文物、考古遗址等，是历史的见证和文化的传承。保护物质文化遗产意味着保护历史的独特性和多样性，维护文化的连续性和完整性。这需要加强对文化遗产的保护、修复、管理和传承，制定相关法律法规，推动社会各界的参与和合作，实现对文化遗产的全面保护。

非物质文化遗产也是文化安全的重要内容之一。非物质文化遗产包括口头传统、表演艺术、社会实践、传统知识等，是各个民族和地区独特的文化表达形式。保护非物质文化遗产涉及传统技艺的传承、语言的保护、民俗风情的传承等方面。这需要加强对非物质文化遗产的传承与发展，重视其多样性和文化价值，并为其提供更多的支持和保障。

文化产业在文化安全中的作用越发重要。文化产业涵盖了文化创意、艺术设计、文化旅游等领域，是推动经济发展和文化传播的重要力量。文化产业的健康发展有助于推动文化的创新和传播，促进社会的文化多样性。

第二节　文化安全的多元性与复杂性

一、文化安全的多元性

（一）多元文化主义的理念与实践

多元文化主义的理念强调了文化的多样性和平等性。在一个多元文化的社会中，各种文化形式和文化传统都应该得到平等对待和尊重，不存在高低贵贱之分。多元文化主义倡导各种文化在社会中共存、相互交流、相互影响，促进文化的多元共生和社会的和谐发展。

多元文化主义的实践体现在文化政策和文化管理中。各国和地区都制定了一系列的文化政策和法律法规，保护和促进各种文化的发展和传承。多元文化主义的实践要求政府和社会各界尊重和保护各种文化形式和文化权益，打破文化壁垒和文化隔阂，为各种文化在社会中的合法地位和发展空间提供保障。

多元文化主义的实践体现在教育和传媒领域。教育是培养新一代人的主要途径，传媒是社会公共意识形态的重要宣传渠道。多元文化主义的实践要求教育和传媒机构加强对多元文化的宣传和教育，提高公众对不同文化的认知和理解，促进文化多元共存和社会和谐发展。

多元文化主义的实践还体现在国际交流与合作中。在全球化的背景下，各国和地区之间的文化交流和合作越来越频繁，文化冲突和文化摩擦也日益突出。多元文化主义的实践要求各国加强文化交流与对话，尊重和包容不同文化的存在和发展，建立相互尊重、平等相待的国际关系，共同推动文明和谐的发展。

文化安全作为多元文化主义的核心概念之一，体现了文化的多元性。文化安全强调了保护和维护各种文化形式和文化传统的权益和自由，防止文化同化和文化消解，促进文化多元共存、相互尊重。文化安全的多元性体现在对不同文化的尊重和保护上，无论是民族文化、宗教文化还是地域文化，都应该得到平等对待和保护。

（二）多元文化对文化安全的挑战与机遇

多元文化对文化安全带来了挑战。多元文化的存在可能会引发文化认同危机和文化冲突。不同文化之间存在着差异性，当不同文化的核心价值观念和行为模式发生冲突时，容易导致文化认同危机和文化冲突，威胁到社会的文化安全。例如，在跨文化婚姻、移民潮流等情境下，不同文化背景的个体可能面临着文化认同的挑战和身份认同的困扰，从而影响到社会的文化稳定和和谐发展。

多元文化也为文化安全带来了机遇。多元文化的存在能够促进文化的创新和发展。不同文化之间的交流和融合，可以促进文化资源的共享和交流，激发文化创意和创新，推动文化的多样性和丰富性。例如，在文化产业和创意产业方面，多元文化的融合和碰撞往往能够催生出丰富多彩的文化产品和服务，为经济的发展和社会的进步提供动力。

文化安全具有多元性，涵盖了多个方面和层面。文化安全不仅是对文化的保护和传承，还包括了文化的认同、尊严和权益。文化安全不仅关乎文化的生存和发展，还关乎人们的情感认同和精神追求。文化安全具有多元性，既包括了对物质文化遗产的保护，也包括了对精神文化传统的传承，以及对文化自主性和多样性的尊重和维护。

文化安全还涉及文化的软实力和国家形象的塑造。文化安全不仅关乎个体的身份认同和文化权益，还关乎国家的文化自信和国家形象的塑造。一个文化安全的国家往往具有强大的文化软实力和国际影响力，能够赢得国际社会的尊重和认可。文化安全不仅是一个国家的文化政策和文化治理的重要内容，也是一个国家的国际战略和外交政策的重要组成部分。

多元文化对文化安全既带来了挑战，也提供了机遇。在全球化和信息化的背景下，需要充分认识和理解多元文化的复杂性和多样性，采取有效措施加以应对和管理。需要加强文化交流与对话，促进不同文化之间的相互理解和尊重，减少文化冲突和误解。需要加强文化保护与传承，保护和传承本土文化资源，维护文化的多样性和自主性。再次，需要加强文化政策和法律的制定和实施，为文化安全的维护和发展提供制度保障和政策支持。需要加强国际合作与文化交流，共同应对全球化背景下的文化挑战和安全问题，促进世界文化的共同繁荣和发展。

二、文化安全的复杂性

（一）文化安全的内部与外部复杂性

文化安全作为一个重要的概念，其内部与外部复杂性体现在多个方面。内部复杂性主要指的是文化内部的多样性、变动性和冲突性，而外部复杂性则是指文化与其他领域的相互作用和影响。下面将分别从内部和外部两个方面来论述文化安全的复杂性。

文化安全的内部复杂性表现在文化的多样性和变动性上。每个国家、地区、民族都有自己独特的文化传统、价值观念、习俗习惯等，形成了丰富多彩的文化多样性。这种多样性不仅体现在语言、宗教、风俗等方面，还包括思想观念、生活方式、艺术形式等方面。同时，随着时代的变迁和社会的发展，文化也在不断变化和演变，传统文化与现代文化、本土文化与外来文化之间存在着各种交融、碰撞和冲突。这种多样性和变动性给文化安全带来了挑战，需要寻求一种既能保护传统文化又能促进文化创新和发展的方式。

文化安全的内部复杂性还表现在文化冲突和文化认同的问题上。不同文化之间存在着差异和矛盾，可能会引发文化冲突和文化摩擦。这种冲突不仅体现在国家之间、民族之间的文化冲突，还体现在社会内部不同群体之间的文化对立和文化碰撞。文化认同是个体对自己所属文化的认同和归属感，而文化冲突往往会影响到个体的文化认同，导致文化认同的不稳定和动摇。如何处理好不同文化之间的关系，保持文化的和谐与稳定，是文化安全内部复杂性的重要方面。

除了内部复杂性，文化安全还面临着外部复杂性的挑战。外部复杂性主要表现在文化与其他领域的相互作用和影响上。文化与经济的关系日益密切，经济全球化和信息化使得文化产品和服务跨越国界传播，进一步加深了各国文化之间的相互影响和交流。这种全球化背景下的文化交流，既带来了文化多样性的丰富性，也带来了文化传播的挑战和文化冲突的风险。文化与政治、安全的关系也日益紧密，文化因素常常成为国际政治的影响因素之一，文化冲突也可能引发安全问题，甚至导致战争和冲突。文化与科技的关系也日益密切，科技的发展对文化的传播、保存、保护等方面都产生了重要影响，但同时也带来了文化传统的丧失和文化安全的威胁。

（二）文化安全的多维度复杂性

文化安全的多维度复杂性体现在对文化的多重认知上。文化并不是一个简单的概念，而是包含了多种元素和内涵。文化既包括物质文化，如建筑、艺术品等，也包括精神文化，如价值观念、信仰体系等。文化还涉及生态文化、社会文化等多个方面。要全面理解和把握文化安全的内涵，需要从多个角度和维度进行认知和分析。

文化安全的多维度复杂性体现在对多元文化的保护与发展上。在当今世界，各种文化形式和文化传统并存交融，构成了丰富多彩的文化景观。文化安全要求保护和促进各种文化的发展和传承，防止文化同化和文化消解，实现文化多元共生。这不仅需要加强对本国文化的保护和传承，也需要尊重和包容他国文化，促进多元文化的和谐共存。

文化安全的多维度复杂性体现在文化交流与对话的推进上。在全球化的背景下，文化交流和对话变得愈发频繁和密切。各国之间的文化交流不仅有利于增进相互了解和友谊，也有助于推动文化共享和文明互鉴。但与此同时，文化交流也面临着各种挑战，如文化冲突、文化传播不平衡等。推进文化交流与对话需要充分考虑各种文化的差异性和多样性，促进文化交流的平等、多元和包容。

文化安全的多维度复杂性还体现在文化安全与社会稳定的关系上。文化是社会的重要组成部分，文化安全的实现对于社会的稳定和和谐具有重要意义。文化安全问题涉及个体和群体的文化认同、文化权益等多方面内容，一旦这些问题受到侵害，就可能引发社会动荡和不稳定。保障文化安全不仅是保护文化本身，也是维护社会稳定和和谐的关键。

第三节　文化安全对社会稳定的作用

一、文化安全与社会和谐的关系

（一）文化安全与社会稳定的相互影响

文化安全对社会稳定具有重要意义。文化是社会的精神支柱和文明基石，是社会成员共同的认同和归属感的来源。当文化受到威胁和侵蚀时，可能导致社会成员的文化认同感和归属感受到影响，进而引发社会动荡和不稳定。例如，当本土文化受到外来文化的侵蚀和渗透时，可能导致社会成员的文化认同感和身份认同感受到挑战，从而影响到社会的和谐与稳定。保障文化安全是维护社会稳定的重要保障之一。

社会稳定对文化安全的维护和发展也具有重要作用。社会稳定是文化传承和发展的基础和条件，只有在社会稳定的环境下，文化才能得到有效传承和发展。例如，在社会秩序良好、政治稳定的国家，人民群众有更多的时间和精力去关注文化的传承和发展，文化机构和组织也能够更好地开展文化活动和项目。社会稳定是促进文化安全的重要保障之一。

文化安全和社会稳定之间存在着相互促进的关系。文化安全的维护和发展有利于社会的和谐与稳定，而社会稳定的维护和发展也为文化安全的保障提供了条件和保障。例如，当社会成员对本土文化的认同和信仰得到保护和尊重时，他们会更加积极地参与社会建设和发展，从而促进社会的和谐与稳定；而当社会秩序良好、政治稳定时，政府和社会组织也能够更好地保障文化安全，促进文化的传承和发展。文化安全和社会稳定之间存在着相互促进的关系，共同推动社会的持续发展。

要实现文化安全与社会稳定的良性互动，需要采取一系列措施。需要加强文化保护与传承，保护和传承本土文化资源，维护文化的多样性和自主性。

需要加强文化教育与传播，培养人们对文化的认同感和归属感，提高文化的自觉性和自信心。再次，需要加强社会治理与综合治理，建立健全的社会管理体系和法律法规体系，提高社会组织和机构的治理能力和管理水平。需要加强国际合作与文化交流，促进不同文化间的相互尊重和包容，共同推动全球文化安全与社会稳定的实现。

（二）文化安全在社会和谐中的作用

文化安全对于文化认同的塑造和维护至关重要。文化认同是个体对所属文化的认同和归属感，是文化传承和文化传播的重要基础。当个体对自己所属文化产生认同感时，会更加珍惜和维护自己的文化传统和文化遗产，促进文化的传承和发展。保障文化安全可以促进文化认同的形成和巩固，增强社会成员的凝聚力和归属感，有利于社会的和谐稳定。

文化安全对于价值观念的传承和弘扬具有重要意义。文化安全保障了文化传统和文化价值的持续传承，有助于传承和弘扬优秀的文化传统和价值观念。这有助于引导社会成员树立正确的价值观念，增强社会的向心力和凝聚力，促进社会的和谐发展。例如，中华传统文化中的儒家思想、道家思想、佛家思想等，强调仁爱、和谐、平等等价值观念，对于中国社会的和谐发展具有重要的启示和意义。

文化安全有助于提升社会的凝聚力和团结意识。文化作为社会成员共同的精神财富和文化符号，具有凝聚社会成员、增强社会凝聚力的重要作用。通过加强文化安全保护和文化传承，可以促进社会成员的共同认同和团结合作，增强社会的整体稳定和和谐发展。例如，在多元文化社会中，通过尊重和包容不同文化的特点和价值，促进文化交流与融合，可以增强社会成员之间的相互理解和认同，促进社会的和谐共存。

文化安全还有助于推动文化对话与包容性的发展。文化对话是不同文化之间的交流与互鉴，是促进文化交流与融合的重要途径，有助于增进各国人民之间的相互理解和友好关系。通过加强文化安全保护和文化交流，可以促进文化对话的深化和扩展，增强社会成员之间的包容性和共享性，推动社会的多元化和和谐共生。例如，国际间的文化交流与合作，不仅有助于促进世界文化的繁荣与发展，还有助于增进各国人民之间的友好往来，促进世界和平与稳定。

二、文化安全维护社会稳定的策略与措施

（一）文化安全教育与宣传

文化安全教育与宣传以及维护社会稳定的策略与措施是保障社会和谐发展和文化多元共生的重要手段。文化安全教育与宣传通过提高公众对文化安全重要性的认识和理解，培养公众的文化安全意识和素养，促进社会成员之间的文化交流与理解，从而维护社会稳定。在此基础上，制定和实施相应的策略和措施，进一步加强文化安全的保护和维护，有助于构建一个和谐、稳定的社会环境。

文化安全教育与宣传的重要性不可忽视。通过教育和宣传活动，可以向公众传达文化安全的重要性，引导人们尊重和保护各种文化形式和文化传统，促进文化多元共生。这不仅有助于增强公众对文化安全的认识和理解，也能够培养公众的文化自信和文化自觉，从而提升社会的文化素养和文化共融能力。

文化安全教育与宣传应该多层次、多形式地开展。包括学校教育、社会宣传、媒体报道、文化活动等多种渠道和方式。学校是培养新一代公民的重要场所，应该将文化安全教育纳入课程体系，引导学生树立正确的文化观念和文化价值观。同时，社会各界应该开展形式多样的文化安全宣传活动，通过举办展览、讲座、论坛等方式，向公众普及文化安全知识，增强社会成员的文化认知和文化自觉。

维护社会稳定的策略与措施应该围绕着文化安全展开。首先是加强文化政策的制定和实施。政府应该制定更加完善和有力的文化政策，保护和促进各种文化的发展和传承，提升国家的文化软实力。其次是建立健全的文化安全法律法规体系。完善相关法律法规，明确文化安全的定义、范畴和保护措施，加强对文化安全问题的监管和管理，维护社会的文化秩序和稳定。再者是加强文化产业的发展。文化产业是推动文化繁荣和发展的重要力量，政府

应该加大对文化产业的支持和扶持力度，促进文化产业的健康发展，为社会稳定提供文化支撑。

加强文化交流与对话也是维护社会稳定的有效途径。通过加强国际文化交流与合作，促进各国之间的文化互鉴和相互理解，减少文化冲突和误解，增进国际社会的和谐与稳定。同时，加强国内各族群、各文化团体之间的交流与对话，促进文化共享和交流，增强社会成员之间的凝聚力和认同感，为社会和谐稳定提供坚实基础。

（二）文化安全法规与政策

文化安全法规与政策的制定与实施对于保障文化传承和发展至关重要。文化安全法规和政策是国家对文化领域的规范和指导，是保护和传承本土文化的法律依据和政策支持。通过制定和实施文化安全法规和政策，可以促进本土文化的传承和发展，保护和传承文化遗产和传统，提升文化自觉性和自信心。例如，一些国家通过颁布文化保护法、文化遗产法等法律，加强对文化资源的保护和传承，推动本土文化的繁荣和发展。

文化安全法规与政策的制定与实施对于维护社会稳定具有重要意义。文化安全是社会稳定的重要保障之一，只有保障文化安全，才能维护社会的和谐与稳定。通过制定和实施文化安全法规和政策，可以加强对文化领域的管理和治理，维护社会成员的文化权益和利益，减少文化认同危机和文化冲突的发生。例如，一些国家通过加强文化教育、加强文化交流与对话等措施，促进不同文化之间的相互理解和尊重，减少文化冲突和误解，维护社会的和谐与稳定。

维护社会稳定的策略与措施需要注重文化安全的保障和促进。文化安全是社会稳定的基础和前提，只有保障文化安全，才能维护社会的和谐与稳定。维护社会稳定的策略与措施需要注重加强文化安全的保障和促进。例如，可以加强对文化领域的管理和监管，建立健全的文化安全监测和预警机制，及时发现和解决文化领域存在的问题和隐患。同时，可以加强对文化资源的保护和传承，推动本土文化的繁荣和发展，提升社会成员的文化认同感和归属感，增强社会的凝聚力和稳定性。

最后，维护社会稳定的策略与措施还需要注重加强文化交流与互鉴。文化交流与互鉴是促进文化繁荣和发展的重要途径，也是增进不同文化间相互理解和信任的重要手段。通过加强文化交流与互鉴，可以促进不同文化之间的相互融合和共生，减少文化隔阂和偏见，增强社会成员的文化认同感和归属感，提升社会的和谐与稳定。维护社会稳定的策略与措施需要注重加强文化交流与互鉴，推动不同文化之间的相互理解和融合，促进社会的共同进步与发展。

第四节　文化安全与公共安全的关联

一、文化安全与公共安全的共同目标

（一）促进社会和谐与稳定

促进社会和谐与稳定是当今社会发展的重要目标，而文化安全与公共安全作为两个不可分割的概念，共同努力实现这一目标。文化安全与公共安全在促进社会和谐与稳定方面具有重要的共同目标与作用。下面将分别从文化安全和公共安全的角度出发，探讨它们在促进社会和谐与稳定方面的共同目标。

文化安全与公共安全在促进社会和谐与稳定方面共同追求文化传承和保护。文化安全强调保护和传承各种文化形式的完整性和独特性，包括物质文化遗产、非物质文化遗产、历史文化遗产等。而公共安全则关注社会系统的稳定和安全，其中包括对人民生命财产安全的保护、社会秩序的维护等。保护和传承文化不仅有助于增强人们的文化认同感和归属感，也能够增进社会成员之间的共同认同和凝聚力，从而促进社会的和谐与稳定。

文化安全与公共安全共同追求文化交流与对话。文化交流与对话是不同文化之间的交流与互鉴，有助于增进相互理解和尊重，促进社会成员之间的和谐相处。文化安全注重保护文化多样性和促进文化交流，而公共安全则强调跨国界、跨文化的合作与交流，以共同应对各种安全威胁和挑战。通过促

进文化交流与对话，可以增强各国人民之间的友好关系，增进跨文化的相互理解与包容，有利于促进社会的和谐与稳定。

文化安全与公共安全共同致力于提升社会成员的价值观念和道德观念。文化安全强调传承和弘扬优秀的文化传统和价值观念，培育社会成员的良好道德品质和行为规范。而公共安全则注重加强法治建设和社会治理，提高人民的法律意识和社会责任感，维护社会秩序和公共利益。通过提升社会成员的价值观念和道德观念，可以促进社会成员之间的互相尊重和互助合作，增强社会的凝聚力和稳定性。

文化安全与公共安全共同关注社会的稳定和安全。文化安全强调文化传承与保护，维护社会的文化稳定和和谐发展；公共安全注亘社会的秩序和安全，保障人民生命财产的安全，维护社会的稳定和安宁。两者相辅相成，共同为社会的和谐与稳定作出贡献。

（二）保护公民的文化权利与安全

保护公民的文化权利与安全，以及文化安全与公共安全的共同目标是构建和谐社会和促进国家发展的重要方面。文化权利是公民在文化领域享有的基本权利，包括言论自由、文化自由、文化参与等。保护公民的文化权利意味着保障个体和群体在文化领域的自由和权益，促进文化民主和文化平等。文化安全则涉及保护和维护各种文化形式和文化传统的权益和自由，防止文化同化和文化消解，促进文化多元共存、相互尊重。公共安全则是指社会各个方面的安全，包括国家安全、社会安全、公民安全等。文化安全与公共安全有着紧密的联系和共同的目标，在维护社会稳定和促进国家发展方面发挥着重要作用。

保护公民的文化权利与安全是维护公民权利的重要保障。公民在文化领域享有的言论自由、文化自由等权利是其个人发展和自由表达的基础。保护这些权利不仅是对公民权利的尊重和保障，也是促进社会进步和民主发展的重要途径。只有保护公民的文化权利，才能够保障个体和群体在文化领域的自由和平等，促进社会的和谐稳定。

文化安全与公共安全的共同目标在于维护社会的稳定和安全。文化是社会的重要组成部分，文化安全的实现对于社会的稳定和和谐具有重要意义。保障各种文化形式和文化传统的权益和自由，防止文化同化和文化消解，有助于促进文化多元共生，增强社会的凝聚力和向心力，维护社会的稳定和安全。文化安全与公共安全的共同目标在于通过保护和促进各种文化的发展和传承，实现社会的和谐共生，推动国家的繁荣和发展。

文化安全与公共安全的共同目标在于促进国家软实力的提升。文化是一个国家软实力的重要组成部分，文化安全的实现对于提升国家的软实力具有重要意义。保护和传承各种文化形式和文化传统，加强国家文化产业的发展，有助于增强国家在国际社会中的影响力和竞争力，提升国家的软实力水平，推动国家的繁荣和发展。

文化安全与公共安全的共同目标在于促进社会的可持续发展。文化安全的实现有利于构建和谐社会和促进社会的可持续发展。通过保护和传承各种文化形式和文化传统，加强文化交流与对话，有助于促进社会成员之间的理解与团结，增强社会的凝聚力和稳定性，为社会的可持续发展奠定坚实基础。

二、文化安全与公共安全的深度关联

（一）公共安全需求与文化安全政策的调整

公共安全需求是文化安全政策调整的重要驱动力。公共安全是社会成员生命财产和社会稳定的重要保障，而文化安全政策的调整则是为了更好地满足公众对安全的需求。例如，在应对恐怖主义威胁、网络安全风险、自然灾害等方面，社会需要通过调整文化安全政策来提升安全防范和应急处置能力，以保障公众的生命财产安全和社会的稳定。

文化安全政策的调整也影响着公共安全需求的变化。文化安全政策的调整可能会影响到社会成员的文化认同感和身份认同感，进而影响到公众对安全的需求和期待。例如，当文化安全政策的调整导致社会成员的文化认同感受到挑战时，可能会引发社会成员的不安和恐慌，从而加大了对安全的需求和关注。文化安全政策的调整与公共安全需求之间存在着相互作用的关系，需要加强对二者之间关系的研究和理解。

公共安全需求与文化安全政策调整之间的关系具有动态性和复杂性。公共安全需求受到社会经济发展、科技进步、政治变革等多种因素的影响，而文化安全政策的调整也受到政府决策、国际形势、文化传承等多方面因素的制约。公共安全需求与文化安全政策调整之间的关系是一个动态的、相互影响的过程，需要根据实际情况不断进行调整和优化，以适应社会的发展和变化。

为了更好地满足公众对安全的需求，需要采取一系列措施，促进公共安全需求与文化安全政策的协调和统一。需要加强对公共安全需求的调查和研究，深入了解公众对安全的关注点和需求，为文化安全政策的调整提供科学依据。需要建立健全的文化安全政策制定和实施机制，加强政府、社会组织和公众之间的沟通和协作，共同制定和实施适应时代需求的文化安全政策。再次，需要加强文化安全宣传和教育，提升公众的安全意识和自我保护能力，增强社会的抵御风险和应对危机的能力。需要加强国际合作与文化交流，促进不同文化之间的相互理解和尊重，共同应对全球性挑战和威胁，维护世界的和平与安全。

（二）文化安全在公共安全策略中的角色

文化安全在公共安全策略中扮演着重要的角色，其作用涵盖了多个方面。文化安全与公共安全密切相关，两者相辅相成，共同促进社会的和谐与稳定。下面将从文化认同、社会凝聚力、文化交流与对话、恐怖主义与极端主义等方面，探讨文化安全在公共安全策略中的角色。

文化安全在公共安全策略中发挥着促进文化认同和社会凝聚力的作用。文化认同是个体对自己所属文化的认同和归属感，是文化传承和文化传播的重要基础。通过加强文化安全保护和文化传承，可以促进文化认同的形成和巩固，增强社会成员的凝聚力和归属感，有利于社会的和谐稳定。公共安全策略应当重视文化认同的重要性，通过加强文化教育和文化传播，塑造积极向上的文化认同，增强社会成员之间的凝聚力和团结意识，从而有效防范和化解各种安全风险。

文化安全在公共安全策略中促进文化交流与对话，增强国际间的友好合作与互信。文化交流与对话是不同文化之间的交流与互鉴，有助于增进相互理解和尊重，促进社会成员之间的和谐相处。在国际关系领域，文化交流与对话可以增强各国人民之间的友好关系，增进跨文化的相互理解与包容，促进国际间的和平与稳定。公共安全策略应当倡导和支持跨国界的文化交流与合作，推动文化对话的深化和扩展，促进国际社会的共同发展与繁荣。

文化安全在公共安全策略中对抗恐怖主义和极端主义起到重要作用。恐怖主义和极端主义往往利用宗教、民族、文化等因素来进行招募和宣传，妄图瓦解社会稳定和安全。加强文化安全保护和文化传播，有助于消除恐怖主义和极端主义的滋生土壤，减少极端主义思想的传播和影响。公共安全策略应当加强对恐怖主义和极端主义的打击力度，采取综合性的措施，包括加强边境管控、加强情报信息共享、加强社会稳定和发展等方面，有效防范和打击各种恐怖主义和极端主义活动，维护社会的和谐与稳定。

文化安全在公共安全策略中还应当加强文化产业的保护与发展，促进经济社会的稳定与繁荣。文化产业是一个国家经济的重要组成部分，对于增加就业、促进经济增长、提升人民生活水平具有重要意义。公共安全策略应当加强对文化产业的政策支持和扶持，加强知识产权保护，打击盗版和侵权行为，推动文化产业的健康发展，促进经济社会的和谐与稳定。

1. 文化安全与公共安全策略的整合

文化安全与公共安全策略的整合体现了多元安全观的理念。传统的安全观念往往局限于军事安全、政治安全等狭义安全范畴，而多元安全观强调了全面安全和综合安全的重要性。文化安全和公共安全作为多元安全的重要组成部分，应该在整体安全框架下相互融合、相互促进，共同构建一个全面安全的社会环境。

文化安全与公共安全策略的整合有助于提升国家软实力。文化是一个国家软实力的重要组成部分，文化安全的实现对于提升国家的软实力具有重要意义。通过保护和传承各种文化形式和文化传统，加强国家文化产业的发展，有助于增强国家在国际社会中的影响力和竞争力，提升国家的软实力水平，推动国家的繁荣和发展。

文化安全与公共安全策略的整合能够促进社会的和谐发展。文化是社会的重要组成部分，文化安全的实现对于社会的稳定和和谐具有重要意义。保障各种文化形式和文化传统的权益和自由，防止文化同化和文化消解，有助于促进文化多元共生，增强社会的凝聚力和向心力，维护社会的稳定和安全。公共安全则是指社会各个方面的安全，包括国家安全、社会安全、公民安全等。文化安全与公共安全的整合有助于全面提升社会的安全水平，构建一个安全、稳定、和谐的社会环境。

文化安全与公共安全策略的整合需要多方合作和共同努力。保护和促进各种文化形式和文化传统需要政府、社会组织、企业、个人等各个方面的共同参与和努力。政府应加强文化政策的制定和实施，制定和完善相关法律法规，加强对文化产业的扶持和管理，推动文化产业的发展和壮大。社会组织应加强文化教育与宣传，开展形式多样的文化交流与对话活动，促进各种文化的交流与融合。企业应加强对文化产业的投入和支持，推动文化产品的创新与发展，为文化产业的繁荣和发展提供支撑和保障。个人应提高文化素养，增强文化自觉，积极参与文化活动，为社会的文化发展和繁荣做出贡献。

2. 文化安全对公共安全策略的优化

文化安全的维护与促进可以增强社会凝聚力和稳定性，从而优化公共安全策略。文化安全的保障能够增强社会成员的文化认同感和归属感，促进社会的和谐与稳定。当社会成员对本土文化感到自豪和认同时，他们会更加团结和凝聚在一起，共同应对各种安全威胁和挑战。通过加强文化安全的保障和促进，可以增强社会的凝聚力和稳定性，优化公共安全策略的制定和实施。

文化安全的维护与促进可以提升社会成员的安全意识和自我保护能力，从而优化公共安全策略。文化安全的保障不仅是对文化资源和文化遗产的保护，更包括了对社会成员的安全意识和自我保护能力的提升。通过加强文化安全教育和宣传，可以提升社会成员对安全问题的认识和理解，增强他们的安全意识和防范意识，从而有效应对各种安全威胁和危机。通过加强文化安全的保障和促进，可以提升社会成员的安全意识和自我保护能力，优化公共安全策略的制定和实施。

文化安全的维护与促进可以促进社会的和谐发展和持续稳定，从而优化公共安全策略。文化安全的保障能够促进文化资源的共享和交流，激发文化创意和创新，推动文化的多样性和丰富性。通过加强文化安全的保障和促进，可以促进社会的文化繁荣和发展，增强社会成员的幸福感和满足感，从而减少社会的动荡和不稳定因素。通过加强文化安全的保障和促进，可以促进社会的和谐发展和持续稳定，优化公共安全策略的制定和实施。

要实现文化安全对公共安全策略的优化，需要采取一系列策略和措施。需要加强文化安全的立法和政策制定，建立健全的文化安全保障体系，为公共安全策略的优化提供法律保障和政策支持。需要加强文化安全教育和宣传，提升社会成员对文化安全的重视和认识，增强他们的文化自觉性和自信心。再次，需要加强文化安全监测和评估，及时发现和解决存在的问题和隐患，为公共安全策略的优化提供科学依据和参考。需要加强国际合作与文化交流，推动不同文化之间的相互尊重和包容，共同应对全球性挑战和威胁，维护世界的和平与安全。

第五节　文化安全在应急管理中的角色

一、文化安全在应急预警中的角色

文化安全在应急预警中扮演着重要的角色，其作用涵盖了多个方面。应急预警是指在突发事件发生前，通过对事件可能发生的风险因素进行分析和预测，及时发出预警信息，以便采取相应的措施防范和应对可能发生的灾害或危机。文化安全在应急预警中不仅可以增强人们对突发事件的风险意识和应对能力，还能够提升社会的整体安全水平和抗灾能力。下面将从文化传统、文化价值观、社会凝聚力、文化教育等角度，探讨文化安全在应急预警中的角色。

文化安全在应急预警中通过传承和弘扬文化传统，增强人们对突发事件的风险意识和应对能力。文化传统是一个国家或地区的精神财富和民族特色的重要体现，通过传承和弘扬文化传统，可以培养人们的防灾意识和自救能力，提高突发事件发生时的应对效率。例如，在一些地区，人们通过传统的节日活动或民间习俗来进行应急预警，如水灾季节的祈雨祈福活动、火灾季节的守望相助传统等，这些文化传统不仅有助于提醒人们警惕可能发生的灾害，还能够促进社区的凝聚和互助合作，增强应对灾害的能力。

文化安全在应急预警中通过强调文化价值观和道德规范，提升社会成员的公共安全意识和责任意识。文化价值观是人们在长期文化传统和社会历史的熏陶下形成的一种共同认知和行为准则，通过强调文化价值观和道德规范，可以提高社会成员的公共安全意识和责任意识，加强人们之间的信任和合作，有效应对突发事件带来的挑战。例如，一些地区强调“邻里互助、共同应对”的文化价值观，通过加强邻里之间的联系和合作，能够更及时地传递灾害预警信息，减少灾害带来的损失。

文化安全在应急预警中通过增强社会的凝聚力和团结意识，提高社会应对突发事件的整体能力。文化是社会成员共同的精神追求和文化符号，通过加强对文化的保护和传承，可以增强社会成员之间的共同认同和凝聚力，提升社会的整体抗灾能力和应对能力。例如，在一些地区，政府和民间团体会通过举办文化活动、文化节庆等形式，加强社会成员之间的交流和互动，增强社会凝聚力和团结意识，提高应对突发事件的整体能力。

文化安全在应急预警中通过加强文化教育，提升公众的防灾意识和自救能力。文化教育是培养公众应对突发事件的重要手段，通过开展灾害防范知识的宣传和教育，可以提高公众的防灾意识和自救能力，有效减少突发事件带来的损失。例如，在学校和社区开展防灾知识普及和应急演练活动，通过模拟灾害场景，教导公众如何正确应对各类灾害，提高公众在突发事件中的自救能力和逃生技能，为应急预警工作提供了重要的支持和保障。

（一）文化安全信息的传播与接受

文化安全信息的传播途径多样化。传统媒体如电视、广播、报纸等是传播文化安全信息的重要渠道，通过新闻报道、专题节目等形式向公众传递文化安全的相关知识和信息。网络平台如互联网、社交媒体等则成为了新兴的文化安全信息传播渠道，通过微博、微信、博客等平台，公众可以及时获取到文化安全的最新信息和动态。文化机构、学校、社会组织等也是文化安全信息传播的重要力量，通过举办讲座、展览、研讨会等活动，向公众传递文化安全的相关知识和理念。

文化安全信息的传播内容丰富多样。文化安全信息的内容涵盖了文化传统、文化遗产、文化产业、文化政策等多个方面，包括文化资源的保护与利用、文化产业的发展与创新、文化政策的制定与实施等内容。通过传播这些内容，可以引导公众正确理解和认识文化安全的重要性，增强公众对文化安全的关注和重视，促进文化安全理念在社会中的传播和普及。

文化安全信息的接受方式多样灵活。公众可以通过阅读报纸、收听广播、观看电视等传统媒体，获取文化安全信息。同时，随着互联网的发展，公众也可以通过搜索引擎、社交媒体、视频网站等网络平台，获取到丰富的文化安全信息。参与文化活动、参观展览、听取讲座等也是了解文化安全的重要途径。通过这些接受方式，公众可以全面了解和认识文化安全的相关知识和信息，提高对文化安全的认知水平和理解能力。

文化安全信息的传播与接受对于促进社会的文化安全具有重要意义。通过传播有关文化安全的知识和理念，可以提高公众对文化安全的认知和关注度，引导公众树立正确的文化安全观念和价值取向，增强公众的文化自信和文化自觉。同时，通过多样化的接受方式，可以使文化安全信息更加深入人心，激发公众参与文化安全保护的积极性和主动性，促进社会各界共同关注和参与文化安全工作，共同建设一个安全、稳定、和谐的文化环境。

（二）文化安全对应急预警的有效性

文化安全对应急预警的有效性具有重要意义。应急预警是指在突发事件发生前，通过监测和分析相关信息，及时向公众发布预警信息，以便公众采取有效的防范和救援措施，减少人员伤亡和财产损失。文化安全的保障和促进可以增强应急预警的有效性，提高公众对预警信息的响应和应对能力，从而减少灾害风险和危机事件带来的损失。

文化安全的维护与促进可以增强公众对应急预警信息的信任和接受度，提高预警的有效性。文化安全的保障能够增强社会成员的文化认同感和归属感，促进社会的和谐与稳定。当公众对文化安全的保障感到满意和信任时，他们也会更加信任和接受相关的应急预警信息，及时采取相应的防范和救援措施。通过加强文化安全的保障和促进，可以增强公众对应急预警信息的信任和接受度，提高预警的有效性。

文化安全的维护与促进可以提升公众的应对能力和应急意识，增强应急预警的有效性。文化安全的保障不仅是对文化资源和文化遗产的保护，更包括了对社会成员的安全意识和自我保护能力的提升。通过加强文化安全教育和宣传，可以提升公众对安全问题的认识和理解，增强他们的应对能力和应急意识，从而更加积极地响应和应对应急预警信息，减少灾害风险和危机事件带来的损失。通过加强文化安全的保障和促进，可以提升公众的应对能力和应急意识，增强应急预警的有效性。

文化安全的维护与促进可以促进社会的和谐发展和持续稳定，从而增强应急预警的有效性。文化安全的保障能够促进文化资源的共享和交流，激发文化创意和创新，推动文化的多样性和丰富性。通过加强文化安全的保障和促进，可以促进社会的文化繁荣和发展，增强社会成员的幸福感和满足感，从而减少社会的动荡和不稳定因素。在社会和谐稳定的环境下，公众更容易接受和响应应急预警信息，有效减少灾害风险和危机事件的发生及其带来的损失。通过加强文化安全的保障和促进，可以促进社会的和谐发展和持续稳定，增强应急预警的有效性。

要实现文化安全对应急预警的有效性的提升，需要采取一系列策略和措施。需要加强文化安全教育和宣传，提升公众对文化安全的重视和认识，增强他们的文化自觉性和自信心。需要建立健全的应急预警机制和体系，完善预警信息的监测、分析和发布机制，提高预警信息的及时性和准确性。再次，需要加强公众参与和社会组织的配合，促进公众对应急预警信息的响应和应对能力，形成社会共治的格局。需要加强国际合作和信息共享，共同应对全球性灾害和危机，提升全球应急预警体系的有效性和覆盖范围。

二、文化安全在应急响应与恢复中的角色

（一）文化安全对应急响应策略的指导

文化安全对应急响应策略的指导具有重要意义，它能够在突发事件发生

时提供有力支持，加强应急响应工作的有效性和针对性。文化安全不仅关乎传统文化的传承与保护，更体现了一个社会对价值观念、社会凝聚力和公共安全的共同关注和重视。以下将从文化认同、社会凝聚力、传统智慧、文化传承等方面探讨文化安全对应急响应策略的指导作用。

文化安全对应急响应策略的指导体现在强化文化认同与社会凝聚力方面。在应对突发事件时，文化认同对于社会成员之间的凝聚力和团结合作至关重要。通过加强对文化传统的传承和保护，可以增强社会成员对共同价值观念和文化认同的认同感，提升社会凝聚力和团结意识。当社会成员在面临灾难和危机时，能够更加团结一致，共同应对挑战，从而提高应急响应的效率和成效。

文化安全对应急响应策略的指导体现在利用传统智慧和经验方面。历史上，许多文化都积累了丰富的传统智慧和经验，用以应对各种突发事件和自然灾害。这些传统智慧和经验在今天仍然具有重要的指导意义，可以为现代应急响应提供宝贵的参考。例如，一些地区的民间传统在防灾减灾方面有着丰富的经验，如水灾季节的防洪措施、火灾季节的森林管理经验等，这些传统智慧和经验可以为应急响应策略提供有益启示，增强其针对性和实效性。

文化安全对应急响应策略的指导还体现在文化传承与教育方面。通过加强文化传承与教育，可以提高社会成员的防灾意识和自救能力，增强应对突发事件的能力。文化传承与教育不仅包括对传统文化的传承和保护，还包括对应急知识和技能的传授和培养。例如，在学校和社区开展应急演练和灾害防护知识普及活动，通过模拟灾难场景，教导社会成员如何正确应对各类灾害，提高其自救和互救能力，为应急响应工作提供了重要的支持和保障。

文化安全还对应急响应策略的指导起到了促进多元文化交流与合作的作用。在应对突发事件时，社会需要各方的支持和合作，而多元文化交流与合作是实现这一目标的重要途径。通过加强国际间的文化交流与合作，可以增进各国之间的相互理解和信任，提高应对突发事件的整体能力。例如，在国际应急援助方面，各国之间可以通过文化交流与合作，加强资源共享和信息交流，提高对突发事件的应对能力，减少损失和伤害。

（二）文化安全在灾后恢复与重建中的作用

灾害常常给人类社会带来沉重的打击，而文化安全则在灾后恢复与重建中扮演着至关重要的角色。文化是人类生活的基石，它不仅是建筑、艺术和传统的代表，更是人们身份认同和社会凝聚力的象征。在灾难发生后，文化安全的保护和恢复不仅可以帮助人们重新建立信心，还能够促进社区的团结和自我救助能力，从而推动整个社会向前发展。

文化安全的保护和恢复有助于保护人们的身份认同。灾难往往不仅摧毁了物质财产，还伤害了人们的心灵。在这种情况下，文化遗产的保护就显得尤为重要。当人们看到自己的文化遗产得以保留和恢复时，他们会感到自己的身份认同得到了尊重和保护，从而增强了自信心和归属感。例如，一座古老的寺庙被地震摧毁了，但当政府和社区共同努力重建并保护这座寺庙时，当地居民会感到他们的文化传统得到了尊重，这有助于他们更好地走出灾难。

文化安全的保护和恢复有助于促进社区的团结和自我救助能力。灾难发生时，社区往往是最先受到影响的地方。在这种情况下，社区成员之间的团结和互助变得至关重要。而文化遗产往往是社区团结的象征和精神支柱。通过保护和恢复文化遗产，可以激发社区成员的自豪感和归属感，促进他们之间的合作和团结，共同应对灾难的挑战。例如，一个受到洪水袭击的村庄，当村民们意识到他们共同拥有的文化遗产受到了威胁时，他们往往会更加紧密地团结在一起，共同保护和重建受损的遗产，从而提高了社区的自我救助能力。

文化安全的保护和恢复有助于推动整个社会向前发展。文化是社会发展的动力之一，它蕴含着丰富的智慧和创造力。当文化遗产得到有效的保护和恢复时，它将为社会提供源源不断的力量和动力，推动社会向前发展。例如，一座历史悠久的古城在地震中受到了严重破坏，但通过保护和修复古城的文化遗产，可以吸引更多的游客和投资者，促进当地经济的复苏和发展。

第四章　社会心理与公共安全

第一节　灾害心理学基础

一、灾害心理学的基础概念

（一）灾害心理学的基本概念

灾害心理学是一门研究人类在面对灾害时心理反应和应对方式的学科。在灾害发生后，人们的心理状态往往受到极大的冲击，灾害心理学旨在理解和解释这些心理过程，为灾后心理干预和恢复提供科学依据。灾害心理学的基本概念涵盖了灾害的定义、灾害心理反应、心理干预和恢复等方面。

灾害的定义是灾害心理学的基石之一。灾害可以被定义为对人类社会造成严重伤害或破坏的突发性事件，如自然灾害（地震、飓风、洪水等）、人为灾害（恐怖袭击、战争、事故等）以及公共卫生灾害（传染病爆发等）。这些事件通常导致人们生命财产损失、社会秩序混乱以及心理创伤等问题。

灾害心理反应是指个体在面对灾害时产生的心理和情绪上的反应。这些反应包括焦虑、恐惧、愤怒、悲伤等情绪，以及失眠、头痛、胃痛等身体不适。心理反应的强度和持续时间会受到多种因素的影响，如个体的应对能力、社会支持系统、灾害的性质和严重程度等。

心理干预是指针对灾难事件后受影响的个体和群体提供的心理支持和治疗服务。心理干预的目标是减轻心理创伤、促进心理恢复和增强个体的适应能力。常见的心理干预方法包括心理教育、心理咨询、心理治疗、药物治疗等。社会支持和心理康复项目也是心理干预的重要组成部分。

心理恢复是指个体在经历灾难事件后逐渐恢复正常生活并重建心理平衡的过程。心理恢复是一个渐进的过程，包括从创伤中康复、重新建立生活意义、重建社会支持系统等方面。在心理恢复过程中，个体可能会经历不同阶段的情绪波动和心理挑战，但通过积极的应对和有效的支持，大多数人最终能够逐渐恢复正常生活。

（二）灾害心理学的研究领域与内容

灾害心理学是一门专注于研究人们在灾难面前心理反应及其影响的学科。它涉及了广泛的研究领域，从个体层面到社会层面，探讨了人类在各种灾难情境下的心理过程、应对策略以及恢复过程。以下将对灾害心理学的研究领域进行深入探讨。

灾害心理学关注个体在灾难事件中的心理反应。这包括焦虑、恐惧、绝望、愤怒等负面情绪，以及应对机制，如逃避、否认、应激反应等。个体在灾难中的心理反应受到多种因素的影响，包括个体的心理健康状态、社会支持系统、灾难类型和程度等。

灾害心理学研究了群体和社区层面的心理过程。在灾难发生后，群体和社区可能经历集体创伤，出现恐慌、混乱、社会动荡等现象。灾后社区的心理恢复过程也是灾害心理学关注的重点之一，包括建立社会支持系统、重建社区凝聚力等方面的研究。

灾害心理学研究了灾难对特定人群的影响，如儿童、老年人、残障人士等。这些人群在灾难中可能面临更大的心理压力和困境，需要特殊的心理支持和帮助。灾害心理学致力于了解不同人群在灾难中的心理特点，以便为其提供更有效的心理援助。

灾害心理学还关注灾后心理干预和心理治疗的有效性。通过心理干预和治疗，可以帮助个体和群体应对灾难带来的心理创伤，促进其心理恢复和重建。灾害心理学不仅研究灾难发生前的心理准备和预防措施，也关注灾后心理干预的效果评估和优化。

灾害心理学还探讨了灾害应对和管理的心理机制。个体和组织在面对灾难时的决策、应对和适应能力对于灾难的后果具有重要影响。灾害心理学研究了灾害应对和管理中的心理因素，以提高灾害应对的效率和效果。

灾害心理学是一门研究在自然灾害、人为灾难等突发事件中，人们心理过程、应对机制以及心理健康恢复等方面的学科。在灾难发生后，人们的心理状态往往受到严重影响，这种影响不仅会影响到个人的生活和工作，还可能对整个社会产生深远的影响。灾害心理学的研究内容涵盖了多个方面。

灾害心理学关注人们在灾难发生时的心理反应。这些反应可能包括恐惧、焦虑、绝望等负面情绪，以及逃避、混乱等行为。了解这些心理反应的特点和原因，有助于心理学家和救援人员更好地理解灾难中的人们，从而采取有效的心理干预措施。

灾害心理学研究人们应对灾难的方式和策略。不同的个体可能会采取不同的应对方式，比如积极应对、消极逃避等。研究人们选择特定应对方式的原因和效果，有助于指导救援工作和心理干预措施的制定。

灾害心理学关注灾后心理康复和恢复。灾难带来的心理创伤可能长期影响个体的生活和心理健康。如何帮助受灾者重建心理防线、恢复心理平衡，成为了灾后心理康复工作的重要内容。这包括心理咨询、心理治疗、社会支持等方面的干预措施。

灾害心理学还研究灾难对不同群体的心理影响。不同年龄段、不同性别、不同文化背景的人们可能会有不同的心理反应和应对方式。了解不同群体在灾难面前的心理特点，有助于量身定制针对性的心理干预措施。

灾害心理学还关注灾害预防和心理健康教育。通过对灾害心理学的研究，可以更好地理解灾难发生的原因和规律，从而采取有效的预防措施减少灾难带来的损失。通过心理健康教育，可以提高人们的心理适应能力和抗压能力，减轻灾难带来的心理影响。

二、灾害心理学的基本理论

灾害心理学是研究灾害事件对个体和群体心理状态产生影响以及应对机制的学科，其基本理论对于理解和应对灾害后的心理反应至关重要。灾害事件可能带来巨大的心理创伤，而灾害心理学的基本理论提供了理论框架和指导原则，有助于人们更好地理解灾后心理反应的本质，并制定有效的干预措施。

灾害心理学的基本理论包括应激反应理论。这一理论认为，人们在面对灾害事件时会经历一系列的应激反应，包括冲击、否认、愤怒、沮丧等。这些反应是人类自然的应激机制，有助于人们应对威胁和压力。例如，当地震发生时，受灾者可能会先感到惊恐和震惊，随后可能出现愤怒和沮丧的情绪反应。

灾害心理学的基本理论还包括心理弹性理论。心理弹性是指个体在面对压力和逆境时的适应能力和恢复力。根据心理弹性理论，个体的心理弹性受到内在因素（如人格特征、社会支持等）和外部环境（如社会支持、应对资源等）的影响。在灾害事件中，心理弹性可以帮助个体更好地适应灾难并恢复正常生活。例如，一些受灾者可能在面对灾难时表现出较高的心理弹性，他们能够积极应对困难并逐渐恢复正常的心理状态。

灾害心理学的基本理论还包括应激事件后遗症理论。这一理论指出，灾难事件可能导致一些个体出现长期的心理问题，如创伤后应激障碍、抑郁症、焦虑症等。这些后遗症可能会持续数月甚至数年，严重影响个体的生活质量和心理健康。对于灾后心理健康的干预和治疗显得尤为重要。例如，一些受灾者可能在灾后长期经历睡眠问题、恐惧和回忆性情绪等后遗症，需要专业的心理治疗和支持。

灾害心理学的基本理论还包括社会支持理论。这一理论认为，社会支持可以缓解个体在灾难事件中所面临的压力和困难，有助于促进其心理恢复。社会支持可以来自家人、朋友、社区以及专业的心理健康服务机构。例如，灾后提供心理咨询和支持服务，可以帮助受灾者缓解心理压力，并促进其心理恢复和重建信心。

（一）灾害应对与适应理论

灾害应对与适应理论是灾害心理学的重要理论之一，它旨在解释个体和群体在面对灾害时的应对方式和适应过程。该理论涵盖了应对和适应两个关键概念，深入探讨了人们在灾害中的心理过程和行为反应。

灾害应对是指个体和群体在灾害面前采取的各种心理和行为上的应对方式。这些应对方式包括积极应对和消极应对两个方面。积极应对包括寻求社会支持、采取解决问题的行动、积极应对压力等策略，有助于减轻心理压力和促进心理恢复。而消极应对则包括逃避、否认、沉默等消极的应对方式，可能会加剧个体的心理创伤和困境。灾害应对的类型和效果对个体和群体的心理适应具有重要影响。

灾害适应是指个体和群体在灾害后逐渐恢复正常生活并重建心理平衡的过程。灾害适应涉及个体的心理恢复、社会重建以及制定适应性策略等方面。在灾害适应过程中，个体可能会经历不同阶段的情绪波动和行为变化，但通过积极的应对和有效的支持，大多数人最终能够逐渐适应灾害带来的挑战并重建自己的生活。

灾害应对与适应理论强调了个体和群体在灾害中的积极性和自我调节能力。通过采取有效的应对策略和适应性措施，个体和群体能够更好地应对灾害带来的心理压力和挑战，最终实现心理恢复和社会重建的目标。灾害应对与适应理论对于理解和促进灾后心理干预和恢复具有重要意义。

除了灾害应对与适应理论外，灾害心理学还涉及许多其他重要理论，如创伤后应激障碍理论、社会支持理论、心理弹性理论等。这些理论共同构成了灾害心理学的理论框架，为我们深入理解和研究灾害心理过程提供了重要的理论支持和指导。

（二）灾后心理创伤与康复理论

灾后心理创伤理论强调了灾难事件对个体心理健康的影响。灾难可能导致个体遭受创伤性经历，如亲人死亡、财产损失、生活环境破坏等，进而引发各种心理创伤反应，包括焦虑、抑郁、创伤后应激障碍等。这些心理创伤反应可能持续一段时间，严重影响个体的生活功能和心理健康。

灾后心理创伤与康复理论探讨了个体心理恢复的过程和机制。在灾难发生后，个体可能通过积极的应对策略和社会支持系统来应对心理创伤，逐渐恢复心理平衡。心理康复的过程是一个动态的过程，包括从创伤反应到适应、复原的过程。个体可能通过寻求心理援助、参与康复活动等方式来促进心理康复的过程。

灾后心理创伤与康复理论强调了社会支持对个体心理恢复的重要性。社会支持可以来自家庭、朋友、社区以及专业机构，它能够提供情感支持、信息支持和实质支持，帮助个体应对心理创伤、重建信心和自尊，促进心理康复的过程。

灾后心理创伤与康复理论还关注了个体应对灾难的心理机制。个体在面对灾难时可能采取不同的应对策略，如积极应对、消极应对、逃避等。这些应对策略对个体的心理康复过程具有重要影响，不同的应对策略可能导致不同的心理后果。

灾后心理创伤与康复理论强调了心理干预和治疗的重要性。通过心理干预和治疗，可以帮助个体应对心理创伤、促进心理康复的过程。心理干预和治疗可以包括心理教育、心理咨询、心理治疗等形式，旨在帮助个体重新建立心理平衡，恢复正常生活功能。

灾后心理创伤是指在自然灾害、人为灾难等灾害事件发生后，个体所经历的心理创伤。这种心理创伤具有一些独特的特点，对于理解和应对灾难后的心理健康恢复至关重要。

灾后心理创伤的特点之一是广泛性。灾难事件可能导致大量人员受到心理创伤的影响，无论是直接受灾者还是间接受灾者，都可能出现不同程度的心理创伤。这种广泛性的心理创伤会对整个社会产生深远的影响，因此需要采取相应的心理干预和康复措施。

灾后心理创伤具有多样性。不同的个体在灾难面前表现出不同的心理反应和应对方式，比如焦虑、抑郁、恐惧等。同时，不同的灾难事件也可能导致不同类型的心理创伤，比如自然灾害可能引发对自然力量的恐惧和无助感，而人为灾难可能导致对人性的不信任和愤怒。针对不同类型和个体的心理创伤，需要采取差异化的心理干预措施。

灾后心理创伤还具有持续性。灾难事件结束后，受灾者的心理创伤并不会立即消失，而是可能持续较长时间。长期的心理创伤可能会影响个体的生活质量和社会功能，甚至导致严重的心理健康问题。及时有效地进行心理干预和康复工作，对于减轻灾后心理创伤的持续性影响至关重要。

灾后心理创伤还具有相互影响性。在灾难事件中，受灾者之间可能相互影响、相互支持，也可能相互激发和放大心理创伤。比如，亲人的死亡可能对家庭成员产生共同的心理创伤，而群体性的恐慌可能导致集体性的心理创伤。在进行心理干预和康复工作时，需要考虑到个体之间的相互影响关系，加强社会支持和团体治疗等集体性干预措施。

灾后心理创伤还具有复杂性。灾难事件可能导致个体同时面临身体受伤、家庭破碎、财产损失等多重损失，这些损失会相互交织、相互影响，加剧个体的心理创伤。同时，个体的心理创伤也可能与社会、文化、经济等多重因素相互作用，产生复杂的心理效应。灾后心理康复需要综合考虑多方面因素，采用多元化的治疗策略。

总的来说，灾后心理创伤的特点包括广泛性、多样性、持续性、相互影响性和复杂性。了解这些特点对于灾后心理健康的干预和恢复至关重要。

第二节　公众应对紧急情况的心理反应

一、紧急情况下公众的心理反应类型

（一）紧急情况下的应激反应

紧急情况下的应激反应可以包括生理反应。在面临威胁或紧急情况时，人体可能会产生生理上的应激反应，如心率加快、呼吸急促、肌肉紧张等。这些生理反应是身体自然的应对机制，有助于个体应对紧急情况并做出相应的行动。

紧急情况下的应激反应还包括情绪反应。人们可能会出现焦虑、恐惧、愤怒等情绪，这些情绪反应是对紧急情况的一种正常反应。焦虑和恐惧可能源于对威胁的感知，而愤怒则可能是对无法控制的局面的一种反应。这些情绪反应在一定程度上可以激发个体的应对行为，但也可能对个体的心理健康产生负面影响。

紧急情况下的应激反应还包括认知反应。个体可能会出现注意力集中困

难、思维混乱、决策困难等认知反应。这些认知反应可能是由于情绪激动或压力增加导致大脑功能受到影响，进而影响个体的思维和行为。

除了个体层面的应激反应，紧急情况下公众的心理反应类型也是灾害心理学的重要研究对象。公众可能出现的心理反应类型包括恐慌和混乱。在紧急情况下，公众可能面临信息不足、不确定性增加等因素，容易导致恐慌和混乱的情绪传播，进而影响应对行为和社会秩序。

公众可能出现的心理反应类型还包括求助和支持。在紧急情况下，公众可能寻求帮助和支持，包括寻求政府部门、救援组织、社会群体等的支援和资源。这种求助和支持的心理反应有助于促进公众的应对和适应能力，减轻灾难带来的负面影响。

公众可能出现的心理反应类型还包括社会动员和合作。在紧急情况下，公众可能会积极参与到应对和救援工作中，展现出社会动员和合作的精神。这种心理反应有助于提升社会整体的抗灾能力，促进紧急情况下的有效应对和灾后重建。

公众可能出现的心理反应类型还包括自我保护和逃避。在面临威胁或危险时，公众可能采取自我保护和逃避的行为，以尽量减少自身受到伤害。这种心理反应在一定程度上是正常的应对机制，但也可能导致社会秩序混乱和个体逃避责任。

（二）逃避反应的心理机制

逃避反应是一种常见的心理应对机制，在面对威胁、危险或压力时，个体会试图通过逃避来减轻或规避不适应对。逃避反应的心理机制涉及多个方面的心理过程和生理反应。

逃避反应的心理机制与个体的认知评估密切相关。当个体感知到威胁或危险时，大脑的认知系统会立即进行评估，判断是否有必要采取逃避行为。这种认知评估涉及对威胁的认知、危险性的评估以及逃避行为的可行性等方面，决定了个体是否选择逃避作为应对策略。

逃避反应的心理机制与情绪调节有关。面对威胁或危险，个体往往会感到恐惧、焦虑、压力等负面情绪，而逃避行为可以帮助个体减轻这些负面情绪。通过逃避，个体可以暂时摆脱威胁或危险，从而减少不适应对。

逃避反应的心理机制还与个体的行为选择和期望效果有关。个体可能会根据自身的经验和情境选择逃避行为，认为逃避可以带来更好的结果，比如保护自身安全或避免不必要的麻烦。这种期望效果会影响个体是否选择逃避作为应对策略，以及逃避行为的频率和强度。

逃避反应的心理机制还受到社会环境和文化背景的影响。不同社会文化对逃避行为的认可程度和惩罚程度可能不同，这会影响个体是否选择逃避作为应对策略。同时，社会环境中的信息传播、社会支持等因素也可能影响个体的逃避行为。

在紧急情况下，公众的心理反应类型包括但不限于逃避反应。面对突发的危险或灾难，公众可能表现出多种心理反应，反映了个体对危险的不同认知和应对方式。

部分公众可能表现出逃避反应。他们可能会试图通过逃避或回避危险来保护自己，比如迅速逃离现场、躲避在安全的地方等。这种逃避反应可能是一种自我保护的本能反应，有助于减轻公众面对危险时的恐惧和压力。

一些公众可能表现出冻结反应。他们可能会感到惊讶、茫然或无所适从，失去了应对危险的能力和决策能力。这种冻结反应可能是因为个体无法及时有效地应对突发情况，导致心理上的短路和混乱。

还有一部分公众可能表现出亢奋或激动反应。他们可能会表现出兴奋、紧张、狂喜等情绪，甚至可能会采取冒险行为或不理智的行动。这种亢奋反应可能是因为公众无法有效地应对突发情况，导致情绪失控和行为失常。

还有一些公众可能表现出团结和合作的反应。面对突发危险或灾难，公众可能会团结一致，相互支持和帮助，共同应对危险。这种团结反应有助于减轻公众的恐慌和焦虑，提高应对危险的效率和效果。

二、公众应对紧急情况的心理适应

紧急情况如自然灾害、恐怖袭击、公共卫生危机等，常常给人们带来突如其来的压力和困扰。在面对这些紧急情况时，公众的心理适应能力至关重要。良好的心理适应可以帮助人们更好地面对困难，保持冷静和理性，采取有效的行动应对危机，从而降低灾难的影响。了解公众应对紧急情况的心理适应机制及其影响因素，对于提高社会整体的抗灾能力和紧急情况应对能力至关重要。

公众应对紧急情况的心理适应受到认知评估的影响。人们对紧急情况的认知评估决定了他们对危险程度的感知和对应的行为反应。认知评估包括对危险程度的判断、对自身能力的评估以及对应对措施的选择。当人们对紧急情况的危险性有清晰准确的认知时，他们更有可能做出明智的行动选择。例如，在地震前，如果公众通过媒体和教育活动了解到地震的危害性以及应对地震的措施，他们可能更容易做出正确的反应，如迅速躲避到安全地带。

社会支持是公众应对紧急情况的心理适应的重要因素。社会支持包括来自家人、朋友、社区和专业组织等多方面的支持和帮助。在紧急情况发生时，社会支持可以提供情感上的慰藉、信息上的支持以及物质上的帮助，有助于缓解公众的焦虑和恐慌，增强其心理适应能力。例如，在公共卫生危机期间，政府和社区可以组织心理健康支持团队，为受灾者提供心理咨询和支持服务，帮助他们缓解焦虑和恐慌，重建信心。

信息沟通和透明度对于公众应对紧急情况的心理适应也起着重要作用。在紧急情况发生时，及时、准确地传递信息可以帮助公众更好地了解当前的状况和应对措施，从而减轻其焦虑和恐慌。同时，政府和专业机构应该保持透明度，及时向公众披露信息，避免造成不必要的恐慌和谣言传播。例如，在爆发突发公共卫生事件时，政府可以通过新闻发布会和社交媒体等渠道向公众传递最新的疫情信息和防控措施，增强公众的信任感和合作意愿。

心理韧性是公众应对紧急情况的心理适应的重要因素。心理韧性是指个体在面对逆境和压力时能够保持积极心态、灵活应对和适应变化的能力。具有较高心理韧性的个体更有可能在紧急情况中保持冷静和理性，采取有效的应对措施，从而更好地适应环境的变化。例如，一些经历过紧急情况的人可能通过积极的心态和适应能力，逐渐从创伤中恢复，并在灾后重新建立起稳定的生活。

（一）紧急情况后的心理恢复

紧急情况后的心理恢复和公众应对紧急情况的心理适应是灾害心理学的重要议题。在面对紧急情况时，个体和群体往往经历各种心理反应和应对过程，了解这些过程对于促进心理恢复和提高灾害应对效果至关重要。

紧急情况后的心理恢复是指个体和群体在紧急事件发生后逐渐恢复心理平衡和重新建立正常生活的过程。在紧急情况发生后，个体可能会经历各种情绪反应，如恐惧、焦虑、愤怒、悲伤等，以及身体上的不适，如失眠、头痛、胃痛等。这些心理和生理反应可能会影响个体的日常生活和社交功能，有效的心理恢复对于帮助个体重返正常生活至关重要。

公众应对紧急情况的心理适应是指个体和群体在面对紧急事件时采取的心理应对方式和适应策略。在紧急情况发生时，公众可能会出现恐慌、混乱、逃避等不良反应，也可能会采取积极的应对方式，如寻求信息、寻求社会支持、参与救援等。了解公众的心理适应过程和应对方式，有助于指导应急管理机构和心理健康专家采取有效的干预措施，促进公众的心理恢复和社会稳定。

紧急情况后的心理恢复和公众应对紧急情况的心理适应是一个渐进的过程，包括从应对危机到逐渐恢复正常生活的多个阶段。在灾害发生后的紧急阶段，个体和群体可能会表现出紧张、恐慌、混乱等不良情绪和行为，此时需要及时提供心理支持和危机干预。随着时间的推移和灾后救援工作的展开，公众的情绪可能逐渐平复，开始逐步恢复正常生活。在这个过程中，社会支持、心理教育、心理咨询和治疗等干预措施可以发挥重要作用，帮助公众克服心理障碍，恢复心理健康。

（二）心理适应与应对策略的形成

心理适应是指个体在面对压力、挑战或不利情境时，通过调整心理状态、应对问题或适应环境，以维持或恢复心理健康和适应能力的过程。心理适应与应对策略的形成涉及多个方面的心理过程和社会因素。

个体的心理适应能力受到个体内在因素的影响。个体的性格特征、心理弹性、自我效能感等因素都可能影响其对压力和挑战的认知和应对方式。例如，乐观的个体可能更倾向于采取积极应对策略，而消极情绪较重的个体可能更容易陷入消极应对模式。

个体的心理适应能力也受到外部环境的影响。社会支持、家庭关系、工作环境等外部因素都可能影响个体的心理适应能力和应对策略的选择。例如，良好的社会支持可以提高个体的心理韧性和应对能力，而恶劣的工作环境可能加剧个体的压力和负面情绪。

个体的心理适应能力还受到历史经验和学习的影响。个体通过过往的经验和学习，积累了应对压力和挑战的知识和技能，形成了一定的应对模式和策略。这些历史经验和学习经历会在面对新的挑战和压力时发挥作用，影响个体的心理适应能力和应对策略的选择。

在紧急情况下，公众的心理适应涉及多种心理过程和应对策略。面对突发的危险或灾难，公众可能采取多种不同的心理适应方式，以应对不同的挑战和压力。

一些公众可能会采取积极应对策略。他们可能会尽快调整心态，寻求有效的解决方案，与他人合作，共同应对危险或灾难。这种积极应对策略有助于减轻公众的恐慌和焦虑，提高应对危险的效率和效果。

一些公众可能会采取逃避或回避的应对策略。他们可能会试图通过逃离现场、躲避在安全的地方等方式来规避危险或灾难。这种逃避反应可能是一种自我保护的本能反应，有助于减轻公众面对危险时的恐惧和压力。

一些公众可能会采取应激性的应对策略。他们可能会表现出情绪激动、行为冲动等反应，甚至可能会采取不理智或冒险的行动。这种应激性的应对策略可能是因为公众无法有效地应对突发情况，导致情绪失控和行为失常。

还有一些公众可能会表现出冷静和理智的应对策略。他们可能会保持冷静的头脑，理性地评估当前情况，制定有效的行动计划，尽量减少危险和损失。这种理性应对策略有助于公众应对突发情况时保持清醒的头脑和有效的行动。

第三节 传播与信息处理

一、紧急情况传播的特点

（一）信息的即时性与紧迫性

信息的即时性在紧急情况传播中扮演着至关重要的角色。紧急情况意味着突发事件或危机，需要迅速有效地向公众传达相关信息，以便采取相应的行动。在这样的情况下，即时性成为了传播的关键特点之一。

紧急情况传播的即时性体现在信息的迅速发布和传递上。在面对危机时，时间是至关重要的。任何延误都可能导致进一步的损失或危险。相关机构或组织必须确保信息能够尽快地传播给公众。这意味着在危机发生的第一时间，相关人员就需要迅速采集、整理并发布信息，以便公众能够及时了解到事件的发生、影响和应对措施。

即时性还意味着信息的快速更新和调整。在紧急情况下，情况可能随时发生变化，因此相关信息也需要及时更新。这可能涉及新的发展、额外的风险或采取的行动等方面的信息。传播者需要保持与事件相关方的沟通，并及时更新信息，以确保公众始终了解最新的情况和指导。

紧急情况传播的即时性还要求传播渠道具备高效的传输能力。现代通信技术的发展使得信息可以在瞬息之间传播到全球各地。这种即时传输的能力为紧急情况传播提供了便利，使得信息可以快速、广泛地传播到公众中。无论是通过社交媒体、新闻机构还是其他传播渠道，都可以迅速将信息传递给公众，帮助他们及时了解到事件并采取必要的行动。

紧急情况传播的即时性也强调了信息的准确性和可靠性。尽管时间紧迫，但传播的信息必须经过严格的核实和审查，以确保其准确性。错误或不准确的信息可能导致公众产生恐慌、混淆或错误的行动，进而加剧危机的严重程度。传播者在追求即时性的同时，也必须注重信息的准确性和可信度。

信息的紧迫性与紧急情况传播的特点密切相关，这一主题在当今社会中备受关注。紧迫性涉及信息传递的速度、及时性和对事件的重要性。紧急情况传播指的是在面临紧急情况时，有效地传达信息以保障公众安全和减轻损失的过程。紧急情况的性质可能各不相同，但它们都共享着一些普遍的传播特点。

紧急情况传播的特点之一是迅速性。在面对紧急情况时，时间是至关重要的。信息需要以最快的速度传达给公众，以便他们能够采取适当的行动。这可能涉及通过广播、电视、社交媒体等多种渠道迅速传播消息。在自然灾害、恐怖袭击或公共卫生事件等紧急情况下，及时传播信息可以拯救生命并减少损失。

紧急情况传播需要准确性。在传播紧急情况信息时，准确性至关重要。不准确或误导性的信息可能会引发恐慌，甚至导致公众采取不恰当的行动，增加事态的复杂性和严重性。信息的来源必须可靠，并经过验证和核实，以确保公众得到的是准确的信息。

灵活性是紧急情况传播的另一个重要特点。面对紧急情况，情况可能会迅速变化，因此传播策略和信息内容必须具有灵活性。传播者需要随时调整信息传递的方式和内容，以应对新的发展和需求。这可能涉及更新消息、提供指导和建议，以适应不断变化的情况。

紧急情况传播还需要透明度。在面对危机时，公众希望得到透明和诚实的信息。隐藏或篡改信息可能会破坏公众对传播者的信任，并导致不良后果。传播者应该尽可能地公开信息，包括危机的起因、影响范围、应对措施等，以增强公众的信任和合作意愿。

紧急情况传播需要多渠道传播。在面对紧急情况时，单一的传播渠道可能无法覆盖所有人群。采用多种传播渠道可以最大程度地确保信息的覆盖范围和传播效果。这包括传统媒体如电视、广播，以及新媒体如社交媒体、手机应用等。通过多渠道传播，可以更广泛地触及不同群体，并确保信息能够迅速传达到每一个需要的人。

（二）传播渠道的多样性与广泛性

传播渠道的多样性在紧急情况传播中扮演着至关重要的角色。紧急情况可能包括自然灾害、公共卫生危机、恐怖袭击等，这些情况需要及时、准确地传达信息，以便民众采取适当的行动。传播渠道的多样性能够确保信息能够迅速传播到各个层面和群体，提高信息的覆盖率和可及性。

传播渠道的多样性包括传统媒体和新媒体。传统媒体如电视、广播和报纸在紧急情况传播中扮演着至关重要的角色，因为它们能够覆盖到大多数人口，尤其是那些不常使用互联网的人群。然而，随着新媒体的发展，社交媒体平台、手机应用程序等也成为了重要的传播渠道。这些新媒体渠道能够实现信息的即时传播，并且具有互动性，使得民众可以更快地获取信息并与其他人交流。

传播渠道的多样性还包括官方渠道和非官方渠道。官方渠道如政府机构、紧急管理部门、医疗机构等能够提供权威性和可靠性的信息，因为它们通常拥有专业知识和资源来处理紧急情况。然而，非官方渠道如社区组织、志愿者团体、个人社交媒体账号等也在紧急情况传播中发挥着重要作用。这些非官方渠道能够提供更加贴近民众需求和情况的信息，增加信息的多样性和立体性。

传播渠道的多样性还包括语言和文化上的多样性。在一个多元化的社会中，不同群体使用不同的语言和文化传统。在紧急情况传播中，需要使用多种语言和文化符号来确保信息能够被各个群体理解和接受。这意味着需要在不同语种的媒体上发布信息，同时也需要考虑到不同文化背景对信息理解的影响，避免出现误解或不当解读。

传播渠道的多样性还包括在线和线下的多样性。在线传播渠道如互联网、社交媒体等能够实现信息的全球传播，并且具有即时性和互动性的优势。然而，线下传播渠道如传单、广播、演讲等也同样重要，特别是在一些基础设施薄弱或数字化水平较低的地区。

传播渠道的广泛性是现代信息传播的重要特征之一。随着科技的不断发展和社会的进步，传播渠道呈现出了前所未有的多样性和广泛性。传统的传播媒介如电视、广播和报纸已经逐渐被互联网、社交媒体等新兴的数字化渠道所取代。这种多元化和广泛性的传播渠道不仅加速了信息的传播速度，也增加了信息传播的覆盖面，使得信息可以迅速地传播到各个角落，影响着人们的思想、观念和行为。

在紧急情况传播方面，传播渠道的广泛性具有重要意义。紧急情况传播着重于在紧急情况下迅速、准确地传递信息，以便采取有效的行动应对突发事件。传播渠道的广泛性可以确保信息能够快速地传播到目标群体，提高了信息的覆盖范围和传播效率。不同的传播渠道可以满足不同人群的信息获取需求，从而更好地应对紧急情况的发生。

互联网作为一种主要的传播渠道，在紧急情况传播中发挥着至关重要的作用。互联网具有信息传播速度快、传播范围广的特点，可以迅速地传播紧急情况的相关信息。通过社交媒体平台、新闻网站和政府官方网站等渠道，紧急情况的信息可以快速地传播到大众之中，提醒人们注意并采取必要的行动。互联网还可以提供实时更新的信息，帮助人们了解紧急情况的最新进展，指导他们采取更加有效的自救和互救措施。

社交媒体平台的广泛运用也为紧急情况传播提供了便利。在社交媒体上，人们可以即时分享和获取信息，形成了一种快速传播的网络。在紧急情况发生时，社交媒体上涌现出大量的相关信息，包括目击者的实时报道、求助信息和救援指南等。这些信息可以迅速传播到更广泛的人群中，帮助受灾群众获得及时援助，也有助于公众形成对紧急情况的全面了解，提高应对突发事件的能力。

传统媒体如电视和广播在紧急情况传播中仍然扮演着重要角色。尽管互联网和社交媒体的兴起改变了人们获取信息的方式，但电视和广播仍然是许多人获取新闻资讯的主要渠道之一。在紧急情况发生时，电视和广播可以通过新闻快讯、特别报道等形式迅速向公众传达相关信息，起到及时警示和引导行动的作用。特别是在一些偏远地区或没有互联网接入的地方，电视和广播仍然是传播紧急情况信息的重要途径。

二、信息处理与公众反应

（一）信息接受与筛选

在紧急情况传播中，信息接受与筛选以及信息处理与公众反应是至关重要的环节。这些环节直接影响着公众对紧急情况的认知、态度和行为反应。

信息接受与筛选是指公众接收到各种信息并对其进行过滤和理解的过程。在紧急情况下，公众可能会同时接收到来自多个渠道的信息，包括新闻报道、社交媒体、政府通告等。在这种情况下，公众需要对信息进行筛选和辨别，以确定哪些信息是可信的、相关的，并且值得关注的。这涉及公众的信息素养和批判性思维能力，他们需要学会识别和过滤虚假信息、谣言以及不准确的信息，以确保自己获取到的是准确、可靠的信息。

信息处理与公众反应是指公众对接收到的信息进行理解和反应的过程。在紧急情况下，公众可能会面临情绪激动、恐慌或焦虑等情绪，因此他们对信息的处理和反应可能会受到情绪的影响。同时，公众也可能会根据信息的内容和来源做出不同的反应。例如，如果信息来自权威机构且内容准确，公众可能会更倾向于相信并按照相关指导行事；而如果信息来源不明确或内容不可靠，公众可能会产生怀疑和不信任，进而导致混乱和不良行为。

在信息处理与公众反应的过程中，传播者和相关机构扮演着重要的角色。他们需要及时提供准确、清晰的信息，并积极引导公众的情绪和行为。这可能包括向公众传达事件的真实情况、提供有效的应对建议、加强社会支持和协调行动等。通过这些措施，传播者可以帮助公众更好地理解和应对紧急情况，减少恐慌和混乱，提高整体的应对效率和效果。

信息接受与筛选以及信息处理与公众反应也需要考虑到不同群体之间的差异性。不同年龄、文化、教育背景和经验的人群可能会对信息产生不同的理解和反应。传播者需要针对不同的受众群体采取差异化的传播策略，以确保信息能够被广泛接受和理解，并促使公众产生积极、理性的反应。

（二）公众对紧急情况信息的心理反应

公众对紧急情况信息的心理反应是一个复杂而又重要的议题。面对各种紧急情况，包括自然灾害、恐怖袭击、公共卫生危机等，人们的心理反应可能各不相同，但却存在一些共同的特点和模式。

公众可能会经历焦虑和恐慌。紧急情况往往带来的是未知和不确定性，这会引发人们的恐慌情绪。焦虑的情绪可能源自对自身安全和亲人安危的担忧，以及对未来发展的不确定性。尤其是在恐怖袭击或突发疫情等事件中，公众可能面临着生命安全受到威胁的紧急情况，这更加加剧了他们的焦虑和恐慌。

公众可能会出现混乱和困惑。在紧急情况发生时，信息可能会不够清晰或矛盾，这会导致公众感到困惑和混乱。不同的消息来源可能提供不同的信息，公众很难确定哪一个是可信的。这种困惑和混乱可能会加剧恐慌情绪，并影响人们做出正确的决策和行动。

公众可能会表现出恐慌购买和恐慌行为。在面对紧急情况时，一些人可能会出现恐慌购买的现象，大量抢购生活必需品和急需物资，导致供应短缺和价格飙升。一些人可能会出现恐慌行为，包括逃离现场、挤压和踩踏等，这可能会给紧急情况的应对和救援工作带来额外的困难和风险。

公众还可能表现出社会联系和支持的需求。在面对紧急情况时，人们往往希望得到他人的支持和安慰，建立起相互之间的社会联系和支持网络。这种社会联系和支持不仅可以帮助人们应对紧急情况带来的心理压力，还可以增强团结和凝聚力，促进共同应对和恢复。

公众可能会表现出对官方信息和权威的信任需求。在紧急情况发生时，公众往往希望得到官方信息和权威的指导和指挥，以便做出正确的决策和行动。政府和相关机构在紧急情况传播中的角色至关重要，他们需要及时、准确地向公众提供信息，并采取有效的措施来应对紧急情况，以增强公众的信任和安全感。

1. 信息焦虑与恐慌

信息焦虑与恐慌是公众在面对紧急情况时常见的心理反应之一。紧急情况可能包括自然灾害、公共卫生危机、恐怖袭击等，这些情况往往会导致公众对信息的渴求和不安。信息焦虑和恐慌的出现往往与信息的不确定性、不足或混乱有关，以及对自身安全和健康的担忧有关。了解公众对紧急情况信息的心理反应对于有效应对紧急情况至关重要。

信息焦虑是公众在面对紧急情况时常见的心理反应之一。当紧急情况发生时，公众往往会渴求获取关于情况、风险和应对措施的信息，以便更好地应对当前的局势。然而，如果信息不足或不准确，公众就会感到焦虑和不安。

例如，在公共卫生危机中，如果缺乏关于病毒传播途径、症状和防护措施的准确信息，公众就会感到焦虑和恐慌，导致恐慌性行为的出现。

信息恐慌是公众在面对紧急情况时另一个常见的心理反应。当紧急情况发生时，公众往往会面临来自各种渠道的信息涌入，其中包括来自传统媒体、社交媒体、个人联系等。然而，如果这些信息不一致、不可信或夹杂着谣言和虚假信息，公众就会感到恐慌和困惑。在信息混乱的情况下，公众很难准确判断情况的严重程度和应对措施，进而加剧了恐慌情绪的蔓延。

信息焦虑和恐慌的出现还与个体的心理特点和社会环境有关。一些人可能由于个人经历、社会身份、健康状况等因素，对紧急情况更加敏感，容易产生焦虑和恐慌。同时，社会环境中的谣言、煽动和恐慌性言论也会加剧公众的不安和恐慌。例如，在社交媒体上广泛传播的谣言和不实信息往往会引发大规模的恐慌和恐慌性行为，进一步加剧了紧急情况的影响和后果。

为了有效应对公众的信息焦虑和恐慌，需要采取一系列措施来提供准确、权威和及时的信息，并加强公众的心理疏导和支持。政府和相关机构应加强对紧急情况的信息发布和沟通，确保信息准确、透明和权威。应加强对公众的心理疏导和支持，提供情绪管理和应对压力的指导，帮助公众应对焦虑和恐慌。还需要加强对社交媒体和其他传播渠道的监管，防止谣言和不实信息的传播，减少信息混乱和恐慌情绪的扩散。

2. 信息信任与态度形成

信息信任与态度形成在公众对紧急情况信息的心理反应中扮演着至关重要的角色。在现代社会，随着信息的快速传播和多样化，公众对紧急情况信息的态度和反应受到了诸多因素的影响，其中包括信息的来源、真实性、以及个人的认知和情感因素等。

信息的信任度直接影响着公众对紧急情况的态度形成。当公众对信息的来源具有信任感时，他们更倾向于相信并采取积极的态度面对紧急情况。例如，来自政府官方渠道、权威媒体或专业机构发布的信息往往更容易被公众所接受，因为这些渠道通常具有较高的可信度和权威性。相反，如果信息来源不明确或者是来自于不可靠的渠道，公众可能会产生怀疑甚至否定的态度，从而导致对紧急情况的不当反应。

个体的认知和情感因素也对公众对紧急情况信息的心理反应产生重要影响。个体的认知水平、经验、价值观等因素会影响他们对信息的理解和解释。比如，对于同一条紧急情况的信息，有些人可能会偏向于悲观的解读，而另一些人则可能更倾向于乐观的态度。个体的情感状态也会影响他们对紧急情况的反应。在面对紧急情况时，恐惧、焦虑、愤怒等情绪可能导致公众产生不理性甚至过激的行为反应。

为了提高信息的信任度和促进公众对紧急情况信息的理性态度形成，需要采取一系列措施。首先，应确保信息的真实性、准确性和透明度，减少信息的模糊性和不确定性。其次，应加强信息传播渠道的建设，确保信息来源的权威性和可信度。最后，应关注公众的认知与情感需求，采取心理疏导和引导措施，帮助公众建立理性、客观的态度，应对紧急情况带来的挑战。

第四节　公共安全意识培养

一、公共安全意识的内涵

（一）公共安全知识的掌握

公共安全知识的掌握对于个人和社会的安全至关重要。公共安全知识涵盖了各种潜在的危险和紧急情况，包括自然灾害、意外事故、犯罪事件等，帮助人们识别和应对可能的风险，从而减少损失和伤害。

公共安全知识有助于提高人们的风险意识。了解不同类型的危险和紧急情况，以及可能导致这些情况发生的因素，有助于人们更加警觉和敏感地察觉潜在的风险。例如，了解地震的发生原理和前兆，可以帮助人们在地震来临之前采取适当的防护措施，减少伤亡和财产损失。

公共安全知识有助于提高人们的应对能力。了解如何在紧急情况下正确应对，包括逃生技巧、急救知识、紧急求助方式等，可以帮助人们在危险发生时冷静应对，有效减轻损失。例如，学会正确的灭火方法和紧急撤离程序，可以在火灾发生时迅速采取行动，保护自己和他人的生命安全。

公共安全知识还有助于提高社会的整体安全水平。当更多的人具备了应对紧急情况的能力和技巧，整个社会在面对灾害和危机时就会更加有序和有效地应对。例如，通过普及地震避险知识和建筑安全常识，可以降低地震灾害对社会的影响，减少人员伤亡和财产损失。

公共安全知识还有助于促进公众的参与和责任感。当人们了解到自己在保障公共安全方面的重要性时，他们更有可能积极参与到相关的活动和行动中，为社会的安全作出贡献。例如，参与社区防灾减灾演练、志愿者服务等活动，可以提高人们对社会安全的责任感和使命感，从而共同建设更加安全的社会环境。

公共安全知识的普及还可以促进政府和社会组织的相关政策和措施的实施。当公众更加了解和关注公共安全问题时，他们更有可能提出建设性的意见和建议，推动政府和社会组织改善相关的政策和措施，提高公共安全水平。

（二）公共安全态度的培养

培养公众的公共安全态度是保障社会安全的重要举措之一。公众的安全意识和态度直接影响着他们在面对紧急情况时的行为和应对能力。通过有效的教育、宣传和政策引导，可以促进公众的公共安全意识和态度的形成和提升。

教育是培养公众公共安全态度的关键。教育应该从儿童时期开始，通过学校课程、社区活动等途径，向公众传授基本的安全知识和技能，包括如何应对火灾、地震、洪水等自然灾害，如何防范犯罪、恐怖袭击等人为灾害，以及如何进行急救等。通过系统的安全教育，可以提高公众的安全意识，使他们能够正确地识别危险并采取适当的应对措施。

宣传是培养公众公共安全态度的重要手段。政府和相关机构可以通过各种渠道和方式，如广播、电视、互联网、社交媒体等，向公众宣传安全知识、安全技能和安全意识。宣传内容应该生动、形象、易于理解，能够引起公众的共鸣和关注。同时，可以利用一些具有影响力和公信力的人士或机构来进行宣传，增强公众的接受程度和认同感。

政策引导是培养公众公共安全态度的重要途径。政府可以制定相关法律法规和政策措施，鼓励和促进公众参与安全活动和安全行为。例如，建立健全的灾害预警系统和应急管理机制，提供安全培训和技能培训，加强公共场所的安全设施建设等。通过政策引导，可以为公众提供更好的安全环境和条件，激发其参与安全活动的积极性和主动性。

加强社会合作和参与也是培养公众公共安全态度的重要途径。政府、企业、社会组织和个人应该共同参与到公共安全事务中来，共同承担起维护社会安全的责任和义务。通过建立起多方参与、协同合作的机制和平台，可以实现资源共享、信息共享、风险共担，形成全社会共同维护安全的良好氛围和格局。

激励和奖励也是培养公众公共安全态度的重要手段。政府和社会可以通过设立奖励机制、表彰先进个人和单位等方式，来激励和鼓励那些积极参与安全活动、宣传安全知识、提升安全意识的个人和组织。这不仅可以增强公众的安全责任感和荣誉感，还可以树立起一批安全模范和榜样，引导更多的人积极投身到公共安全事业中来。

二、公共安全意识的培养策略

培养公众的公共安全意识是确保社会安定和公民安全的重要举措。公共安全意识涉及对各种潜在威胁和风险的认知、预防和应对能力。有效的培养公共安全意识需要综合利用教育、宣传、技术和社会参与等多种手段，以提高公众对潜在威胁和风险的认识，增强应对能力，从而保障社会的安全和稳定。

教育是培养公众公共安全意识的重要途径之一。通过学校教育、社区培训、宣传教育等形式，向公众普及各种安全知识和技能，提高他们对潜在威胁和风险的认知和理解。例如，在学校课程中加入安全教育内容，教导学生如何应对自然灾害、火灾、恐怖袭击等紧急情况，培养他们的安全意识和应对能力。同时，开展社区安全培训和演练活动，让公众亲身体验应对紧急情况的方法和技巧，提高他们的自我保护意识和应急能力。

宣传是培养公众公共安全意识的重要手段之一。通过各种宣传媒体如电视、广播、网络、社交媒体等，向公众传递安全知识和信息，提高他们对潜在威胁和风险的警惕性和应对能力。例如，利用广播电视、网络平台等宣传媒体，定期播放安全知识和技能的宣传片或节目，提醒公众注意安全，学习应对紧急情况的方法。同时，利用社交媒体平台开展安全知识的传播和讨论，引导公众形成正确的安全观念和行为习惯，增强社会的安全意识和风险意识。

技术手段也可以用来培养公众的公共安全意识。利用现代科技如智能手机、智能穿戴设备、无人机等，向公众提供实时的安全信息和预警服务，帮助他们及时了解潜在威胁和风险，采取适当的应对措施。例如，利用智能手机 App 提供地震预警、恐怖袭击预警等服务，让公众能够在紧急情况发生时及时获得相关信息和指导，提高应对紧急情况的效率和准确性。同时，利用无人机等现代科技手段进行安全监测和应急救援，提高公众的安全感和信任度，促进社会的安全和稳定。

社会参与是培养公众公共安全意识的重要途径之一。通过加强社会组织、志愿者团体、居民委员会等基层组织的建设和发展，组织开展各种安全宣传、培训和演练活动，引导公众参与到安全工作中来，增强他们的安全责任感和紧急情况下的自我保护能力。例如，组织社区巡逻队、安全宣传志愿者队等，开展安全巡逻、宣传活动，加强对社区安全的监督和管理，提高社区居民的安全意识和防范能力。同时，加强公众参与安全决策和管理，建立健全的社会安全网络，共同维护社会的安全和稳定。

三、公共安全培训的方法与技巧

公共安全培训是提高公众对安全意识和应对能力的重要途径之一。通过有效的培训方法，可以帮助公众了解各种紧急情况的应对策略，提高应对突发事件的能力，从而降低事故和灾害发生的风险，保障公共安全。在现代社会，有许多不同的培训方法可以用来向公众传授安全知识和技能。

传统的课堂培训是公共安全培训的一种常见方法。通过在课堂上组织讲座、研讨会和培训班等形式，专业人士可以向公众传授各种安全知识，包括火灾逃生、急救技能、自然灾害防范等。课堂培训通常结合理论知识和实际操作，通过案例分析和模拟演练等方式帮助学员深入理解和掌握安全知识，提高应对紧急情况的能力。课堂培训还可以提供互动交流的机会，让学员可以与专家和同行分享经验，增强学习效果。

基于网络的远程培训成为了公共安全培训的新趋势。随着互联网的普及和技术的发展，人们可以通过网络平台参与各种安全培训课程，而不受地域和时间的限制。基于网络的培训可以采用视频直播、在线课程、虚拟仿真等形式，为学员提供便捷灵活的学习方式。这种培训方法不仅节省了时间和成本，还可以满足不同学员的学习需求，提高培训的覆盖范围和效果。

实地演练和模拟训练也是公共安全培训的重要形式之一。通过组织实地演练和模拟训练，可以帮助学员更加直观地了解安全应对技能，并在真实环境中进行实践。例如，组织火灾逃生演练、地震应急演练等活动，让学员亲身体验紧急情况下的应对方式，增强应对能力和应激反应。实地演练和模拟训练通常由专业救援队伍或培训机构组织，提供安全保障和指导，确保学员的安全和学习效果。

媒体宣传和社区教育也是公共安全培训的重要手段之一。通过电视、广播、互联网等媒体渠道，可以向公众传播安全知识和技能，提高公众的安全意识和自我保护意识。社区教育则可以利用社区资源和平台，组织各种安全宣传活动和培训课程，将安全知识和技能直接送达到社区居民中，提高社区整体的安全防范能力。

公共安全培训是提高个人和社会公众应对紧急情况能力的重要途径之一。为了有效地传授公共安全知识和技能，培训者可以采用一系列技巧和方法，以提高培训效果和参与度。

培训内容的设计应该注重实用性和针对性。针对不同的受众群体和需求，培训内容可以包括自然灾害应对、火灾逃生、急救技能等多个方面。培训者应根据受众的背景和特点，精心设计培训内容，确保内容贴近实际、易于理解，并能够直接应用到实践中去。

培训过程中可以采用互动性强的教学方法。与传统的单向讲解相比，互动性强的教学方法可以更好地吸引受众的注意力，提高他们的参与度和学习积极性。例如，通过案例分析、角色扮演、小组讨论等形式，培训者可以与受众进行互动，引导他们思考和讨论，从而更深入地理解和掌握相关知识和技能。

培训过程中可以结合现实场景模拟进行实践训练。模拟场景可以帮助受众更加直观地感受到紧急情况下的应对情景，提高其应对紧急情况的自信心和实际操作能力。例如，在火灾逃生培训中，可以设置火灾逃生演练场景，让受众亲身体验火灾逃生的过程，并学会正确的逃生技巧和应对策略。

培训过程中还可以加强实用技能的训练和演练。公共安全培训不仅要求受众了解相关知识，还需要他们掌握实际操作的技能。培训者可以通过实际操作演练、技能训练课程等方式，帮助受众掌握急救技能、逃生技巧等实用技能，提高其在紧急情况下的应对能力。

培训者还可以充分利用现代科技手段，提高培训的效果和趣味性。例如，可以利用多媒体技术制作培训课件，包括图片、视频、动画等形式，生动直观地展示相关知识和技能。同时，还可以利用在线教育平台和移动应用程序等工具，提供个性化、随时随地的培训服务，方便受众学习和参与。

培训过程中要注重反馈和评估。及时的反馈和评估可以帮助培训者了解受众的学习情况和需求，及时调整培训内容和方法，提高培训的针对性和有效性。例如，可以通过问卷调查、小测验等方式收集受众的反馈意见，了解他们对培训内容和方法的满意度和改进建议，以不断优化培训过程和效果。

第五节　心理援助与康复

一、心理援助的方法与技巧

有效的心理援助方法之一是建立良好的信任关系。在援助过程中，心理健康专业人士需要通过尊重、倾听和理解来与被援助者建立起互信的关系，让被援助者感受到被理解和支持，从而愿意开展心理探讨和情感表达。

心理援助还需要运用积极的沟通技巧。这包括但不限于倾听、提问、反馈等技巧。通过有效的沟通，心理健康专业人士能够更好地理解被援助者的内心感受和需求，为其提供更为个性化和针对性的援助服务。

心理援助中的情绪管理技巧也至关重要。面对被援助者可能的情绪波动，心理健康专业人士需要保持冷静和稳定，同时通过情绪倾听、情绪共鸣等技巧，有效地引导被援助者自我情绪调节，增强其情绪应对能力。

除此之外，认知重建也是心理援助的核心方法之一。心理健康专业人士通过帮助被援助者重新审视和理解问题，调整其认知模式和思维方式，促进其对问题的重新认知和积极应对，从而减轻其心理压力和负面情绪。

行为干预也是心理援助的重要手段之一。通过制定行为计划、建立行为目标等方式，帮助被援助者逐步改变负性行为模式，培养积极健康的行为习惯，从而提升其心理健康水平。

心理援助还需要关注被援助者的自我意识和自我认同。心理健康专业人士可以通过自我反思、自我探索等方式，帮助被援助者建立积极的自我认知和自我接受，增强其自我调节和自我成长能力。

（一）聆听与倾诉技巧

聆听技巧是心理援助中至关重要的一环，它涉及倾听、理解和回应他人的情绪和需求。有效的聆听技巧不仅可以建立起与当事人之间的信任和共鸣，还可以促进情绪释放和问题解决的过程。在心理援助中，采用适当的聆听技巧可以提高援助效果，帮助当事人更好地应对心理困境和挑战。

倾听是聆听技巧中最基本的一环。倾听并不仅仅是简单地听取对方的言辞，而是要用心去体会对方所表达的情绪和意思。在倾听时，要注重与对方建立起良好的沟通和联系，表现出真诚的关心和尊重。同时，要注意非言语的沟通，如身体语言、表情等，这些也是了解对方内心感受的重要线索。

理解是有效聆听的关键。在倾听对方的同时，要努力理解对方的感受和立场，站在对方的角度去思考问题，尽可能地感同身受。理解并不意味着赞同，而是要尊重对方的感受和想法，给予足够的关注和重视。通过理解对方，可以建立起与当事人之间的情感连接，增强彼此之间的信任和共鸣。

回应是聆听技巧中的重要环节。在理解了对方的情感和需求之后，要及时给予回应，表达出自己的理解和支持。回应不仅包括口头上的回应，还包括行动上的回应，如适当的肢体接触、鼓励性的话语等，这些都可以传递出对方需要的安慰和支持，促进情绪的释放和调节。

积极倾听和反馈也是聆听技巧中的重要内容。积极倾听意味着保持专注和主动参与对话，不断地提出问题和澄清疑虑，以确保自己对对方的理解是准确和全面的。同时，要及时给予反馈，表达出自己的观点和建议，帮助对方更好地认识和解决问题。

保持开放和尊重是聆听技巧中不可或缺的一部分。保持开放意味着不带有偏见和成见地倾听对方的言辞，接纳对方的观点和感受，尊重对方的个人选择和决定。只有保持开放和尊重，才能建立起与当事人之间的良好关系，促进心理援助的顺利进行。

倾诉技巧是指通过有效的沟通方式，让他人倾诉并表达内心的感受和情绪。在心理援助中，倾诉技巧不仅可以帮助倾诉者释放情绪、减轻压力，还可以促进问题的解决和心理的健康。倾诉技巧的核心在于倾听和理解，倾听者需要表现出真诚的关怀和尊重，积极地倾听倾诉者的言语和情感，给予适当的反馈和支持。

心理援助中的方法与技巧包括积极倾听、非言语沟通、情绪管理和问题解决等。积极倾听是倾诉技巧的基础，倾听者需要给予倾诉者足够的时间和空间，倾听其倾诉内容，并表达出理解和同理心。非言语沟通包括身体语言、眼神交流和肢体动作等，倾听者需要通过身体语言表达出接纳和支持的态度，增强倾诉者的信任和安全感。情绪管理是指倾听者需要保持情绪稳定和自我控制，不受倾诉者情绪影响，保持客观和理性。问题解决则是指在倾听倾诉的过程中，倾听者可以引导倾诉者思考和解决问题的方法，帮助其找到应对困境的有效途径。

在实践中，倾诉技巧的应用需要倾听者具备一定的专业素养和实践经验。倾听者需要具备良好的沟通能力和人际关系技巧，能够与倾诉者建立信任和亲近的关系，为倾诉者提供安全和支持的环境。倾听者需要具备一定的心理学知识和技能，能够分析和理解倾诉者的心理问题，针对性地提供心理援助和建议。倾听者还需要具备良好的情绪管理能力和应变能力，能够应对倾诉者可能出现的情绪波动和挑战，保持专业的态度和行为。

然而，心理援助中的倾诉技巧也面临着一些挑战和困难。倾听者可能会受到自身情绪和经历的影响，导致无法客观地倾听和理解倾诉者的问题。倾听者需要不断提升自我认知和情绪管理能力，保持客观和理性的态度。倾诉者可能存在信任和保密的问题，不愿意向倾听者敞开心扉和倾诉内心的烦恼。在这种情况下，倾听者需要通过建立信任和安全感的方式，鼓励倾诉者表达自己的感受和情绪。

针对以上挑战，可以采取一系列措施来提升心理援助中的倾诉技巧。倾听者可以通过专业培训和学习，提升自己的沟通能力和心理学知识，增强倾听和理解倾诉者的能力。倾听者可以通过建立信任和亲近的关系，积极地表达出对倾诉者的关心和支持，增强倾诉者的信任和安全感。倾听者还可以通过自我反思和反馈机制，不断改进和提升自己的倾诉技巧，更好地为倾诉者提供心理援助和支持。

（二）情绪调节与情感支持

认知重构是一种有效的情绪调节方法。这种方法通过改变个体对事件的认知方式，来影响其情绪反应。例如，当一个人遭遇挫折或失败时，可能会产生消极情绪，如沮丧和失落。通过认知重构，个体可以学会审视自己的想法和信念，并尝试从积极的角度重新解释事件，从而减轻消极情绪的影响。

情绪表达是一种直接而有效的情绪调节方式。人们可以通过言语、行为或身体语言来表达自己的情绪，从而释放压力和紧张感。例如，当一个人感到愤怒或焦虑时，可以选择与他人交流，倾诉自己的感受，或者通过写日记、绘画等方式来表达情绪，从而获得情绪上的释放和宣泄。

身体活动也是一种有效的情绪调节手段。运动可以促进身体内部的化学物质分泌，如内啡肽和多巴胺，从而提升个体的情绪状态。瑜伽、慢跑、游泳等有氧运动可以帮助释放压力和焦虑，增强身心健康。深呼吸、放松训练等身体放松技巧也可以有效地缓解情绪紧张和焦虑感。

社交支持是一种重要的心理援助方式。与他人建立良好的人际关系，获得情感上的支持和安慰，可以帮助个体更好地应对压力和挑战。研究表明，社交支持对个体的心理健康有着重要的积极作用，能够减轻焦虑、抑郁等负面情绪，促进心理恢复和健康。

情感支持是心理援助中一个不可或缺的环节。情感支持指的是通过关心、理解、安慰和陪伴等方式，向个体提供情感上的支持。研究表明，情感支持能够显著提升个体的心理韧性，帮助其更好地应对生活中的挑战和困境。

通过有效的情绪调节和情感支持，个体可以在遭遇困境和挑战时，更好地管理自己的情绪，保持心理健康。心理援助中的情绪调节技巧和情感支持方法，有助于帮助个体走出困境，恢复自信和积极的生活态度。

二、心理康复与持续支持

心理康复与持续支持是促进个体心理健康的重要手段，特别适用于那些经历了心理创伤或困难的人群。心理康复不仅仅是治疗心理问题，更是帮助个体重建信心、恢复功能、重新融入社会生活的过程。而持续支持则是在心理康复过程中提供的持续关怀和支持，旨在帮助个体稳定情绪、保持健康状态，并预防问题的复发。

心理康复是一个系统而综合的过程，它涉及多个方面的工作。首先是心理评估和诊断，通过专业的心理评估，确定个体的心理问题和需求，并制定相应的康复方案。其次是心理治疗，采用各种心理治疗方法，如认知行为疗法、心理动力学治疗等，帮助个体理解和解决心理问题。还包括心理教育、社会支持、药物治疗等多种干预措施，以全方位地促进个体的心理康复和恢复。

在心理康复过程中，持续支持起着至关重要的作用。持续支持不仅包括专业心理医生的指导和帮助，还包括家人、朋友以及社会团体的支持和关怀。这种全方位的支持可以帮助个体建立起积极的社会支持网络，增强个体的自信心和抗挫折能力，从而更好地应对生活中的各种挑战和困难。

心理康复与持续支持的目标是帮助个体实现心理健康和社会功能的恢复。在心理康复过程中，个体不仅是要解决心理问题，更是要重新建立对生活的信心和热情，找回生活的意义和价值。心理康复不仅是一种治疗，更是一种自我成长和发展的过程，需要个体付出持续的努力和坚持。

心理康复与持续支持也是一个团队合作的过程。在心理康复中，个体需要与心理医生、家人、朋友以及社会组织等多方合作，共同制定和实施康复计划，达成康复的目标。心理康复需要社会各界的支持和帮助，才能取得最终的成功。

（一）心理康复的阶段与特点

心理康复的第一阶段是危机干预和安全稳定阶段。在这个阶段，患者可能处于情绪激动、焦虑或抑郁的状态，需要立即进行干预和处理，以确保其安全和稳定。在这个阶段，关键的任务是评估患者的危险性和自杀风险，并采取必要的措施进行干预和保护。还需要建立安全和支持的环境，让患者感受到关怀和理解，缓解其紧张和恐惧情绪。

心理康复的第二阶段是情绪调适和认知重建阶段。在这个阶段，患者逐渐从危机状态中恢复过来，开始逐渐理解和面对自己的情绪和问题。关键的任务是帮助患者认识和理解自己的情绪反应和认知偏差，学会有效地调节情绪和思维，建立积极的心态和态度。在这个阶段，可以采用认知行为疗法、情绪调节技巧和心理教育等方法，帮助患者建立健康的心理机制和应对策略。

接下来，心理康复的第三阶段是社会适应和功能恢复阶段。在这个阶段，患者逐渐重新融入社会生活，并恢复正常的社会功能和角色。关键的任务是帮助患者建立健康的人际关系和社交网络，提升其社会技能和自信心，促进其适应社会环境和实现个人发展。在这个阶段，可以采用社交技能训练、职业辅导和生活技能培训等方法，帮助患者重新建立起积极的生活和工作状态。

心理康复的第四阶段是预防复发和持续发展阶段。在这个阶段，患者已经基本康复，但仍需要继续关注和支持，以预防心理问题的复发和加强个人发展。关键的任务是帮助患者保持健康的生活方式和心理习惯，建立支持系统和自我管理机制，提升其心理韧性和适应能力。在这个阶段，可以采用定期复查和跟进、心理健康教育和自我辅助技能培训等方法，帮助患者保持良好的心理状态和生活质量。

个性化是心理康复的重要特点之一。每个心理障碍患者的病因、症状和康复需求都可能不同，因此心理康复工作需要根据患者的个体特点和实际情况进行量身定制。通过全面的评估和个体化的干预方案，帮助患者解决其具体的心理问题，达到最佳的康复效果。

综合性是心理康复的另一个显著特点。心理康复工作需要综合运用多种方法和技术，如心理教育、行为疗法、药物治疗、社会支持等，以全方位、多角度地促进患者的康复进程。综合性的心理康复方案能够更好地满足患者的多元化康复需求，提高康复的效果和成功率。

阶段性是心理康复的特点之一。心理康复过程往往是一个渐进的过程，需要根据患者的病情和康复情况进行分阶段的干预和指导。通过逐步设立合理的康复目标，逐步实施相应的康复措施，帮助患者逐步适应和调整，最终达到心理健康状态的恢复。

社会化是心理康复的重要特点之一。心理康复不仅是个体内部的问题，更是社会整体的责任和任务。心理康复工作需要积极倡导社会关怀和支持，为患者提供良好的社会环境和支持网络。通过社会支持、康复服务和社区参与等方式，帮助患者重新融入社会生活，建立健康、积极的社会关系，增强其生活质量和心理健康水平。

持续性是心理康复的关键特点之一。心理康复是一个长期的、持续性的过程，需要在康复过程中不断跟踪、评估和调整。即使患者症状有所改善，也需要继续进行后续的康复工作，以防止病情复发和加重。持续性的心理康复工作可以帮助患者巩固康复效果，保持心理健康状态的稳定。

（二）持续心理支持与跟进

持续心理支持与跟进是心理援助过程中至关重要的一环，它不仅是在初次援助后的一次性服务，更是一种持续性的、全方位的支持和帮助，旨在帮助被援助者建立积极的心理健康态度和行为习惯，实现心理健康的持续改善和发展。

持续心理支持与跟进强调的是与被援助者的持续性联系。在初次援助后，心理健康专业人士需要与被援助者建立起持续的联系和沟通渠道，定期了解其心理状态和生活情况，及时发现和解决可能存在的问题和困扰，保持与被援助者的互动和关注。

持续心理支持与跟进需要根据被援助者的需求和情况进行个性化的服务。每个被援助者的心理需求和发展轨迹都是不同的，因此心理健康专业人士需要根据其个体差异，制定相应的支持计划和援助方案，为其提供针对性的心理支持和服务。

持续心理支持与跟进还需要关注被援助者的心理变化和成长。在援助过程中，被援助者的心理状态和需求可能会发生变化，需要不断地调整和优化援助方案，为其提供持续性的心理支持和引导，促进其心理健康的持续改善和成长。

持续心理支持与跟进还需要注重心理健康教育和知识传播。心理健康专业人士可以通过举办心理健康讲座、开展心理健康教育活动等方式，向被援助者传授心理健康知识和技能，帮助其提升心理健康素养，预防和减少心理问题的发生。

持续心理支持与跟进需要与其他相关资源和服务进行有机结合。心理健康专业人士可以与医疗机构、社会福利机构等建立合作关系，共同为被援助者提供全方位的支持和服务，实现心理健康援助的全面覆盖和持续性发展。

1. 心理支持的持续性与重要性

心理支持的持续性和重要性在个体和社会层面都有着深远的影响。从个体角度来看，持续的心理支持可以帮助人们更好地应对生活中的挑战和压力，增强他们的心理韧性和应对能力。同时，对于那些面临心理健康问题的人来说，持续的支持可以提供关键的治疗和康复过程中的支持，有助于他们恢复健康。在社会层面上，持续的心理支持有助于建立更加健康、稳定和团结的社区，减少心理健康问题对社会的负面影响。

持续的心理支持对个体的心理健康和幸福至关重要。生活中的挑战和压力可能会对人们的心理健康造成负面影响，而得到持续的支持可以帮助他们更好地应对这些挑战。通过与支持者建立稳固的关系，个体可以分享他们的感受、担忧和困惑，从而减轻压力并获得情感上的支持。这种情感上的支持有助于增强个体的自尊心和自信心，使他们更有信心面对生活中的困难。

持续的心理支持对于治疗和康复心理健康问题的个体同样至关重要。对于那些已经接受过治疗但仍然面临心理健康问题的人，持续的支持可以帮助他们更好地巩固治疗效果，预防问题的复发。治疗过程中所获得的技巧和应对策略，在持续的心理支持下可以得到巩固和强化。

2. 跟进支持的实施与效果评估

心理康复是一种综合性的干预方法，旨在帮助个体恢复或改善心理健康状况，提高生活质量。它涉及多种技术和策略，如心理教育、心理咨询、认知行为疗法等。在当今社会，心理健康问题越来越受到重视，心理康复的需求也越来越迫切。实施心理康复的过程需要经过系统规划和有序执行。需要进行评估，以了解个体的心理健康状况和需求。评估可以包括心理测试、面谈和观察等方法，通过收集多方面的信息来全面了解个体的情况。然后，制定个性化的康复计划，根据评估结果确定具体的干预目标和策略。康复计划应该具体、可操作，并考虑到个体的特点和需求。接下来是实施阶段，根据康复计划的要求，进行各种干预活动，如心理教育、技能训练、支持性治疗等。在实施过程中，需要不断监测和调整，确保干预的有效性和适切性。进行效果评估，通过比较干预前后的数据和情况，评估康复效果，并对干预方案进行反思和改进。评估心理康复的效果是至关重要的，它可以帮助我们了解干预的有效性和适切性，为未来的实践提供指导和借鉴。评估可以从多个角度进行，包括客观指标和主观反馈等。客观指标可以是心理测试分数、行为观察数据等，能够提供客观的量化信息。而主观反馈则是个体对康复效果的主观感受和体验，可以帮助我们更全面地了解康复的影响。综合客观指标和主观反馈可以得出较为全面的评估结论，为心理康复的进一步发展提供支持和建议。

第五章 危机管理与领导力

第一节 危机管理流程与阶段

一、危机管理的基础流程

（一）危机预警与识别

危机预警是一项关乎社会稳定和经济发展的重要工作。随着社会的不断发展和变革，各种潜在危机可能随时出现，对其进行有效的预警成为了当务之急。危机预警旨在及早发现问题的苗头，采取相应的措施以避免或减轻危机的发生和影响。

危机预警需要建立一套系统完备、科学合理的监测机制。这个机制应该覆盖政治、经济、社会、环境等多个方面，通过数据收集、分析和评估，及时发现异常情况。例如，政治方面可以监测政治稳定性、政府的公信力；经济方面可以监测经济增长率、就业率等指标；社会方面可以监测社会矛盾、群体事件的发生频率等；环境方面可以监测自然灾害、资源短缺等情况。

危机预警需要借助先进的技术手段和信息技术。随着信息化的发展，人工智能、大数据、物联网等技术的应用可以更加精准地监测和分析各种数据，提高预警的准确性和时效性。例如，利用大数据分析舆情，可以及时掌握社会舆论的走向，发现可能引发危机的线索；利用物联网技术监测环境变化，可以及时预警自然灾害的发生。

危机预警需要政府、企业、社会组织等各方的合作和支持。危机往往是综合性的问题，需要各方共同努力才能有效应对。政府应该加强相关部门的协调合作，建立信息共享机制，及时通报预警信息，制定应对措施；企业应该增强风险意识，建立健全的危机管理体系，加强危机应对能力；社会组织可以发挥监督作用，促进政府和企业更加重视危机预警工作。

危机识别是管理和领导层在组织运作中至关重要的一环。它不仅能够帮助组织及时应对潜在的问题和挑战，还有助于预防危机的发生，保障组织的可持续发展。在这个信息爆炸的时代，危机可能来自各个方面，包括但不限于市场竞争、供应链问题、法律法规变化、自然灾害、人为错误等。建立一套有效的危机识别机制至关重要。

有效的危机识别需要建立一个敏感的信息搜集系统。组织需要不断关注外部环境的变化，包括市场动态、政策法规、竞争对手的行动等。同时，内部信息也同样重要，例如员工的反馈、业务数据、财务状况等。这些信息的及时搜集和分析能力直接影响到危机的识别和应对效果。

危机识别需要建立跨部门的沟通机制。在一个复杂的组织结构中，不同部门可能面临不同的挑战，而危机往往涉及多个方面。建立跨部门的信息共享和沟通机制可以帮助组织更全面地了解当前的情况，及时发现潜在的危机点。

危机识别还需要建立一套科学的风险评估体系。通过对各种风险因素进行量化和评估，可以帮助组织更好地了解不同风险的影响程度和概率，有针对性地制定相应的预防和应对策略。

危机识别还需要建立一支专业的团队来负责监测和分析各种风险因素。这支团队需要具备丰富的行业经验和专业知识，能够准确把握市场动态和行业趋势，及时发现潜在的危机，并提出有效的解决方案。

危机识别需要建立一套灵活的应对机制。即使做到了前期的风险评估和信息搜集工作，危机仍然是不可避免的。组织需要建立一套灵活的应对机制，包括但不限于制定危机应对预案、建立危机管理团队、开展模拟演练等，以应对各种突发情况。

（二）危机评估与分析

危机评估是一种关键性的过程，用于评估个体或团体面临的紧急情况，并采取适当的措施来减轻危机的影响。这一过程涉及收集和分析相关信息，识别危机的性质和严重程度，以便采取适当的干预措施。危机评估不仅在心理健康领域中起着至关重要的作用，也在医疗、应急管理、社会工作等领域中发挥着重要作用。

危机评估对于个体的心理健康至关重要。面对挑战和困难时，个体可能会经历各种形式的危机，如情绪崩溃、自杀风险等。通过危机评估，心理健康专业人士可以了解个体的具体情况和需求，为他们提供相应的支持和干预措施。例如，针对自杀风险较高的个体，可以采取紧急干预措施，确保他们的安全。

危机评估对于预防危机的发生也具有重要意义。通过及早发现并评估个体的心理健康状况，可以及时采取措施预防危机的发生。例如，通过心理健康筛查和评估，可以识别出存在心理健康问题风险的个体，并为他们提供相应的心理健康教育和支持服务，从而减少危机的发生率。

危机评估也对于应急管理和灾难响应至关重要。在自然灾害、恐怖袭击等紧急情况下，危机评估可以帮助相关机构了解受灾者的需求和心理健康状况，从而有针对性地开展救援和心理干预工作。通过对灾后危机的评估，可以及时提供心理援助和康复服务，帮助受灾者尽快恢复正常生活。

危机评估对于社区的健康和稳定也有重要影响。一个健康稳定的社区需要建立有效的危机评估和管理机制，及时发现并应对可能出现的危机事件。通过建立社区危机评估团队和提供相关培训，可以提高社区居民的危机应对能力，增强社区的抗压能力和凝聚力。

危机分析是一项关键性的工作，涉及对各种潜在风险和危机情况的识别、评估和管理。在当今复杂多变的社会环境中，各种危机可能随时发生，对个人、组织甚至整个社会都可能造成严重的影响。进行有效的危机分析显得尤为重要。

危机分析的目标是识别潜在的危机因素和风险点。这包括对外部环境和内部组织的诸多因素进行全面的分析，例如，政治、经济、社会、技术等各个方面的因素。外部环境的因素可能包括政治动荡、自然灾害、经济衰退等，而内部组织的因素则可能包括管理不善、人员失职、安全漏洞等。通过对这些因素的综合分析，可以有效地识别出潜在的危机隐患和风险点。

危机分析需要进行风险评估，即对识别出的危机因素和风险点进行评估其可能性和影响程度。这包括对各种可能性和潜在影响的情景进行推演和模拟，以便更好地理解危机发生的可能性和后果。评估的结果可以帮助决策者有针对性地制定危机应对策略和措施，从而最大程度地降低危机带来的损失和影响。

危机分析需要制定应对策略和应急预案。在评估了潜在的危机风险后，需要制定相应的危机应对策略和应急预案，以应对可能发生的各种危机情况。这包括制定预警机制、建立危机管理团队、明确危机应对流程等。制定应对策略和应急预案是危机管理的关键环节，它可以在危机发生时迅速、有效地应对，最大程度地减少损失和影响。

危机分析需要进行持续的监测和改进。危机分析并不是一次性的工作，而是一个持续不断的过程。外部环境和内部组织都可能随时发生变化，新的危机因素和风险点也可能随之出现。需要对危机分析的结果进行持续的监测和评估，及时调整和改进危机应对策略和应急预案，以确保其与时俱进、有效应对各种危机情况。

（三）危机响应与处理

危机管理是一项关乎社会稳定和组织生存的重要工作。在面对各种突发事件和危机时，有效的危机响应至关重要。危机管理旨在通过科学的组织、协调和应对措施，及时、有效地处理危机，最大限度地减少损失，并保护相关利益。

危机管理需要建立完善的组织结构和责任体系。一个有效的危机管理机构应该具有明确的职责分工和协调机制，包括危机指挥部、危机管理小组等，确保在危机发生时能够迅速做出反应。在这个机构中，每个成员都应清楚自己的职责和行动方案，以便协调应对危机。

危机管理需要建立健全的信息收集和分析系统。及时准确的信息是有效危机响应的基础。组织应该建立信息收集渠道，包括内部和外部的信息来源，例如员工、客户、媒体等。同时，利用先进的信息

技术手段对收集到的数据进行分析和处理，以及时了解危机的性质和发展趋势，为应对决策提供依据。

危机响应的速度和效果直接决定了危机的后果。危机响应需要具有高度的应变能力，能够在最短的时间内采取有效的行动，阻止危机蔓延并减少损害。这要求组织在危机发生前进行充分的预案准备，定期进行危机应对演练，确保相关人员熟悉应对流程，具备迅速反应的能力。

危机响应还需要注重沟通与协调。危机往往涉及多个方面，可能需要多个部门和外部机构的协调合作。在危机响应过程中，应确保信息的畅通，及时向相关方传递关键信息，避免信息的滞后和误传。同时，要保持对外公开透明的态度，积极应对媒体和公众的关注，减少恐慌情绪，争取公众的理解与支持。

危机响应不仅是处理危机的即时反应，更包括危机后的恢复和重建。危机过后，组织需要进行损失评估、恢复计划的制定与实施，确保恢复正常的运营。恢复过程中，要关注员工的心理疏导、企业形象的恢复等多个层面，确保危机处理的长效性。

二、危机管理的阶段与应对策略

（一）危机管理的阶段划分

危机管理是一项综合性的工作，涉及各种复杂的情况和应对措施。为了有效地应对危机，通常将危机管理过程划分为不同的阶段，以便有序地进行管理和应对。这些阶段包括危机前期准备、危机发生和应对、危机后期处理和恢复等。每个阶段都有其独特的特点和应对策略，对于危机管理的成功至关重要。

危机前期准备阶段是危机管理的基础。在危机发生之前，组织或个人需要进行充分的准备工作，以应对可能出现的危机情况。这包括建立危机管理

团队、制定危机管理计划、开展危机演练和培训等。通过提前的准备工作，可以提高组织对危机的应对能力，减少危机发生时的损失和影响。

危机发生和应对阶段是危机管理的关键时刻。当危机发生时，组织或个人需要迅速做出反应，采取有效的措施来应对危机。这包括及时收集和分析信息、制定应对方案、组织资源和人员、向公众和利益相关者传递信息等。在这一阶段，领导者和危机管理团队起着至关重要的作用，需要迅速做出决策并有效地执行。

接下来是危机后期处理阶段。一旦危机得到控制，组织或个人需要开始处理危机的后果并采取恢复措施。这包括评估危机的影响、修复受损的声誉和关系、提供受灾者的支持和援助、制定预防措施以防止类似危机再次发生等。在这一阶段，组织需要对危机进行全面的回顾和总结，以吸取经验教训，提高未来危机管理的能力。

最后是危机恢复阶段。在危机处理和后期处理之后，组织或个人需要开始恢复正常的运营和生活。这包括重建受损的设施和资源、恢复业务和生产、重新建立信任和声誉等。在这一阶段，组织需要继续监测危机的影响，并采取适当的措施来确保恢复过程顺利进行。

1. 危机前期阶段

危机管理是组织在面对危机时采取的一系列策略和行动，旨在最大程度地减少危机对组织造成的损害，并尽可能地恢复正常运营状态。在危机管理过程中，将危机分为不同的阶段并采取相应的措施至关重要。危机前期阶段是危机发生后最初的阶段，其特点是不确定性高、信息不充分、时间紧迫。在这个阶段，组织需要迅速做出反应，以控制局势并准备好应对后续的挑战。

危机前期阶段的特征之一是信息不充分。危机发生时，通常信息来源不完整、不准确甚至混乱，这给组织采取有效行动带来了挑战。组织需要尽快收集、整理和验证相关信息，以建立一个清晰的认识，并基于这些信息做出正确的决策。这可能涉及与各种利益相关者（如员工、客户、媒体、政府等）进行沟通，以获取更多信息并确保信息的准确性。

危机前期阶段的另一个特点是时间紧迫。在危机发生后，组织必须迅速做出反应，因为时间的推移可能会加剧危机的影响。组织需要尽快启动危机管理团队，并制定一个紧密的时间表，明确各项任务的优先级和完成时间。同时，也需要确保团队成员之间的有效沟通和协作，以最大限度地提高响应速度和效率。

在危机前期阶段，不确定性是普遍存在的。危机的性质和后果通常在最初阶段难以准确预测，这给组织的决策带来了挑战。组织需要在不确定性的环境中保持灵活性和应变能力，及时调整策略和行动，以应对不断变化的局势。这可能需要组织制定多个应对方案，并在危机演变过程中灵活调整，以应对不同的可能性和情景。

2. 危机高峰期阶段

危机管理是一个涉及多个阶段的复杂过程，其中危机高峰期阶段是其中至关重要的一部分。在危机高峰期，各种挑战和压力达到最高点，组织需要迅速、果断地应对，以最大程度地减少损失并尽快恢复正常运营。为了更好地理解和应对危机高峰期，通常将危机管理划分为几个阶段。

首先是前危机阶段。在这个阶段，可能存在一些潜在的风险因素，但尚未显现为危机。此时，组织可以通过风险评估和预防措施来识别和应对潜在的危机因素，以尽量减少危机的发生可能性。这一阶段的关键是提前发现问题，及时采取措施加以控制，防止危机的爆发。

接下来是危机爆发阶段。在这个阶段，危机已经发生并开始对组织产生直接影响。危机可能以各种形式出现，如自然灾害、人为事故、公共关系危机等。此时，组织需要迅速行动，启动应急预案，采取措施应对危机，以减轻损失和保护相关利益。危机爆发阶段通常是危机管理中最紧急和紧张的时期，需要领导层和相关部门的紧密协作和决策。

然后是危机高峰期阶段。在这个阶段，危机达到顶峰，各种挑战和压力最为集中。此时，组织可能面临着严重的财务损失、声誉受损、员工流失等问题，危机管理的难度和复杂度进一步提高。在危机高峰期，组织需要迅速作出决策，采取有效的措施，控制危机的发展，并尽快恢复正常经营。关键是要保持冷静和清醒的头脑，有效地应对各种挑战和困难。

最后是危机后期阶段。在这个阶段，危机逐渐得到控制，各种应对措施开始见效，组织逐渐恢复正常运营。此时，组织需要对危机过程进行总结和反思，分析危机的原因和教训，以便未来更好地预防和处理类似危机。同时，组织还需要积极修复声誉，重建信任，以恢复受损的形象和信心。

3. 危机后期阶段

危机管理是组织管理中至关重要的一部分，它涉及面对各种挑战和困难时的应对策略和措施。危机管理的过程通常可以划分为前期阶段、中期阶段和后期阶段，每个阶段都有其独特的特点和重要性。在后期阶段，危机管理主要着重于恢复和重建，以使组织尽快恢复正常运营状态，并从危机中吸取教训，为未来做好准备。

在危机后期阶段，关注焦点主要是恢复受影响的业务和活动。这意味着组织需要尽快采取行动，修复受损的设施、恢复中断的服务、恢复生产和销售等，以尽快恢复正常的业务运营。这需要制定具体的恢复计划和措施，明确责任和时间表，确保恢复工作能够有条不紊地进行。

危机后期阶段还需要进行危机后评估和总结。在危机发生后，组织需要对危机处理过程进行全面的评估和总结，分析危机的原因、应对措施的有效性、各方参与的贡献等，从中吸取教训，为未来的危机管理工作做好准备。这需要建立一个完善的评估和总结机制，收集和分析各种相关数据和信息，形成客观、全面的评估报告，为决策提供依据。

危机后期阶段还需要进行声誉和形象的修复。危机往往会给组织的声誉和形象带来负面影响，因此在危机处理完成后，组织需要采取措施来修复受损的声誉和形象，恢复公众的信任和支持。这包括但不限于通过公关活动、媒体宣传、社交媒体等渠道积极回应各方关切和质疑，展示组织的诚信和责任，强调其积极主动的危机应对态度，从而逐步重塑良好的声誉和形象。

危机后期阶段还需要进行组织文化和管理体系的修复和完善。危机往往会暴露出组织管理体系和文化中存在的问题和缺陷，因此在危机处理完成后，组织需要认真分析和反思，对管理体系和文化进行调整和改进，提高组织的应对能力和抵御能力。这需要建立一个开放、包容的学习机制，鼓励员工提出建设性意见和建议，推动组织不断进步和发展。

危机后期阶段还需要加强预防和风险管理工作。危机处理完成后，并不意味着组织可以放松警惕，相反，危机管理工作仍然需要持续关注和投入。

组织需要加强对潜在风险的监测和评估，及时发现和应对新的风险和挑战。这需要建立一套完整的风险管理体系，提升组织在面对未来危机时的应对能力。

（二）不同阶段的应对策略

危机管理是一个复杂而关键的过程，涉及多个阶段和各种不同类型的应对策略。针对不同阶段的特点和需求，需要制定相应的应对策略，以确保危机得到有效管理和控制。

危机前期准备阶段是危机管理的基础。在这个阶段，重点是建立健全的危机管理体系和准备工作。组织需要建立专门的危机管理团队，明确责任分工和沟通渠道。这个团队应该包括各个部门的代表，具有丰富的经验和专业知识。组织需要制定危机管理计划，明确危机的类型、应对流程和责任人。这个计划应该是灵活和可调整的，能够根据不同的危机情况进行调整和改进。组织还需要开展定期的危机演练和培训，提高员工的应对能力和协作效率。通过这些准备工作，组织可以在危机发生时迅速做出反应，最大程度地减少危机的影响和损失。

危机发生和应对阶段是危机管理的关键时刻。在这个阶段，组织需要迅速做出反应，采取有效的措施来应对危机。组织需要及时收集和分析相关信息，了解危机的性质、严重程度和影响范围。这包括利用各种信息来源，如媒体报道、社交媒体、员工反馈等。然后，组织需要制定应对方案，明确目标和措施，并组织资源和人员进行执行。在这个过程中，领导者和危机管理团队起着至关重要的作用，需要迅速做出决策并有效地执行。同时，组织还需要及时向公众和利益相关者传递信息，保持透明和开放的沟通，减少恐慌和不确定性。通过这些应对策略，组织可以迅速控制危机，减少损失并保护声誉。

接下来是危机后期处理阶段。一旦危机得到控制，组织需要开始处理危机的后果并采取恢复措施。组织需要评估危机的影响，了解受灾范围和程度。然后，组织需要修复受损的声誉和关系，重新建立信任和信心。这包括与受灾者和利益相关者进行沟通和协商，提供支持和援助，弥补损失并满足受灾者的需求。同时，组织还需要制定预防措施，防止类似危机再次发生。通过这些后期处理策略，组织可以尽快恢复正常运营并重建声誉，实现危机的全面处理和恢复。

最后是危机恢复阶段。在危机处理和后期处理之后，组织需要开始恢复正常的运营和生活。这包括重建受损的设施和资源，恢复业务和生产，重新建立信任和声誉。在这个阶段，组织需要继续监测危机的影响，并采取适当的措施来确保恢复过程顺利进行。通过这些恢复策略，组织可以尽快恢复正常运营，重新获得竞争力并重塑形象。

1. 危机预警与识别的策略

建立健全的监测系统是有效预警和识别危机的关键。企业需要建立全面的监测机制，包括对市场、竞争对手、政策法规、技术变革等方面的监测。通过收集和分析各种信息，可以及时发现可能对企业造成影响的因素，为危机的预防和处理提供有力支持。监测系统应当及时、准确地反映市场动态和企业内部状况，为决策提供可靠的数据支持。

建立有效的风险评估体系是预警和识别危机的重要手段之一。企业需要通过对各种风险因素进行系统分析和评估，确定其对企业的影响程度和可能性，从而识别出潜在的危机点。风险评估应当全面、科学地考虑各种因素，并结合企业自身的实际情况进行分析，以确保评估结果的准确性和可靠性。在评估的基础上，企业可以制定相应的风险防范和控制措施，及时应对潜在的危机威胁。

加强信息共享与沟通是有效预警和识别危机的重要途径之一。企业内部各个部门和外部合作伙伴之间需要建立起畅通的信息沟通渠道，及时分享相关信息和数据，加强对市场动态和行业发展的了解，共同应对潜在的危机风险。同时，企业还应当积极开展危机应对演练和培训，提高员工的应急反应能力和危机处理能力，确保在危机发生时能够迅速、有效地应对。

利用先进的技术手段也是提高危机预警和识别能力的重要途径之一。企业可以借助人工智能、大数据分析、物联网等技术手段，对各种数据进行快速、精准的分析和挖掘，发现隐藏在海量数据背后的规律和趋势，及时发现潜在的危机风险。同时，企业还可以建立信息化管理系统，实现对企业运营状况的实时监测和分析，为危机的预警和识别提供更加可靠的支持。

建立灵活、高效的决策机制是确保危机预警和识别能够及时得到有效应对的关键。企业需要建立起快速响应机制和灵活的决策流程，明确各级管理人员的职责和权限，确保在危机发生时能够迅速做出决策并采取相应的措施，最大程度地降低危机对企业的影响。同时，企业还应当不断完善危机应对预案，加强对危机处理经验的总结和总结，不断提高应对危机的能力和水平。

2. 危机响应与处理的策略

预防是最好的策略之一。通过建立健全的安全管理体系、加强监测预警机制、提升员工和公众的安全意识等措施，可以有效地预防危机事件的发生。例如，企业可以制定严格的安全标准和操作规程，定期进行安全演练和培训，提前识别和排除潜在的安全隐患，从而降低发生事故的可能性。

准备工作也至关重要。在危机发生前，组织需要制定详细的危机应对预案，明确各类危机事件的应对流程、责任分工和资源配置。同时，建立紧急联系渠道和危机指挥中心，确保信息的及时传递和决策的迅速执行。还应建立与外部合作伙伴和政府部门的沟通机制，形成合力应对危机。

危机发生时的响应决定了事件的发展走向。在危机发生后，组织需要立即启动预案，迅速采取行动应对突发情况，控制危机扩大的范围和影响。这包括迅速评估危机的性质和严重程度，调动内部和外部资源，采取适当的措施进行处置和应急救援。同时，及时向公众和利益相关者通报信息，保持透明度和诚信，稳定民心，避免造成恐慌和不良影响。

恢复和总结经验教训同样重要。危机过后，组织需要及时展开恢复工作，修复受损设施，恢复生产经营，重建信心和形象。同时，还应对危机响应和处理过程进行全面总结和评估，分析事故原因和教训，完善预案和制度，提升危机管理能力和应对水平，以便更好地应对未来的挑战。

3. 危机后期的评估与调整策略

危机后期评估的重要性不可低估。通过对危机期间采取的应对措施进行评估，组织可以了解其有效性和不足之处。评估还可以帮助组织识别危机期间暴露的潜在风险和机遇。评估还可以为未来类似危机提供宝贵的教训，使组织更具抵御性。

制定和实施调整策略是危机后期评估的关键步骤之一。调整策略应基于对危机期间表现的评估结果，并针对组织当前和未来的需求。这些策略可能涉及重新制定目标和战略、优化资源配置、改进组织结构和流程，以及加强风险管理和应急准备能力。

在制定调整策略时，组织应考虑以下几个关键因素。首先是市场环境的变化。危机可能导致市场需求、竞争格局和消费者行为发生重大变化，因此组织需要及时调整以适应新的市场环境。其次是组织内部能力和资源的状况。组织需要评估其人力、财务和技术等方面的能力和资源，并确保它们能够支持调整策略的实施。组织还应考虑利益相关者的期望和需求，以确保调整策略符合其利益并得到支持。

为了有效实施调整策略，组织需要采取一系列措施。首先是领导层的承诺和支持。领导层需要积极参与制定调整策略，并为其实施提供支持和资源。其次是员工的参与和沟通。组织应与员工合作，共同制定和实施调整策略，并确保他们理解和接受这些策略的重要性和影响。组织还应建立有效的监测和反馈机制，以跟踪调整策略的实施效果，并及时进行调整和修正。

第二节　领导力在紧急情况中的作用

一、领导力在紧急情况中的重要性

领导力是在各种情况下都至关重要的品质，但在紧急情况下，其价值更是无法估量。紧急情况可能是突发事件、自然灾害、危机或其他不可预见的情况，它们要求组织和团队快速做出反应以解决问题，并最小化潜在的损失。在这样的情况下，领导者的能力对于指导团队、做出艰难决策、鼓舞士气以及有效地协调资源显得至关重要。

领导者在紧急情况中的重要性体现在其指导团队的能力上。在混乱和紧张的环境中，团队成员往往会感到不安和迷茫，需要一个明确的方向和指导来应对当前的挑战。领导者应该能够保持冷静、坚定并且清晰地传达下一步的行动计划，这样可以帮助团队更好地应对危机，并集中精力解决问题。

领导者在紧急情况中需要做出艰难的决策。这些决策可能会影响到团队的生存、组织的未来以及广泛的利益相关方。领导者需要在极短的时间内收集信息、分析局势，并做出明智而果断的选择。这种能力在紧急情况中至关重要，因为任何拖延或错误的决策都可能导致严重的后果。

领导者在紧急情况中起着鼓舞士气的作用。在压力巨大、情绪低落的情况下，团队成员往往需要一位领导者来激励和鼓舞他们，让他们相信自己有能力克服困难。通过积极的态度、坚定的信念和适时的赞美，领导者可以提高团队成员的士气，并激发他们的斗志和团队合作精神。

领导者在紧急情况中必须能够有效地协调资源。这可能包括人力、物资、技术和金融资源等。领导者需要有能力识别和利用可用资源，并确保它们被有效地分配和利用以解决当前的紧急问题。领导者还需要与外部利益相关方合作，共同应对紧急情况，这需要他们具备良好的沟通和协调能力。

（一）冷静应对压力

冷静应对压力是有效应对紧急情况的基础。在面临压力和挑战时，领导者需要保持冷静沉着的态度，不受情绪波动的影响，清晰地思考问题并做出正确的决策。只有保持冷静，才能够有效地分析问题、制定应对策略，并组织团队协同合作，最大程度地减少损失和风险。

领导力在紧急情况中的重要性体现在领导者的指导和决策能力。在危机发生时，团队和组织需要一个明确的指导者，能够及时做出决策并有效地指导团队行动。领导者应当具备分析问题、判断形势、制定计划的能力，能够迅速做出正确的决策，并带领团队协同合作，共同应对危机挑战。

领导者在紧急情况中的表现将直接影响团队和组织的信心和士气。领导者的冷静和坚定能够给团队带来安全感和信心，激发团队成员的积极性和合作意识。相反，如果领导者表现出慌乱和不确定，将会给团队带来恐慌和混乱，影响团队的凝聚力和执行力。领导者需要在紧急情况中展现出强大的领导力，给团队成员以信心和动力，共同应对危机挑战。

领导者在紧急情况中的沟通和协调能力也至关重要。领导者需要与团队成员保持密切沟通，及时传递信息和指示，确保团队行动的一致性和有效性。

同时，领导者还需要与外部相关方进行沟通和协调，共同应对紧急情况带来的挑战，最大程度地减少损失和影响。

领导者在紧急情况中的角色不仅是应对问题和挑战，更是带领团队走出困境，实现自我提升和成长的机会。在危机中，领导者可以通过有效应对挑战、调动团队积极性、提升组织抗风险能力等方式，展现出自己的领导潜力和管理水平，为团队和组织赢得更多的发展机遇和竞争优势。

（二）灵活的思维和适应能力

灵活的思维和适应能力以及领导力在紧急情况中的重要性不可低估。在面对突发事件时，常规的计划和预测可能不再适用，需要领导者和团队具备灵活应变的能力，迅速作出决策并有效地应对挑战。

灵活的思维和适应能力是领导者应具备的重要素质之一。面对复杂多变的紧急情况，领导者需要能够跳出固有的思维模式，灵活地调整策略和方案。这意味着要有能力接受新信息、快速分析形势、判断局势，以及随时做出必要的调整和决策。例如，在自然灾害发生时，领导者需要迅速评估受灾情况和需求，调配资源，制定灵活的救援计划，以应对不断变化的挑战。

适应能力也是领导者必备的素质之一。紧急情况往往带来不确定性和压力，需要领导者能够迅速适应新的环境和要求，保持冷静和应对自如。这包括适应快速变化的情况、适应不同的工作方式和团队结构、以及适应新的挑战和需求。例如，在公共卫生危机期间，领导者需要迅速调整工作方式，采取必要的防控措施，保障员工安全和健康，同时维护组织的正常运转。

在紧急情况中，领导力发挥着至关重要的作用。领导者的决策和行动将直接影响到团队和组织的应对效果和结果。领导者需要展现出坚定的信心和稳定的态度，以稳定团队和社会的情绪，保持组织的正常运转。领导者需要展现出高效的组织和协调能力，统筹资源，指导团队，确保紧急情况下的各项工作有序进行。领导者还需要展现出责任心和担当精神，及时做出艰难的决策，承担起应对危机的责任和义务。

二、领导力在紧急情况中的实际应用

紧急情况下的领导者需要展现出坚定的决策能力。在面对不确定性和压力的情况下，领导者必须迅速做出决策，并在不断变化的情况下做出调整。这需要领导者具备敏锐的洞察力和判断力，能够快速分析局势，权衡利弊，并做出明智的决策。领导者还需要展现出勇气和果断，敢于承担责任并采取必要的行动。

领导者在紧急情况中需要展现出有效的沟通能力。在危机发生时，清晰而及时的沟通对于协调行动、凝聚团队和消除恐慌至关重要。领导者需要能够清晰地传达信息，说明情况，明确任务，并向团队成员提供指导和支持。领导者还需要倾听和理解团队成员的意见和反馈，以便更好地应对挑战并制定有效的应对策略。

领导者需要展现出团队建设和激励团队的能力。在紧急情况下，团队的凝聚力和合作精神至关重要。领导者需要能够激发团队成员的积极性和团队精神，鼓励他们团结一致，共同应对挑战。这可能涉及激励团队成员克服困难和挑战的动力，提供必要的支持和资源，以及建立信任和团队凝聚力的关系。

领导者在紧急情况下需要展现出应变和创新的能力。面对突发事件和不可预见的挑战，领导者需要灵活应对，不断调整策略和行动，并寻找新的解决方案。这可能涉及探索新的方法和技术，克服资源短缺和限制，以及推动团队适应新的情况和要求。

领导者在紧急情况中需要展现出坚韧和逆境应对能力。面对挑战和困难，领导者需要展现出坚定的意志和乐观的态度，鼓舞团队成员坚持不懈，战胜困难。这可能涉及处理失败和挫折，保持信心和信念，以及积极地寻找和利用机会。

（一）团队合作和协调

团队合作是在紧急情况下至关重要的。在面临危机时，单打独斗往往是不可行的，团队成员需要共同努力来应对挑战。团队合作可以促进信息共享、资源整合以及有效的问题解决。在紧急情况中，团队成员可能具有不同的专业知识和技能，他们可以相互补充，共同应对各种问题。例如，在抗击自然灾害时，医疗人员、救援队员和志愿者可以组成一个多专业团队，共同开展救援工作，实现资源的最大化利用和效率的最大化。

团队协调也是在紧急情况中不可或缺的。团队成员需要在高压环境下协调行动，确保各个部门之间的配合和沟通顺畅。这需要一个明确的指挥结构和有效的沟通机制。领导者在这时起着至关重要的作用，他们需要制定明确的行动计划，并确保每个团队成员都清楚自己的责任和任务。领导者还需要及时更新团队成员的情况，协调不同部门之间的资源分配和信息共享，以确保整个团队能够有序地应对紧急情况。

紧急情况中的团队合作和协调需要领导者具备一系列的领导技能。领导者需要有清晰的愿景和目标，并能够将其有效地传达给团队成员。这有助于团队成员理解他们的使命，并激发他们的积极性和责任感。领导者需要具备良好的沟通技巧，能够有效地与团队成员和外部利益相关方进行沟通和协调。紧急情况往往时间紧迫，信息传递必须迅速准确，领导者需要能够在高压环境下清晰地表达自己的意图，并确保信息能够及时传达到每个团队成员。领导者还需要有灵活性和适应性，能够在不断变化的环境中做出迅速的反应和调整。紧急情况可能出现意想不到的情况和挑战，领导者需要能够及时调整策略和计划，以应对新的情况。

团队合作、协调和领导力的重要性在历史上已经被多次验证。许多灾难和危机都证明了团队的力量和有效的领导是克服困难的关键。例如，在 911 恐怖袭击事件中，纽约市的应急救援团队展现了出色的团队合作和协调能力，并在领导者的指导下有效地组织了救援行动，最大限度地减少了伤亡。另一个例子是在 2011 年的日本福岛核事故中，政府和救援机构之间的缺乏合作和协调导致了许多问题和延误，进一步凸显了团队合作和领导力在危机中的重要性。

（二）有效的沟通和信息传递

领导者需要及时、准确地传递信息。在紧急情况中，时间往往是非常宝贵的，领导者需要尽快了解情况并向团队成员传递相关信息，以便大家能够及时采取行动。信息传递应当准确清晰，避免引起误解和混乱，同时要考虑到团队成员的接受能力和理解水平，采取恰当的沟通方式和语言，确保信息能够被全体团队成员理解和接受。

领导者需要建立起畅通的沟通渠道和机制。在紧急情况下，领导者和团队成员之间需要保持密切的沟通联系，及时了解各种情况和进展，共同研究和制定应对策略。为此，领导者可以建立起定期的沟通会议、信息发布平台或者专门的通讯渠道，方便团队成员之间的交流和沟通，确保信息的及时传递和共享。

领导者需要倾听团队成员的意见和建议。在紧急情况下，团队成员往往会有各种各样的想法和看法，领导者需要倾听他们的意见并认真考虑，以便做出更加全面和正确的决策。倾听团队成员的意见不仅可以增强他们的归属感和参与感，还可以充分发挥他们的智慧和创造力，为解决问题和应对挑战提供更多的思路和方案。

领导者需要及时反馈团队成员的表现和工作进展。在紧急情况中，团队成员往往需要及时了解自己的工作表现和工作进展，以便及时调整和改进。领导者可以定期对团队成员的工作进行评估和反馈，指出他们的优点和不足，提出改进意见和建议，以促进团队的进步和提高整体执行效率。

领导者需要在沟通中展现出坚定的领导力和责任担当。在紧急情况中，团队成员往往会感到焦虑和恐慌，领导者需要展现出坚定的态度和信心，给团队成员以安全感和信心，激发他们的积极性和合作意识。同时，领导者还需要承担起应对危机的责任和义务，带领团队共同应对挑战，最大程度地减少损失和影响。

在紧急情况下，信息传递是领导力的实际应用之一，其重要性不言而喻。有效的信息传递可以确保信息的及时准确传达，指导团队和公众做出正确的行动和决策，最大程度地减少损失，保护人民的安全和利益。

领导者在紧急情况中扮演着信息传递的关键角色。他们需要及时获取和分析各类信息，包括事件的性质、严重程度、影响范围、受影响群体等，以便做出正确的决策和指导。例如，在自然灾害发生时，领导者需要了解灾情的最新动态，指导救援工作的开展，保障受灾群众的安全和生活。

领导者需要制定清晰的信息传递策略和方案。这包括确定信息的发布渠道、对象和内容，确保信息的准确性、一致性和透明度。例如，在公共卫生危机期间，领导者需要及时向公众发布疫情信息、防控措施和应对建议，以提高公众的安全意识和应对能力。

在信息传递过程中，领导者需要展现出良好的沟通和表达能力。他们需要能够清晰、简洁地传达信息，避免造成误解和混淆。同时，还需要倾听和理解团队和公众的需求和反馈，及时调整信息传递的方式和内容。例如，在紧急情况下，领导者需要与各方沟通协调，解决问题，促进资源的合理调配和利用，以应对突发情况。

领导者还需要展现出应对危机的果断和果敢。他们需要在紧急情况下做出迅速的决策和行动，确保信息的及时传达和应对措施的迅速执行。这需要领导者具备坚定的决心和胆识，以及善于应对压力和挑战的能力。例如，在安全事故发生时，领导者需要迅速启动应急预案，采取果断措施，最大限度地减少事故造成的损失和影响。

领导者需要展现出责任心和担当精神。他们需要为信息传递的效果和结果负起全面的责任，承担起保护人民生命财产安全的使命。这意味着在信息传递过程中，领导者需要保持诚信和透明度，避免隐瞒或误导公众，确保信息的公正和可信度。

第三节　协调与合作机制

一、紧急情况下的协调与合作机制

紧急情况下的协调与合作机制对于资源的有效利用至关重要。面对突发事件和危机，各个部门和机构可能需要共享人力、物资、信息和技术等资源，以应对不同方面的挑战。有效的协调与合作机制可以帮助各方迅速识别资源需求和供给，避免资源浪费和重复，最大程度地发挥资源的作用，并提高应对挑战的效率和效果。

紧急情况下的协调与合作机制有助于信息的及时共享和沟通的畅通。在灾难或危机发生时，信息的准确性和及时性对于决策和行动至关重要。各个部门和机构需要共享关键信息，包括灾情、人员伤亡、资源供需情况等，以便及时调整策略和行动。同时，畅通的沟通渠道可以帮助各方协调行动、共同制定方案，并及时解决问题，提高应对挑战的协同效率和效果。

紧急情况下的协调与合作机制有助于提高决策的科学性和可操作性。面对复杂多变的情况，单个部门或机构往往无法独立做出全面、准确的决策。有效的协调与合作机制可以汇集各方的智慧和资源，共同分析问题、评估风险，并制定科学合理的决策方案。这些方案不仅可以充分考虑各方的利益和需求，还可以提高决策的可操作性和实施效果，从而更好地应对挑战并实现目标。

紧急情况下的协调与合作机制有助于增强社会的凝聚力和抵御力。面对灾难或危机，全社会都需要团结一致，共同应对挑战。有效的协调与合作机制可以促进各个部门和机构之间的互信和合作，增强社会的凝聚力和团队精神。这不仅有助于有效应对当前的挑战，还可以为未来类似情况的发生提供宝贵的经验和教训，提高社会的抵御力和应对能力。

建立和运作紧急情况下的协调与合作机制需要各方的共同努力和支持。这可能涉及建立跨部门、跨机构的协调机制，制定明确的责任分工和工作流程，建立有效的信息共享和沟通机制，以及开展定期的演练和培训。同时，各个部门和机构还应加强合作与交流，建立信任和合作的关系，共同应对挑战并实现共同目标。

（一）建立协调机制的重要性

建立协调机制的重要性在于提高应对紧急情况的效率和效果。在紧急情况下，时间往往是至关重要的，迅速而有效地行动可以减少损失并挽救更多生命。通过建立协调机制，可以确保不同部门和机构之间的信息共享、资源调配和行动协调得以顺利进行。这样可以避免冗余、提高资源利用率，并使各方更加高效地应对紧急情况。

建立协调机制可以促进跨部门和跨机构之间的合作与沟通。在紧急情况下，往往需要多个部门和机构共同参与应对工作。如果缺乏有效的协调机制，可能会出现信息不对称、资源浪费、行动不协调等问题。通过建立协调机制，可以促进各方之间的沟通与合作，形成合力，共同应对挑战。

建立协调机制还可以提高应对紧急情况的整体效能。紧急情况往往涉及多个领域和多个层面，需要多方协同作战。如果各方各自为战，可能会导致资源浪费、行动混乱甚至冲突。而通过建立协调机制，可以统一行动指挥、优化资源配置，从而提高整体的应对效能。

紧急情况下的协调与合作机制需要有明确的组织架构和指挥体系。需要明确各个部门和机构的职责和任务分工。每个部门和机构都应清楚自己在应对紧急情况中的角色和责任，并做好相应的准备和培训。需要建立信息共享和协调机制。及时准确地获取信息对于应对紧急情况至关重要，因此需要建立起信息采集、传递和共享的机制，确保各方都能够获取到必要的信息。还需要建立资源调配和行动协调机制。在紧急情况下，资源可能会出现短缺或分散，因此需要有专门的机制来统一调配和管理资源，确保其能够最大化地发挥作用。还需要建立监督和评估机制。紧急情况的应对工作往往是一个动态的过程，需要不断地监督和评估，及时发现问题并采取纠正措施，以确保应对工作的顺利进行。

在紧急情况下，建立有效的协调与合作机制是保障应对工作顺利进行的关键。只有通过各方的协同合作和紧密配合，才能够最大程度地减少损失、挽救更多生命。各级政府、各个部门和机构都应高度重视建立协调机制，加强沟通与合作，共同应对各种紧急情况的挑战。

（二）建立协调与合作的原则

建立协调与合作的原则是确保团队有效应对紧急情况的基础。在危机发生时，团队成员需要共同合作、密切配合，形成合力应对挑战。建立起相互尊重、互相信任、团结协作的原则非常重要。只有在这样的原则指导下，团队成员才能够充分发挥各自的优势，共同应对紧急情况带来的挑战。

建立灵活的协调与合作机制是有效应对紧急情况的关键之一。在危机发生时，团队成员往往需要迅速做出反应，并采取相应的行动。建立起快速响应、灵活调整的协调与合作机制非常必要。这包括建立起定期的沟通会议、信息发布平台、紧急处理流程等，以便团队成员之间及时交流信息、制定应对策略，共同应对危机挑战。

加强跨部门、跨团队的协调与合作是应对紧急情况的重要手段之一。在危机发生时，往往需要各个部门、各个团队之间紧密配合，共同应对挑战。建立起跨部门、跨团队的协调与合作机制非常必要。这包括建立起跨部门、跨团队的沟通渠道和联络人员，明确各方的职责和权限，以确保信息的畅通和工作的协同。

建立起透明、公正的决策机制也是协调与合作的重要保障之一。在危机发生时，团队成员需要明确应对策略和行动计划，这需要有一个公开透明、公正合理的决策机制来指导和支持。建立起决策的程序和机制，确保决策的公正性和合理性，以提高团队成员的认同感和执行力，增强团队的凝聚力和战斗力。

建立起协调与合作的文化和氛围是长期发展的重要保障。在日常工作中，团队成员需要树立协调与合作的意识和理念，积极倡导团队合作、共同进步的精神。只有建立起这样的文化和氛围，才能够在紧急情况发生时，团队成员能够自觉地积极配合，共同应对危机挑战，实现最终的胜利。

1. 透明度

透明度在紧急情况下的协调与合作机制中扮演着至关重要的角色。在面对突发事件时，各方之间的透明度可以促进信息共享、协同应对，增强合作信任，最终实现更加有效的应对和协调。

透明度有助于建立信任和合作。在紧急情况下，各方往往面临着诸多不确定性和挑战，需要共同努力才能有效应对。透明度可以帮助各方更好地理解彼此的意图和行动，减少误解和猜疑，增强信任感。例如，在自然灾害发生时，政府需要向公众和救援机构透明地通报受灾情况、救援计划和资源分配情况，以促进各方的合作和支持。

透明度有助于加强信息共享和协同作战。在紧急情况下，信息的及时共享和交流对于制定有效的应对策略和行动至关重要。透明度可以促进各方之间的信息共享，避免信息孤岛和信息滞后，提高决策的准确性和效率。例如，在公共卫生危机期间，各国政府需要透明地分享疫情数据、防控经验和科研成果，加强国际合作，共同抗击疫情。

透明度还可以促进跨部门和跨组织的协调和合作。在紧急情况下，通常涉及多个部门和组织之间的协同行动，需要有有效的协调机制和合作模式。透明度可以帮助各方更好地理解各自的责任和角色，协调资源和行动，提高协同作战的效率和成效。例如，在反恐怖主义行动中，各国情报机构需要透明地分享情报信息、制定联合行动计划，以共同打击恐怖主义活动。

透明度还可以提高应对危机的公信力和合法性。在紧急情况下，政府和组织的行动往往会影响到公众的利益和权益，需要获得公众的理解和支持。透明度可以向公众展示政府和组织的决策过程和行动计划，让公众了解情况、参与决策，增强对应对措施的信任和认同。例如，在环境污染事件中，政府需要透明地公布污染源、污染程度和应对方案，与公众建立起开放的沟通渠道，共同保护环境和公众健康。

2. 共识达成

在面临突发事件、灾难或危机时，共识达成是实现协调与合作的关键。紧急情况下，各个部门、机构或国家必须共同努力，以达成共识并协调行动，以最大限度地减少损失、保障生命安全和财产安全。本书将探讨共识达成在紧急情况下协调与合作机制中的重要性，以及如何促进共识的形成和实现。

共识达成对于协调与合作机制的有效运作至关重要。在面临灾难或危机时，各方往往持有不同的观点、利益和优先级，可能存在意见分歧甚至冲突。只有通过共识达成，各方才能就应对挑战的目标、策略和行动达成一致，共同制定并执行有效的应对方案。共识形成可以促进各方之间的合作与协调，提高应对挑战的效率和效果。

共识达成有助于增强各方的责任意识和行动动力。在灾难或危机发生时，各个部门、机构或国家都有责任承担起应对挑战的责任，共同保障公共安全和社会稳定。通过共识达成，各方能够充分认识到自身的责任和义务，积极参与协调与合作，共同应对挑战，提高行动的积极性和效果。

共识达成有助于增强社会的凝聚力和团队精神。面对灾难或危机，全社会都需要团结一致，共同应对挑战。通过共识达成，各方能够围绕共同的目标和价值观展开合作与协调，建立信任和合作的关系，增强社会的凝聚力和团队精神。这不仅有助于应对当前的挑战，还可以为未来类似情况的发生提供宝贵的经验和教训。

共识达成需要各方之间的充分沟通和协商。在紧急情况下，各方可能面临时间紧迫、信息不足和压力巨大等挑战，因此需要加强沟通与协商，促进共识的形成和实现。这可能涉及开展定期的会议与磋商，设立有效的沟通渠道和平台，以及促进各方之间的交流与合作，共同寻求解决方案，并制定相应的应对策略。

共识达成需要各方之间的相互理解与妥协。在灾难或危机发生时，各方往往会面临不同的利益、需求和优先级，可能存在分歧和矛盾。共识达成需要各方能够相互尊重、理解对方的立场，并愿意做出一定的妥协和让步，以达成最终的共识。这需要各方具备良好的沟通能力、协商能力和解决问题的能力，共同促进共识的形成和实现。

二、紧急情况下的具体协调与合作策略

建立跨部门、跨机构的联合指挥体系是一项关键策略。在面对紧急情况时，各个部门和机构之间往往需要紧密协作，但如果缺乏有效的指挥体系，可能会出现信息不对称、行动不协调等问题。建立一个统一的指挥体系，将各个部门和机构纳入其中，统一指挥和协调应对工作，可以有效提高应对紧急情况的效率和效果。

加强信息共享和协调是实施协调与合作策略的关键。在紧急情况下，信息的及时准确对于应对工作至关重要，因此需要建立起信息采集、传递和共享的机制，确保各方都能够获取到必要的信息。还需要建立起跨部门、跨机构的信息共享平台，将各个部门和机构的信息整合起来，形成一个完整的信息网络，以便于及时地共享和传递信息。

建立资源调配和行动协调机制也是实施协调与合作策略的关键。在紧急情况下，资源可能会出现短缺或分散，因此需要有专门的机制来统一调配和管理资源，确保其能够最大化地发挥作用。还需要建立起行动协调机制，统一指挥各个部门和机构的行动，确保其有序、高效地开展应对工作。

在实施协调与合作策略时，还需要重视建立协同工作的文化和氛围。这需要各个部门和机构之间加强沟通和信任，建立起相互支持、相互理解的关系，形成一个团结协作、密切配合的团队。只有这样，才能够更好地应对各种紧急情况的挑战。

利用科技手段也可以有效地促进协调与合作。在现代社会，信息技术的发展为各个部门和机构之间的协作提供了新的途径和手段。例如，可以利用大数据技术对紧急情况进行预测和分析，及时发现问题并采取措施。还可以利用互联网和移动通信技术建立起实时的信息传递和协调平台，以便于各个部门和机构之间的即时沟通和协作。

建立有效的协调与合作策略需要各方的共同努力和支持。各级政府、各个部门和机构都应高度重视协调与合作，在平时加强沟通与联系，建立起长期稳定的合作关系，在紧急情况发生时能够迅速、有效地开展应对工作。只有通过各方的共同努力，才能够更好地应对各种紧急情况的挑战，保障人民的生命安全和财产安全。

（一）跨部门协调机制

在紧急情况下，跨部门协调机制的建立和完善至关重要。有效的协调和合作策略能够快速集结资源、优化决策流程、提高应急响应效率，最终减轻危机带来的损失。以下将从协调机制的建立、信息共享、资源整合、应急演练、决策流程、公众沟通等多个方面进行论述。

建立跨部门协调机制是应急管理的基础。明确各部门的职责和权限，制定详细的应急预案和操作手册，可以确保在紧急情况下各部门能够迅速响应。各部门需要有专门的联络员，负责日常的沟通和紧急时的协调工作。定期召开联席会议，讨论和更新应急预案，可以提升整体的应急管理水平。

信息共享是跨部门协调的关键。在紧急情况下，信息的及时、准确传递是决策的基础。各部门应建立统一的信息平台，确保信息能够快速传递和共享。平台应具备多渠道信息收集和发布功能，包括网络、电话、短信等，保证信息能够及时传达到所有相关人员。同时，建立信息审核机制，确保信息的真实性和准确性。

资源整合是提升应急响应能力的重要手段。各部门应建立资源清单，明确各类资源的储备情况和调用程序。在紧急情况下，通过统一调度和资源共享，可以最大限度地利用现有资源。资源整合不仅包括物资和设备，还应包括人力资源、技术支持和专业知识。

应急演练是提高跨部门协调能力的重要措施。定期组织模拟演练，检验和完善应急预案，可以提高各部门的应急响应能力。演练应涵盖不同类型的紧急情况，包括自然灾害、突发公共卫生事件、重大安全事故等。通过演练，发现问题和不足，及时进行调整和改进。

决策流程的优化是确保高效应急响应的保障。在紧急情况下，决策流程应简化和高效。建立应急指挥中心，集中决策和指挥，可以提高响应速度。各部门的主要负责人应常驻指挥中心，确保信息通畅和决策迅速。明确决策权限和程序，避免不必要的审批环节，确保决策的及时性和有效性。

公众沟通是应急管理的重要组成部分。在紧急情况下，通过媒体和社交网络及时发布信息，可以稳定公众情绪，减少恐慌。建立专门的新闻发布机制，确保信息发布的及时、准确和权威。通过公众教育，提高公众的应急意识和自救能力，可以有效减轻紧急情况带来的影响。

部门间的协同培训是提升跨部门协调能力的重要途径。各部门应定期组织联合培训，提升相关人员的应急管理知识和技能。培训内容应包括应急预案、信息共享、资源调度、决策流程等方面。通过培训，增强各部门之间的协作意识和能力。

技术支持是跨部门协调机制的重要保障。各部门应建立和维护应急管理信息系统，确保系统的稳定和安全。引入先进的技术手段，如大数据、云计算、人工智能等，可以提升应急管理的科技水平。技术支持不仅体现在信息系统建设，还应包括通讯设备、监测设备等方面的保障。

法律和政策支持是跨部门协调机制的重要基础。制定和完善相关法律法规和政策文件，为跨部门协调提供法律依据和政策支持。在紧急情况下，通过法律手段和政策措施，可以有效规范各部门的行为，确保应急管理工作的顺利进行。

评估和反馈机制是跨部门协调机制的完善手段。建立应急响应评估和反馈机制，通过事后总结和评估，发现和改进应急管理中的不足。评估应包括信息传递、资源调度、决策流程、公众沟通等方面。通过总结和评估，积累经验和教训，提高应急管理的整体水平。

跨部门协调机制在紧急情况下的作用不可忽视。通过建立完善的协调机制，提升信息共享和资源整合能力，优化决策流程和公众沟通，进行定期演练和培训，强化技术、法律和政策支持，可以有效提升应急管理的效率和水平。紧急情况下的协调与合作策略不仅是应对当前危机的需要，也是提升应急管理能力和水平的长期保障。

（二）社区参与与合作

建立有效的沟通渠道是社区参与与合作的关键。在紧急情况下，社区居民需要及时获取相关信息、指导和支持，而政府和相关机构也需要了解社区的需求和反馈。建立起畅通的信息传递渠道至关重要。这可以通过建立社区通讯网络、设立应急信息发布点、利用社交媒体等方式实现。例如，政府可以利用手机短信、社交媒体平台等向社区居民发布紧急情况下的警报和指导，同时设立应急信息发布点，方便居民获取相关信息。

开展社区教育和培训是提升社区参与与合作水平的有效途径。通过向社区居民提供相关培训和教育，可以提高他们的应急意识和应对能力，增强自我保护和互助意识，有效应对紧急情况。例如，政府可以定期组织社区居民参加急救、灾害防范、应急逃生等方面的培训课程，提升他们的安全意识和应对能力。

促进社区组织和志愿者的参与也是社区参与与合作的重要策略之一。社区组织和志愿者通常了解当地社区的情况和需求，具有丰富的社区资源和人力支持，可以在紧急情况下发挥重要作用。政府和相关机构可以与社区组织和志愿者建立合作关系，共同制定应对紧急情况的计划和行动方案，充分发挥他们在信息收集、救援、物资分发、心理援助等方面的作用。例如，在自然灾害发生时，政府可以与当地的社区组织和志愿者合作，共同开展救援和灾后重建工作，最大限度地减少灾害造成的损失和影响。

建立多层次、多方参与的应急管理体系也是提升社区参与与合作效果的关键。这包括建立起政府、社区组织、志愿者、企业等各方的协作机制和合作平台，形成一体化、高效的应急管理网络。例如，政府可以建立应急管理领导小组，吸纳社区组织和志愿者参与其中，共同制定应对紧急情况的政策和措施，提升整体应对能力。

1. 社区组织

社区组织应建立健全的应急机制和协调平台。在平时，社区组织可以与相关部门、机构建立合作关系，共同制定应急预案和协调机制，明确各方的职责和任务，并建立应急联系人和通讯渠道。在紧急情况发生时，社区组织可以迅速启动应急机制，召集各方参与应对行动，并通过协调平台实现信息共享、资源整合和行动协调，提高应对挑战的效率和效果。

社区组织应加强居民教育和意识提升。在平时，社区组织可以开展应急演练、宣传教育和培训活动，提高居民对于灾害、突发事件或危机的认识和应对能力。在紧急情况发生时，社区组织可以通过各种渠道向居民传达风险信息、安全提示和应对建议，引导居民采取正确的应对行动，减少损失和伤亡，并积极参与社区的应对行动。

社区组织应建立多元化的合作网络和资源共享机制。社区组织可以与其他社区组织、志愿者组织、民间团体、商业机构等建立合作关系，共同应对挑战、分享资源和信息，并搭建资源共享平台和志愿者服务平台，动员社区居民和其他利益相关者参与到应对行动中来。在紧急情况发生时，社区组织可以调动各方的力量和资源，迅速响应并应对挑战，提高社区的抵御力和应对能力。

社区组织应加强与政府和其他机构的合作与协调。社区组织可以与政府部门、公共机构、医疗机构等建立合作关系，共同制定应对策略和行动计划，明确各方的职责和任务，并建立信息共享和协调机制，确保各方之间的沟通和合作畅通无阻。在紧急情况发生时，社区组织可以积极参与政府和其他机构的应对行动，提供支持和协助，共同应对挑战、保障居民安全和社区稳定。

社区组织应重视技术和创新的应用。在平时，社区组织可以利用现代技术和信息化手段，建立数字化的协调平台和信息共享系统，提高信息的及时性和准确性，并利用大数据、人工智能等技术分析和预测风险，制定相应的应对策略。在紧急情况发生时，社区组织可以利用社交媒体、手机应用等渠道向居民传达信息、发布预警，并利用无人机、智能传感器等技术监测灾情、指导救援，提高应对挑战的效率和效果。

2. 社区培训

建立社区应急教育体系是一项关键策略。通过开展各类应急教育培训活动，向社区居民传授应对紧急情况的基本知识和技能，如自救、互救、紧急撤离等，可以提高居民的防范意识和自救能力。这需要社区政府、社会组织、学校等多方合作，共同策划和组织应急教育培训活动，确保其覆盖面和有效性。

加强社区与相关部门的协调与合作是实施社区培训的重要保障。社区居民在应对紧急情况时可能需要依靠相关部门的支持和协助，因此需要建立起社区与相关部门之间的紧密合作机制。例如，可以邀请消防部门、医疗机构等专业机构来为社区居民进行培训，提供专业知识和技能指导。同时，社区应建立起与这些部门的信息共享和资源调配机制，以便于在紧急情况发生时能够及时、有效地开展应对工作。

利用社区资源开展多样化的培训活动也是实施社区培训的重要途径之一。社区资源包括各类专业人才、设施设备、资金等，可以通过充分利用这些资源，开展多样化的培训活动，满足不同居民群体的需求。例如，可以邀请社区医生、消防员、心理咨询师等专业人士来为社区居民提供相关培训，以提高居民的应对紧急情况的能力。

在实施社区培训的过程中，还需要重视社区居民的参与和反馈。社区居民是应对紧急情况的第一责任人，因此需要他们积极参与培训活动，并提出自己的意见和建议，以便于更好地满足他们的需求。还可以通过开展模拟演练等方式，提高社区居民的应对紧急情况的实际操作能力，增强其应对紧急情况的信心和自信心。

建立健全的监督与评估机制是确保社区培训效果的重要手段。通过建立起社区培训的监督与评估机制，可以及时发现问题并采取措施加以解决，确保培训活动的质量和效果。这需要社区政府、社会组织等各方共同参与，共同监督和评估社区培训活动，以保障其顺利进行和取得预期效果。

第四节　决策与应对策略

一、紧急情况下决策的关键因素

信息的准确性和及时性是紧急情况下决策的关键因素之一。在面临危机时，领导者需要能够获得准确、全面的信息，以便做出正确的决策。信息的准确性决定了决策的正确性，而信息的及时性则决定了决策的时效性。领导者需要建立起有效的信息采集和分析机制，确保能够及时获取准确的信息，为决策提供有力支持。

风险评估和应对能力是紧急情况下决策的关键因素之一。在面临危机时，领导者需要能够快速、准确地评估风险，并制定相应的应对策略。这包括评估危机的影响程度、可能造成的损失和影响范围，以及制定相应的风险防范和控制措施。同时，领导者还需要具备应对危机的能力和经验，能够迅速、果断地采取行动，有效地应对危机挑战。

团队的凝聚力和执行力是紧急情况下决策的关键因素之一。在面临危机时，团队的凝聚力和执行力将直接影响决策的实施效果。领导者需要能够有效地调动团队成员的积极性和合作意识，形成统一的战斗力量，共同应对危机挑战。这包括建立起明确的责任分工和指挥体系，明确各个成员的职责和任务，确保团队的行动一致、有序。

领导者的决策能力和应对能力也是紧急情况下决策的关键因素之一。在面临危机时，领导者需要展现出坚定的决策力和果断的行动力，能够迅速做出正确的决策，并有效地指导团队行动。同时，领导者还需要有良好的应对能力，能够应对不同的危机情况，采取相应的措施，最大程度地减少损失和影响。

外部环境和政策法规也是紧急情况下决策的关键因素之一。在面临危机时，领导者需要考虑外部环境的影响和政策法规的约束，制定相应的决策和行动计划。这包括了解市场动态、竞争对手的行动、政府的政策和法规等方面的信息，以及制定相应的应对策略，确保决策的合法性和有效性。

（一）信息收集

在紧急情况下，信息收集是决策的关键因素之一，它直接影响着领导者和相关机构做出正确有效决策的能力。信息的准确性、及时性和全面性对于制定应对策略、资源调配和行动计划至关重要。建立有效的信息收集机制和渠道、获取并分析相关信息、以及及时更新和传递信息成为紧急情况下决策的重要前提。

建立有效的信息收集机制和渠道至关重要。这包括利用现代化技术和通讯手段，建立起多元化、多层次的信息收集网络，包括政府部门、社会组织、媒体、专家学者、志愿者等。例如，在自然灾害发生时，政府可以利用卫星遥感技术、气象监测设备等实时获取灾情信息，同时利用社交媒体平台、热线电话等向公众收集灾情反馈和求助信息。

及时获取并分析相关信息是决策的关键环节。在紧急情况下，信息的及时性对于制定正确的决策至关重要。领导者和相关机构需要建立起快速响应机制，及时收集、汇总和分析各类信息，把握事态的发展动态，以便做出迅速有效的决策。例如，在公共卫生危机期间，政府需要及时获取和分析疫情数据、医疗资源利用情况、社会心理反馈等信息，指导制定防控措施和应对策略。

确保信息的准确性和全面性也是决策的关键因素之一。在紧急情况下，信息的准确性对于制定正确的决策至关重要。领导者和相关机构需要审慎核实信息的来源和真实性，避免误导和错误判断。同时，也需要确保信息的全面性，尽可能收集各方面的信息，避免遗漏重要信息，从而影响决策的准确性和有效性。

除此之外，及时更新和传递信息也是决策的重要环节。在紧急情况下，信息的快速传递对于指导行动和协调资源至关重要。领导者和相关机构需要建立起高效的信息传递机制，及时更新和传递相关信息，确保各方及时了解最新的情况和指示。例如，在突发事件发生时，政府需要设立专门的信息发布渠道，及时向公众和相关部门发布事件的最新进展和应对措施，以便大家能够及时做出相应的反应和准备。

（二）分析评估

信息获取与分析是紧急情况下决策的关键因素之一。在面对突发事件或灾难时，及时获取准确的信息是做出正确决策的前提。决策者需要收集来自各种渠道的信息，包括现场观察、专家意见、科学数据和社会反馈等，以全面了解当前的情况和趋势。同时，决策者还需要对收集到的信息进行深入分析和评估，识别出关键问题和风险因素，并基于这些信息做出决策。

风险评估是紧急情况下决策的另一个关键因素。面对突发事件或灾难，决策者需要全面评估各种可能的风险和影响，包括人员伤亡、财产损失、社会动荡等，以及可能的应对措施和后果。风险评估需要考虑各种不确定性因素和潜在的风险来源，进行科学、客观的分析，并制定相应的风险管理策略和措施，以降低风险和减少损失。

资源调配是紧急情况下决策的另一个关键因素。在面对突发事件或灾难时，资源可能会出现紧缺或不足的情况，决策者需要合理调配和利用有限的资源，以满足应对挑战的需求。资源调配涉及人力、物资、资金、技术等方面的资源，需要根据实际情况和优先级进行优化配置，并确保资源的有效利用和最大化发挥。同时，决策者还需要考虑资源的持续供给和后续支持，以保障应对挑战的持续性和可持续性。

沟通协调是紧急情况下决策的另一个关键因素。在面对突发事件或灾难时，各个部门、机构或团体之间需要密切协作和沟通，共同应对挑战，并保障信息的畅通和资源的共享。决策者需要建立有效的沟通渠道和协调机制，确保信息的及时传递和准确理解，并促进各方之间的合作和协调。同时，决策者还需要积极参与多方沟通和协商，协调各方利益和需求，最大程度地凝聚共识，共同制定并执行应对策略。

灵活性和创新性也是紧急情况下决策的关键因素之一。面对突发事件或灾难，决策者需要灵活应对，不断调整策略和行动，以适应不断变化的局势和需求。同时，决策者还需要勇于创新，探索新的方法和技术，应对新的挑战和问题，并不断改进和完善应对策略，以提高应对挑战的效率和效果。

二、紧急情况下的应对策略

建立健全的预警系统是应对紧急情况的关键。预警系统可以及时发现紧急情况的发生和可能的发展趋势，提前采取措施以减少损失。这需要各级政府和相关部门加强监测和预警工作，建立起覆盖面广、反应迅速的预警系统，并确保预警信息的及时准确传达给相关单位和群众。

加强应急救援能力是应对紧急情况的重要保障。在紧急情况发生时，迅速展开救援行动可以挽救更多的生命和财产。需要加强救援队伍的建设和培训，提高其应对紧急情况的能力和效率。同时，还需要做好应急物资的储备和配送工作，确保在紧急情况发生时能够及时提供必要的救援物资。

加强社会组织和志愿者的参与是应对紧急情况的重要途径之一。社会组织和志愿者通常具有丰富的资源和经验，可以在紧急情况发生时提供及时的支持和帮助。需要政府和相关部门积极引导和组织社会组织和志愿者参与应对紧急情况的工作，并提供必要的支持和保障。

加强国际合作也是应对紧急情况的重要策略之一。许多紧急情况具有跨国性和跨区域性的特点，需要各国之间加强合作和协调才能有效解决。需要加强国际组织和机构之间的沟通和合作，共同应对紧急情况，共享信息和资源，最大限度地减少损失。

在实施应对策略的过程中，需要高度重视科技手段的运用。现代科技手段如卫星遥感、人工智能、大数据分析等可以提供及时、准确的信息支持，帮助决策者更好地应对紧急情况。需要政府和相关部门加强科技研发和应用，提高科技手段在紧急情况应对中的作用和效果。

应对紧急情况还需要建立健全的监督和评估机制。只有通过及时监督和评估，才能发现问题、总结经验、提出改进措施，不断提高应对紧急情况的能力和水平。需要建立起由政府、专家和社会公众组成的监督和评估机制，加强对应对紧急情况工作的监督和评估。

加强公众的应对意识和能力也是应对紧急情况的重要环节。公众是应对紧急情况的重要力量，其应对意识和能力直接影响着应对紧急情况的效果。需要通过开展各种宣传教育活动，提高公众的应对意识和能力，使他们能够在紧急情况发生时做出正确的应对和行动。

（一）预案实施

紧急情况下的预案实施需要建立起明确的指挥和协调体系。在危机发生时，领导者需要能够迅速做出决策，并指导团队采取相应的行动。建立起明确的指挥和协调体系非常重要。这包括明确各个部门和人员的职责和权限，建立起统一的指挥中心，确保信息的及时传递和指示的有效执行，以便组织能够迅速、有序地应对紧急情况。

紧急情况下的预案实施需要加强团队的培训和演练。在危机发生时，团队成员需要能够迅速、有效地应对挑战，这需要有足够的应对能力和应急反应能力。组织需要定期组织危机应对演练和培训，提高团队成员的应对能力和协同合作能力，确保他们能够熟练掌握预案，并在危机发生时迅速、有效地执行。

紧急情况下的预案实施需要建立起有效的信息共享和沟通机制。在危机发生时，信息的及时传递和共享非常重要，可以帮助团队成员了解情况、采取行动，并协同合作。组织需要建立起有效的信息共享和沟通机制，包括建立起信息发布平台、定期召开协调会议、设立紧急联系人等，以确保信息的及时传递和沟通畅通。

紧急情况下的预案实施需要灵活调整和适应变化。在危机发生时，情况往往会发生变化，需要根据实际情况灵活调整应对策略和措施。组织需要建立起灵活的应对机制，能够根据实际情况迅速调整和变化，确保应对策略的及时性和有效性。

紧急情况下的预案实施需要及时评估和总结经验。在危机发生后，组织需要及时对预案的实施效果进行评估和总结，发现问题和不足，并及时调整和改进。同时，还需要及时总结经验，积累应对危机的经验和教训，以提高组织的抗风险能力和危机处理能力，为未来的应对危机做好准备。

（二）应对策略的基本原则

应对紧急情况需要制定一套系统、科学的策略，以确保在突发事件中能够迅速、高效地进行应对。基本原则涵盖了从准备、响应、恢复到评估的各个阶段，每一个环节都至关重要。以下将详细论述紧急情况下应对策略的基本原则。

预防和准备是应对紧急情况的基础。预防措施包括风险评估、减灾规划和常规检查等。风险评估需要识别潜在的危机类型，评估其发生概率和可能的影响。通过这种方式，可以制定相应的预防措施和应急预案。常规检查则确保设施和设备的安全性和有效性，降低风险发生的可能性。

明确职责和分工是确保应对策略有效实施的前提。在紧急情况下，各部门和人员需要明确自己的职责和任务，确保应急响应有条不紊地进行。建立清晰的指挥体系和沟通渠道，确保信息传递的及时性和准确性。通过这种方式，可以避免职责不清、指令混乱等问题，提高应急响应的效率。

资源整合和优化配置是应对紧急情况的重要原则。在突发事件中，资源的有效调配和利用至关重要。建立资源清单，明确各种资源的储备情况和调用程序，可以在紧急情况下迅速动员和调配所需资源。同时，制定资源共享机制，确保各部门之间可以互相支援，最大化地利用现有资源。

信息的及时获取和共享是应对紧急情况的关键。建立高效的信息采集和传递系统，确保在突发事件中能够迅速获取准确的信息。通过信息共享平台，各部门可以实时了解事态发展，协调应对措施。信息透明也有助于稳定公众情绪，减少恐慌。

迅速反应和灵活应对是紧急情况中必须遵循的原则。在突发事件发生后，迅速启动应急预案，进行初步处置，防止事态进一步恶化。应急响应团队需要具备灵活应对的能力，根据实际情况调整应对策略，确保应急措施的针对性和有效性。

公众沟通和宣传教育是应对紧急情况中不可忽视的环节。在突发事件中，通过媒体和社交网络及时发布权威信息，可以引导公众正确应对。同时，平时的宣传教育可以提高公众的应急意识和自救能力，减少紧急情况带来的负面影响。

心理疏导和人文关怀是应对策略中需要重视的方面。突发事件可能会对受灾人员造成心理创伤，通过及时的心理干预和支持，可以帮助他们度过难关，恢复正常生活。对救援人员的心理关怀也同样重要，防止他们因长时间、高强度的工作而产生心理问题。

协调合作和跨部门联动是应对紧急情况的必要条件。突发事件往往涉及多个部门和领域的协调合作，只有通过紧密的协作，才能实现高效应对。建立联动机制，明确各部门的职责和协作方式，确保在紧急情况下能够快速形成合力。

科技支撑和创新应用是提升应急管理能力的重要手段。通过引入先进的技术手段，如大数据、人工智能、无人机等，可以提升信息采集、传递和处理的效率，优化应急响应的决策和行动。科技手段不仅可以提高应急响应的速度和准确性，还可以为后期的评估和改进提供数据支持。

法律法规和政策保障是应对紧急情况的制度基础。制定和完善相关法律法规和政策文件，为应急管理提供法律依据和政策支持。通过法律手段和政策措施，可以规范各部门的行为，确保应急响应的合法性和规范性。

评估和改进是应对策略闭环管理的重要环节。在突发事件结束后，通过系统的评估和总结，可以发现应急管理中的不足和问题，提出改进措施。评估应包括信息采集、资源调配、应急措施、公众沟通等方面，通过总结经验和教训，不断完善应急预案，提高应急管理的整体水平。

1. 安全优先

在紧急情况下，安全优先的应对策略至关重要。这不仅关乎生命财产的保护，更是危机管理的核心原则。有效的应对策略需要从多个角度综合考虑，以确保在紧急情况下最大限度地减少损失和危害。

预防和准备是应对紧急情况的基石。制定全面的应急预案是首要任务。预案应包括详细的风险评估、应对措施、资源配置和责任分工。定期更新预案，确保其符合最新的风险形势和技术发展。同时，开展应急演练和培训，提高全体人员的应急意识和技能，确保在危机来临时能够迅速反应。

信息的及时传递和共享是保障安全的关键。建立高效的信息传递机制，确保在紧急情况下信息能够迅速传达到所有相关方。使用多种通讯手段，如无线电、卫星电话、应急广播等，确保信息传递的可靠性和及时性。设立专门的信息管理团队，负责信息的收集、分析和发布，避免信息混乱和误导。

资源的有效配置和利用是应对紧急情况的重要环节。建立全面的资源清单，包括人力、物资、设备等，并明确其调配程序。在危机发生时，通过统一指挥和调度，快速集结和合理分配资源，确保应急行动的顺利进行。应急物资的储备和更新也至关重要，确保关键物资在需要时能够迅速到位。

组织架构的明确和高效是应急响应的保障。建立统一的应急指挥中心，集中决策和协调，确保各部门行动一致。指挥中心应由具有应急管理经验的领导担任，负责整体协调和指挥。各部门的职责和权限应明确划分，避免因职责不清导致的推诿和延误。

公众沟通和教育是应对紧急情况的必要措施。在危机发生时，通过媒体和社交网络及时发布信息，指导公众采取正确的应对措施，避免恐慌和误导。平时通过宣传教育，提高公众的应急意识和自救互救能力，是减少危机损失的重要手段。制定详细的公众沟通计划，确保信息发布的权威性和及时性。

技术支持是应急管理的重要工具。采用先进的技术手段，如大数据分析、地理信息系统（GIS）、无人机等，可以提高应急响应的效率和准确性。建立完善的应急管理信息系统，实现信息的实时共享和联动，提高整体应急管理的科技水平。确保通讯设备和网络的稳定运行，保证信息传递的畅通。

法律和政策的保障是应急管理的基础。制定和完善相关法律法规和政策文件，为应急管理提供法律依据和政策支持。在紧急情况下，通过法律手段和政策措施，规范各部门和公众的行为，确保应急管理工作的顺利进行。法律法规应明确各级政府和部门的职责，保障资源调配和人员动员的顺利进行。

心理疏导和支持是应对紧急情况的人文关怀。危机事件往往会对受灾人员和救援人员造成心理创伤，及时的心理疏导和支持可以帮助他们恢复正常生活和工作。建立专业的心理疏导团队，提供心理咨询和支持服务。通过心理疏导，帮助受灾人员走出心理阴影，重建生活信心。

国际合作和经验交流是提升应急管理水平的重要途径。在全球化背景下，许多危机事件具有跨国性质，加强国际合作和经验交流，可以提升应急管理的整体水平。参加国际应急管理组织和会议，学习借鉴国际先进经验和技术，提升自身的应急管理能力。建立跨国应急联动机制，共享信息和资源，协同应对跨国危机。

评估和总结是完善应急管理的必要环节。在紧急情况结束后，及时进行评估和总结，分析应急响应中的经验教训，不断改进和完善应急预案和管理机制。评估应包括应急预案的执行情况、资源调配的效率、信息传递的及时性等方面。通过总结和评估，积累应急管理经验，提高未来应对危机的能力。

2. 效率迅速

在紧急情况下，高效迅速的应对策略是减少损失、保障安全的重要手段。通过精细的准备、灵活的执行、及时的信息传递和有效的资源调度，可以显著提高应急响应的效果。

预先规划和准备是应对紧急情况的基础。详细的应急预案和操作手册应涵盖各种可能的紧急情景，包括自然灾害、突发公共卫生事件、重大安全事故等。定期评估和更新预案，确保其与最新的风险评估和科技发展相适应，是提升应急准备水平的关键。

建立快速反应的应急指挥系统至关重要。指挥系统应具有灵活性和高效性，能够迅速集结相关人员和资源。设立应急指挥中心，集中指挥和协调，能够确保各部门的快速响应和统一行动。指挥中心应配备先进的通讯和信息系统，确保信息的快速传递和处理。

信息传递的迅速准确是紧急情况下决策和行动的基础。建立多渠道的信息传递机制，包括网络、电话、无线电等，确保信息能够及时传达到所有相关人员。信息的审核和发布机制应确保信息的真实性和准确性，避免误导和混乱。

资源调度和整合是应急响应中的重要环节。各部门应建立资源清单，明确各类资源的储备情况和调用程序。在紧急情况下，通过统一调度和资源共享，可以最大限度地利用现有资源，提高应急响应的效率。资源调度不仅包括物资和设备，还应包括人力资源、技术支持和专业知识。

应急演练和培训是提高应急响应能力的重要措施。定期组织模拟演练，检验和完善应急预案，能够提高各部门的应急响应能力。演练应涵盖不同类型的紧急情况，通过演练发现问题和不足，及时进行调整和改进。应急培训应包括预案的执行、信息传递、资源调度等方面，提升相关人员的知识和技能。

公众沟通和教育是紧急情况下的重要组成部分。通过媒体和社交网络及时发布信息，可以稳定公众情绪，减少恐慌。建立专门的新闻发布机制，确保信息发布的及时、准确和权威。通过公众教育，提高公众的应急意识和自救能力，可以有效减轻紧急情况带来的影响。

技术支持是提高应急响应效率的重要保障。各部门应建立和维护应急管理信息系统，确保系统的稳定和安全。引入先进的技术手段，如大数据、云计算、人工智能等，可以提升应急管理的科技水平。技术支持不仅体现在信息系统建设，还应包括通讯设备、监测设备等方面的保障。

法律和政策支持是应急管理的重要基础。制定和完善相关法律法规和政策文件，为应急管理提供法律依据和政策支持。在紧急情况下，通过法律手段和政策措施，可以有效规范各部门的行为，确保应急管理工作的顺利进行。

跨部门协调和合作是提高应急响应效率的关键。建立跨部门协调机制，明确各部门的职责和权限，确保各部门能够迅速响应和有效协作。定期召开联席会议，讨论和更新应急预案，可以提升整体的应急管理水平。

评估和反馈机制是应急管理的重要环节。建立应急响应评估和反馈机制，通过事后总结和评估，发现和改进应急管理中的不足。评估应包括信息传递、资源调度、决策流程、公众沟通等方面。通过总结和评估，积累经验和教训，提高应急管理的整体水平。

文化建设和组织管理也是应急管理中的重要因素。培养各部门和全体人员的应急意识和责任感，建立良好的团队合作和协作氛围，可以提高应急响应的效率。加强组织管理，提升应急指挥和协调能力，是保障应急管理有效性的基础。

第五节　危机沟通与公关

一、危机沟通的基本原则

（一）及时性

及时性在危机沟通中的必要性不言而喻。危机事件往往来势迅猛，影响广泛，迅速传递准确的信息能够有效遏制谣言的扩散，减少公众的恐慌情绪。及时的信息传递不仅能够帮助受影响的人群迅速采取适当的行动，还能展示组织的责任感和应对能力，增强公众的信任感。

在实现及时性的过程中，预先制定完善的危机沟通计划是关键。一个详尽的计划应包括各种可能的危机情景及其应对策略，明确沟通的责任人、流程和渠道。定期进行危机演练，确保相关人员熟悉应急程序，能够在危机发生时快速响应。

信息管理是实现及时性的重要环节。在危机发生后，快速收集和核实信息至关重要。建立高效的信息收集和处理系统，可以确保信息的准确性和及时性。同时，信息发布前的审核机制必须简化，以便迅速发布已核实的信息。

组织内部的协调和沟通同样至关重要。危机发生时，各部门应协同作战，确保信息传递的畅通和一致。设立专门的危机应对小组，集中指挥和决策，可以提高沟通的效率和效果。明确各部门的职责和权限，确保信息在内部的快速传递和反馈。

媒体策略在危机沟通中扮演着重要角色。与媒体建立良好的合作关系，确保在危机发生时能够通过媒体快速传递信息。组织应保持与媒体的密切联系，提供及时、准确的信息，避免信息真空和媒体猜测。通过新闻发布会、新闻稿、媒体采访等多种形式，及时向公众传递权威信息。

社交媒体在现代危机沟通中具有重要地位。利用社交媒体平台，可以实现信息的快速传递和广泛传播。组织应建立和维护官方社交媒体账号，确保在危机发生时能够迅速发布信息，回应公众关切。社交媒体的互动性也为组织与公众之间的双向沟通提供了便利。

公众教育是提高危机沟通效果的长期策略。通过平时的教育和宣传，提高公众的危机意识和应对能力，使其在危机发生时能够冷静应对。制定和发布危机应对指南，向公众普及危机处理的基本知识和方法，可以减少危机发生时的混乱和恐慌。

危机沟通的透明度与及时性密切相关。信息的公开和透明有助于建立和维护公众的信任。在信息发布过程中，组织应尽量全面、真实地披露情况，避免隐瞒和误导。透明的沟通不仅可以稳定局势，还能增强公众对组织的信任和支持。

在危机沟通中，领导者的角色至关重要。领导者应在第一时间站出来，向公众传递信息，展示组织的应对决心和信心。领导者的言行对公众的信心和情绪具有重要影响，及时的沟通和果断的行动可以有效安抚公众情绪。

评估和反馈机制在危机沟通后期同样重要。在危机应对结束后，进行全面的评估，总结经验教训，改进危机沟通策略，可以提高未来的应对能力。收集公众和媒体的反馈，了解信息传递的效果和不足，及时进行调整和改进。

通过以上多个方面的探讨，可以看出，及时性在危机沟通中具有重要的地位和作用。通过完善的危机沟通计划、高效的信息管理、有效的组织协调、积极的媒体策略、社交媒体的利用、公众教育、信息透明度、领导者的作用以及评估和反馈机制，可以实现及时、准确的信息传递，提高危机应对的效率和效果。及时性的原则不仅是应对当前危机的需要，也是提升组织整体危机管理能力的重要保障。

（二）真实性

危机沟通是应对突发事件和管理公众情绪的重要手段，其成功与否直接关系到危机的处理效果。真实性是危机沟通的核心原则，贯穿于整个沟通过程。坚持真实、透明和负责任的沟通方式，有助于赢得公众信任，减轻危机带来的负面影响。以下从真实性的内涵、实施策略、面临的挑战等方面详细论述危机沟通的基本原则。

真实性在危机沟通中的内涵体现在信息的准确性和可靠性上。在危机发生时，各方关心的是真实情况和事件的来龙去脉。提供准确的信息可以减少谣言和误解，帮助公众理性应对危机。危机管理者应尽可能全面、客观地收集和传递信息，避免夸大或隐瞒事实。

及时性是危机沟通中的关键要素，确保信息在第一时间传递给公众。危机发生初期，信息不对称容易导致恐慌和混乱。危机管理者应在最短时间内发布初步信息，并承诺在获得更多细节后进行更新。这种及时的信息发布，可以稳定公众情绪，减少不必要的恐慌。

透明度是增强沟通真实性的重要保障。危机沟通需要公开信息的来源和依据，确保信息的透明和可验证性。通过公开透明的信息发布，公众可以了解信息的真实性和权威性，从而提高对危机处理的信任度。信息发布过程中的透明度也体现了组织的诚意和责任感。

责任感是危机沟通中不可或缺的品质。危机管理者在沟通过程中应表现出对事件负责的态度，主动承担责任，而不是推卸或掩盖问题。通过展示责任感，可以树立组织的形象，增强公众对危机处理的信心。

一致性是危机沟通中保证真实性的原则。各级部门和相关人员应保持信息的一致，避免出现前后矛盾或相互矛盾的情况。这需要在信息发布前进行充分的沟通和协调，确保所有发布的信息来源一致，内容统一。

开放性是危机沟通的重要原则之一。危机管理者应鼓励公众提问和反馈，主动听取不同意见和建议。通过开放的沟通渠道，可以获得更多的信息和视角，有助于全面了解危机的各个方面，并做出更科学合理的决策。

灵活性在危机沟通中同样重要。危机形势瞬息万变，沟通策略也需根据实际情况灵活调整。信息发布和沟通内容应随事态发展而变化，既要及时更新信息，又要应对公众关切，提供有针对性的回应。

媒体关系的管理是危机沟通中至关重要的一环。媒体是信息传播的重要渠道，危机管理者应与媒体保持良好的合作关系，利用媒体的影响力扩大信息的传播范围。通过向媒体提供真实、及时的信息，可以引导舆论，减少不实报道和谣言传播。

危机沟通中的情感共鸣是增强信息真实性的有效手段。在信息发布中注入情感因素，可以增加信息的亲和力和感染力，拉近与公众的距离。通过表达同情、理解和关怀，可以获得公众的情感认同，增强信息的可信度。

多样化的沟通渠道是确保信息覆盖面的必要条件。危机沟通不仅要依靠传统媒体，还应充分利用社交媒体、自媒体等新兴渠道。不同渠道的综合运用，可以确保信息传递的广泛性和及时性，满足不同群体的需求。

应急预案和演练是危机沟通中确保真实性的基础工作。通过制定详细的应急预案和定期演练，可以在危机发生时迅速启动信息发布机制，确保信息的真实性和及时性。应急演练可以发现预案中的不足，并进行改进和完善。

信任建设是危机沟通长期效果的体现。通过持续的真实和透明的沟通，可以逐步建立和巩固公众对组织的信任。信任的建立不是一朝一夕的，需要长期的积累和维护，而一旦失去信任，恢复起来则非常困难。

危机后评估和总结是提高未来沟通效果的关键步骤。危机结束后，进行全面的评估和总结，分析沟通过程中的得失，可以为未来的危机应对提供宝贵经验。通过不断总结和改进，可以逐步提升危机沟通的专业水平和实际效果。

危机沟通的培训和教育是提升整体应对能力的重要手段。通过定期的培训和教育，可以提高相关人员的危机沟通技能和应变能力，确保在危机发生时能够从容应对，提供真实、及时的信息。

二、危机公关策略与实施

（一）危机公关策略

在现代社会，危机公关策略对于企业和组织的生存与发展至关重要。危机不仅会对企业的运营产生重大影响，更会对其声誉造成不可估量的损害。制定和实施有效的危机公关策略，可以帮助企业在危机中迅速反应、控制局面、修复形象，从而渡过难关。

危机预防是危机公关的第一步。企业应建立完善的风险管理体系，定期进行风险评估，识别潜在的危机源。通过建立预警机制，企业可以在危机爆发前采取措施，避免或减轻危机的影响。预防性措施包括制定详细的危机预案，明确各部门的职责和应对流程，确保在危机发生时能够迅速动员和反应。

信息管理是危机公关的核心。在危机发生的初期，信息的传递和管理至关重要。企业应迅速成立危机处理小组，集中管理信息发布和沟通工作。确保信息传递的及时、准确和一致，可以避免谣言和误导信息的传播。危机处理小组应包括公关、法律、技术等方面的专家，确保在信息发布过程中兼顾各方面的因素。

快速反应是有效危机公关的关键。当危机发生时，企业必须迅速采取行动，避免事态恶化。第一时间向公众和媒体发布声明，表明企业已经意识到问题并正在采取措施处理。及时的反应可以减少公众的猜疑和不满，赢得一定的信任和支持。在声明中，企业应坦诚面对问题，避免推卸责任或掩盖事实。

危机公关策略还应包括与利益相关者的沟通。危机发生时，企业的员工、客户、供应商、合作伙伴等都是重要的利益相关者。企业应通过多种渠道，与这些群体保持密切沟通，传递危机处理的最新进展，安抚他们的情绪。通过透明、开放的沟通，企业可以维持利益相关者的信任，减少危机对业务的冲击。

媒体关系管理是危机公关中不可或缺的一部分。媒体是信息传播的重要途径，企业应积极与媒体保持沟通，争取正面报道。定期组织新闻发布会，邀请媒体采访，提供第一手资料，可以引导舆论方向。企业应尊重媒体的采访权利，及时、准确地回应媒体的提问，避免与媒体产生对立情绪。

社会责任和形象修复是危机公关的后续步骤。在危机得到控制后，企业应积极履行社会责任，通过实际行动修复形象。例如，企业可以开展公益活动、捐款捐物、支持社会事业，展示企业的责任感和担当。同时，通过与媒体和公众的持续沟通，逐步恢复企业的声誉和信任。

内部管理和文化建设也是危机公关的重要环节。危机往往暴露出企业内部管理和文化上的问题，企业应在危机后进行反思和改进。通过加强内部管理、完善制度、提升员工素质，可以增强企业的抗风险能力，避免类似危机的再次发生。企业文化的建设也至关重要，培养员工的危机意识和团队精神，可以在未来的危机中发挥重要作用。

数据和技术支持是现代危机公关不可或缺的手段。通过大数据分析、舆情监测等技术手段，企业可以及时掌握公众和媒体的反应，调整公关策略。建立完善的信息系统，确保危机期间的信息传递和管理，可以提高危机处理的效率和效果。技术支持不仅体现在信息管理方面，还应包括危机处理过程中的技术保障，如网络安全、数据保护等。

法律和合规管理是危机公关中的重要因素。危机处理过程中，企业应遵循相关法律法规，避免因违法违规行为加剧危机。法律部门应参与危机处理的全过程，提供法律意见和支持，确保企业的行为合法合规。通过法律手段保护企业的权益，解决争议，可以减少危机的负面影响。

评估和改进是危机公关的总结和提升环节。在危机结束后，企业应对整个危机处理过程进行全面评估，总结经验教训。评估应包括危机预防、信息管理、反应速度、沟通效果、媒体关系、社会责任等方面。通过总结和评估，发现问题和不足，及时进行改进和提升，为未来的危机公关积累经验。

1. 预案制定

在现代社会，预案制定和危机公关策略是组织管理中至关重要的组成部分。有效的危机公关策略不仅能帮助组织在危机中保持声誉，还能通过迅速应对和透明沟通，降低危机对组织造成的负面影响。

预案制定是危机管理的基础。明确潜在风险和危机源头是制定有效预案的第一步。通过风险评估，识别出可能威胁组织的各种因素，包括自然灾害、技术故障、管理失误、外部攻击等，能够为制定针对性的应急预案提供依据。

预案内容应详细和可操作化。每个预案都应包含具体的应急措施、行动步骤和责任分配。设立应急小组，明确各成员的职责和任务，确保在危机发生时能够迅速响应和高效运作。应急预案还应涵盖危机的不同阶段，从危机前的预防措施到危机中的应急响应，再到危机后的恢复和评估。

定期演练是确保预案有效性的关键。通过模拟演练，检验和完善应急预案，能够提高组织应对危机的能力。演练应尽可能贴近真实情境，涵盖不同类型的危机场景，通过演练发现预案中的漏洞和不足，及时进行调整和改进。

危机发生时，迅速反应是第一要务。建立快速反应机制，确保在危机发生的第一时间能够启动应急预案，调动资源和人员进行紧急处理。应急小组应立即进入工作状态，迅速评估危机状况，制定初步的应对方案，及时采取措施控制危机蔓延。

信息管理在危机公关中起着至关重要的作用。信息的迅速、准确传递是危机决策的基础。建立统一的信息发布渠道，确保信息的及时性和一致性，避免信息混乱和谣言传播。信息发布应包括事实陈述、应对措施、未来计划等，确保公众能够及时了解危机的最新进展和组织的应对举措。

危机沟通策略需要透明和坦诚。面对危机，组织应以开放的态度与公众和媒体进行沟通。通过及时、准确的信息发布和新闻发布会，传达组织的真实情况和应对措施，避免信息不对称和猜测。透明的沟通不仅能增强公众对组织的信任，还能有效缓解危机带来的负面影响。

社交媒体在现代危机公关中扮演着重要角色。组织应充分利用社交媒体平台，及时发布信息和回应公众关切。通过社交媒体与公众进行互动，解答疑问、回应关切，能够迅速传递信息，增强危机沟通的效果。同时，密切监控社交媒体上的舆情，及时发现和应对负面言论，防止谣言扩散。

建立危机评估和反馈机制是危机管理的必要环节。危机结束后，通过总结和评估，分析危机应对的效果，发现和改进不足之处。评估应包括危机应对的各个方面，如信息管理、资源调度、沟通策略等。通过评估积累经验和教训，提高组织的危机管理能力。

人员培训和素质提升是危机管理的保障。定期组织员工培训，提高全员的危机意识和应对能力。培训内容应涵盖危机预案、应急措施、沟通技巧等，通过培训提高员工的应急反应能力和心理素质，确保在危机发生时能够从容应对。

危机预防是危机管理的前置措施。通过制定和实施有效的风险管理策略，减少危机发生的可能性。风险管理应包括日常监测、风险评估、预防措施等，通过系统的风险管理，提高组织的安全性和稳定性。

法律和政策支持在危机管理中不可或缺。制定和完善相关法律法规和政策文件，为危机管理提供法律依据和政策支持。在危机发生时，通过法律手段和政策措施，规范和指导组织的应对行为，确保危机管理的合法性和有效性。

组织文化和团队建设是危机公关的长期保障。通过建立良好的组织文化，增强团队的凝聚力和战斗力，可以在危机中迅速形成合力，高效应对。团队的合作精神、沟通能力和应急反应能力，是危机公关成功的关键因素。

2. 内部沟通

内部沟通是危机公关策略中的关键组成部分，在危机管理中扮演着至关重要的角色。有效的内部沟通能够确保组织内部信息传递的及时性和准确性，提升员工的协同合作能力，从而为外部公关提供坚实的基础。内部沟通策略需要包括信息传递、员工培训、领导力展示、反馈机制等多个方面，以全面提升组织的危机应对能力。

建立高效的信息传递机制是内部沟通的基础。危机发生时，信息的及时传递至关重要。应设立专门的危机沟通小组，负责统一管理和协调信息的收集、处理和传递。制定明确的信息传递流程，确保各部门能够迅速获得准确的信息。利用内部邮件、即时通讯工具、内部公告等多种渠道，保证信息能够覆盖到每一位员工。

员工培训是提升内部沟通效果的重要手段。通过定期的危机管理培训，提升员工的危机意识和应对能力，使其能够在危机发生时冷静、迅速地采取正确行动。培训内容应包括危机预案、应急操作流程、信息传递要求等，确保每位员工都能明确自己的职责和行动步骤。

领导力在内部沟通中起着至关重要的作用。危机发生时，领导者应第一时间站出来，向全体员工传递信息，展示组织的应对决心和信心。领导者的言行对员工士气和信心具有重要影响，果断的决策和积极的沟通能够有效安抚员工情绪，增强团队凝聚力。

透明度是内部沟通的重要原则。信息的公开和透明有助于建立员工的信任和支持。在信息发布过程中，应尽量全面、真实地披露情况，避免隐瞒和误导。透明的沟通不仅可以稳定内部局势，还能增强员工对组织的信任和支持，形成合力应对危机。

建立有效的反馈机制是内部沟通的重要环节。在危机应对过程中，收集和分析员工的反馈意见，了解信息传递的效果和存在的问题，及时进行调整和改进。通过内部调查、员工座谈会、意见箱等方式，鼓励员工积极反馈意见，提升沟通的互动性和有效性。

危机公关策略中，部门间的协同合作至关重要。各部门应明确各自的职责和权限，确保信息的传递和协调工作高效顺畅。通过设立跨部门协调小组，定期召开协调会议，可以提高部门间的协同作战能力，确保在危机发生时能够迅速联动、统一行动。

技术支持是内部沟通的有力保障。利用现代信息技术手段，如企业内部网、视频会议系统、应急通讯工具等，可以提升信息传递的效率和覆盖面。确保通讯设备的稳定和安全，建立备用通讯方案，防止在危机情况下信息传递中断。

员工的心理疏导在危机公关中也不容忽视。危机发生时，员工可能面临巨大的心理压力和情绪波动。通过设立心理疏导热线、开展心理辅导讲座等方式，帮助员工缓解压力、稳定情绪，提升其应对危机的心理素质。

文化建设在内部沟通中起到潜移默化的作用。通过平时的文化建设，培养员工的危机意识和团队精神，使其在危机发生时能够自觉地团结协作，共同应对挑战。建立开放、信任的企业文化，鼓励员工在日常工作中积极沟通和合作，为危机公关奠定坚实的文化基础。

评估和改进是内部沟通策略的持续保障。在危机应对结束后，进行全面的评估，总结经验教训，改进内部沟通策略，可以提升未来的危机应对能力。评估应包括信息传递的及时性、透明度、员工的反馈和参与度、部门间的协同合作等方面，通过总结和改进，不断提升内部沟通的效果。

（二）危机公关的执行步骤

危机公关的执行步骤对于维护企业形象、减少负面影响至关重要。有效的危机公关不仅可以缓解突发事件带来的压力，还能在一定程度上将危机转化为机会。以下从危机识别、危机评估、策略制定、信息发布、行动实施、效果评估和危机后的恢复与改进等方面详细论述危机公关的执行步骤。

危机识别是危机公关的起点。企业需要建立完善的危机预警系统，随时监测内外部环境的变化，识别潜在的危机信号。这一系统应包括对媒体、社交网络、客户反馈等多渠道信息的收集和分析，通过数据分析和专业判断，及时发现可能引发危机的因素，并作出初步判断。

接下来，危机评估是制定公关策略的基础。在识别到潜在危机后，企业需要迅速评估危机的性质、范围、影响程度和发展趋势。这包括对危机的来源、受影响的利益相关者、可能的后果等方面进行全面分析。通过科学的评估，可以确定危机的严重性和紧迫性，从而为后续的公关策略提供依据。

制定公关策略是危机管理的核心环节。根据危机评估结果，企业需要制定具体的应对方案。策略的制定应考虑到危机的不同阶段，涵盖短期应急措施和长期恢复计划。关键是要明确目标、确定主要信息、选择适当的沟通渠道和方式。策略应具有灵活性，以便根据事态的发展进行调整和优化。

信息发布是危机公关中的关键步骤。在危机爆发的初期，迅速、准确的信息发布可以有效控制局面，防止谣言和误解的传播。企业应第一时间通过新闻发布会、媒体声明、社交网络等多种渠道向公众发布权威信息。信息发布应真实、透明，避免隐瞒或夸大事实，确保信息的可信度和公正性。

行动实施是危机公关策略的落地环节。企业根据制定的应对方案，迅速组织资源，实施具体的行动。包括与媒体沟通、安抚受影响的利益相关者、解决实际问题等。在这一过程中，企业应保持高效的内部协调和外部沟通，确保各项措施有序推进，并及时反馈进展情况。

效果评估是检验公关策略成效的重要手段。危机处理过程中和结束后，企业需要对公关活动的效果进行全面评估。评估内容包括媒体报道的广度和深度、公众和客户的反馈、企业形象的变化等。通过数据分析和调查研究，可以了解公关措施的实际效果，总结经验教训。

危机后的恢复与改进是危机管理的最后一步。在危机基本平息后，企业需要着手恢复正常运营，并进行深入反思和改进。首先是恢复企业形象和信誉，可以通过积极的宣传和市场推广活动，重建公众和客户的信任。其次是改进内部管理和危机预警机制，修订应急预案，提升企业的危机应对能力，防止类似事件再次发生。

培训和演练是提升危机公关水平的重要措施。企业应定期组织危机公关培训，提高员工的危机意识和处理技能。同时，开展模拟演练，检验应急预案的可行性和有效性，通过演练发现问题并进行改进，确保在真实危机中能够从容应对。

建立强大的媒体关系是危机公关的有力支持。企业应平时与媒体保持良好的互动和合作，建立互信关系。在危机时刻，媒体可以成为企业的信息传播渠道和形象维护的帮手。通过向媒体提供真实、及时的信息，企业可以引导舆论，减少负面影响。

公众关系的维护在危机公关中同样重要。企业应关注公众情绪，采取适当措施安抚和回应公众关切。通过社会责任活动、公益项目等方式，提升企业的社会形象，增强公众对企业的认同感和支持度。

法律支持和风险管理也是危机公关中不可或缺的部分。在危机处理过程中，企业应依法依规，尊重法律和道德规范。同时，加强风险管理，建立健全的风险控制体系，防范可能引发危机的各类风险。

科技手段的运用可以提升危机公关的效率和效果。现代信息技术，如大数据分析、社交媒体监测、舆情管理系统等，可以帮助企业及时发现危机信号，快速响应和处理危机，提高公关活动的精准性和有效性。

危机公关的执行步骤贯穿了从识别、评估、制定策略、信息发布、行动实施、效果评估到恢复与改进的全过程。每一个步骤都是危机管理的重要环节，缺一不可。只有通过系统、科学的危机公关策略，企业才能在危机中保持镇定，迅速应对，最终化危为机，增强企业的抗风险能力和长期竞争力。

1. 信息收集

明确信息收集的目标和范围。在危机发生后，企业需要明确信息收集的目的是什么，需要收集哪些类型的信息，以及信息的范围和深度。目标的明确有助于信息收集工作的有序进行，避免信息收集过程中的盲目性和混乱性。

建立信息收集的渠道和机制。信息可以从多个渠道获取，包括媒体报道、社交媒体、内部员工、关键利益相关者等。企业应建立多种信息收集的渠道和机制，确保信息的全面性和及时性。可以通过设立信息收集团队、建立信息收集系统等方式，提高信息的收集效率和质量。

及时收集、整理和分析信息。在危机发生后，企业应立即启动信息收集工作，迅速收集到各种渠道的信息。收集到的信息需要及时进行整理和归类，以便后续分析和决策。同时，对收集到的信息进行深入分析，识别其中的关键信息和问题点，为危机应对提供有力支持。

建立信息沟通和共享机制。在信息收集过程中，需要确保信息的及时沟通和共享。建立信息沟通和共享机制，可以让相关部门和人员及时了解最新的信息进展，协调一致的应对措施。可以通过定期召开信息共享会议、建立信息共享平台等方式，促进信息的流通和共享。

注重信息的真实性和可靠性。在信息收集过程中，需要严格把控信息的真实性和可靠性，避免受到不实信息的干扰和误导。可以通过多方渠道交叉验证信息的真实性，比如从多个来源获取信息、核实关键信息的准确性等方式，提高信息的可信度和可靠性。

重视敏感信息的收集和处理。在危机公关中，某些信息可能具有敏感性，对企业的声誉和利益造成较大影响。企业需要重视敏感信息的收集和处理，采取适当的保密措施，避免敏感信息泄露给外界。可以建立专门的敏感信息处理机制，对敏感信息进行严格管控和保护。

不断改进信息收集工作。信息收集是一个动态的过程，需要不断改进和完善。企业可以定期评估和总结信息收集工作的效果和不足，发现问题和改进空间，及时调整和优化信息收集的策略和方法。通过持续改进，提高信息收集的效率和质量，为危机应对提供更好的支持。

2. 信息评估

收集信息是信息评估的第一步。在危机发生后，组织应立即启动信息收集机制，通过各种渠道收集与危机相关的信息。这些信息可能包括事件发生的时间、地点、原因、影响范围、受众反应等，还包括媒体报道、社交媒体评论、公众舆情等多方面内容。

筛选信息是信息评估的关键环节。在收集到大量信息后，需要对信息进行筛选和分类，区分出对危机处理具有重要参考价值的信息。这些信息可能包括与危机事件相关的事实、误解、谣言、公众情绪等，需要根据其重要性和可信度进行排序和归类。

接下来，分析信息是信息评估的核心步骤。通过对收集到的信息进行综合分析和评估，了解危机事件的全貌和发展趋势。分析信息时，需要考虑信息的来源、可信度、真实性、一致性等因素，辨别真假信息，找出危机事件的主要影响因素和关键节点。

然后，评估信息是信息评估的重要环节。根据分析结果，评估危机事件对组织的影响程度和可能引发的后果，以及公众对危机事件的态度和情绪。评估信息时，需要考虑危机事件的严重性、持续时间、影响范围等因素，为制定后续公关策略提供科学依据。

接着，制定应对策略是信息评估的直接结果。根据信息评估的结果，组织应制定相应的危机公关应对策略。这些策略可能包括公开道歉、信息澄清、责任追究、赔偿安抚等多种形式，针对不同情况采取不同措施，以最大限度地减少危机对组织的负面影响。

执行应对策略是信息评估的关键环节。在制定了应对策略后，组织应迅速行动，执行相关措施，以应对危机事件的发展。执行应对策略时，需要确保信息的准确性和一致性，及时向公众和媒体发布相关信息，积极回应公众关切，控制危机局势的进展。

监测反馈是信息评估的持续性工作。在执行应对策略后，组织应密切监测危机事件的发展动态和公众舆情的变化，及时调整和优化公关策略。监测反馈的过程中，需要及时收集和分析各方反馈信息，评估危机处理的效果和公众对组织的态度，为后续公关工作提供参考和指导。

3. 沟通计划

危机公关是组织应对突发事件和管理外部舆情的重要手段，其成功执行关系到组织声誉和形象的保护。在危机发生时，制定有效的沟通计划至关重要，以及时、准确、透明地向各方传递信息，稳定局势，减轻危机带来的负面影响。以下将详细探讨危机公关的执行步骤。

危机公关的执行步骤之一是识别危机。及时识别危机并及早介入是危机管理的首要任务。组织应该建立健全的危机识别机制，包括监测舆情、关注风险预警、定期开展危机演练等。只有及时发现潜在危机，并对其做出有效反应，才能有效避免危机进一步恶化。

制定沟通策略是危机公关的关键步骤之一。在危机发生时，组织需要制定清晰的沟通策略，明确传递信息的目标、对象、内容、方式和时间。沟通策略应根据危机的性质、影响范围、舆情态势等因素进行灵活调整，确保信息传递的及时性、准确性和有效性。

建立危机公关团队是危机公关的重要准备工作。危机公关团队应由具有丰富危机管理经验和卓越沟通能力的专业人士组成，包括危机管理专家、公关专家、法律顾问等。团队成员应该分工明确、密切配合，形成高效的危机应对机制。

收集信息并分析形势是危机公关的关键环节之一。在制定沟通策略之前，组织需要全面收集和分析与危机相关的信息，包括事件的起因、发展趋势、影响范围、舆情态势等。只有深入了解危机的实际情况，才能做出科学合理的决策和应对措施。

制订详细的沟通计划是危机公关的关键步骤之一。沟通计划应该包括危机沟通目标、沟通对象、信息内容、传播渠道、时间安排、责任分工等内容。制定沟通计划时应考虑到危机的特点和外部环境的变化，灵活调整计划内容，确保信息传递的针对性和有效性。

有效传递信息是危机公关的核心任务之一。组织需要选择适当的传播渠道，向各方及时、准确地传递信息，以最大程度地减少谣言和误解的传播。传播渠道可以包括新闻发布会、社交媒体、新闻稿、内部通知等，根据危机的特点和受众的需求灵活选择。

建立反馈机制是危机公关的重要保障之一。组织应该建立健全的反馈机制，及时收集和分析来自各方的反馈意见和建议，了解信息传递的效果和存在的问题，及时调整和改进沟通策略，确保信息传递的及时性和准确性。

保持持续沟通是危机公关的重要原则之一。在危机发生期间，组织需要保持持续的沟通，向各方及时更新危机进展情况，回应各方关切和质疑，增强公众的信任和支持。持续沟通可以有效降低危机带来的负面影响，稳定舆情局势。

及时评估和调整是危机公关的重要环节之一。在危机应对结束后，组织需要对危机公关的执行情况进行及时评估，总结经验教训，发现问题和不足，并及时调整和改进沟通策略，为未来的危机应对提供经验积累和借鉴。

建立危机公关的长效机制是组织保护声誉和形象的重要保障。组织应该建立健全的危机管理体系和公关机构，加强危机管理人员的培训和技能提升，不断提升危机应对的能力和水平，以应对未来可能发生的各种突发事件和挑战。

第六节　危机后评估与改进

一、危机后评估的方法

（一）数据分析

危机后评估是危机管理中至关重要的一环，通过对危机处理过程和效果的全面评估，可以总结经验教训，发现问题并改进，提升企业的危机应对能力。数据分析作为评估方法之一，在危机后评估中发挥着重要作用。下文将从数据收集、分析方法和应用案例等方面详细论述数据分析在危机后评估中的方法。

数据收集是危机后评估的基础。企业可以通过多种渠道收集数据，包括危机期间的内部记录、外部媒体报道、公众舆论反馈、客户投诉和员工意见等。还可以利用调查问卷、焦点小组讨论等方式收集相关信息。数据收集的目的是全面梳理危机处理过程中的各个环节，获取准确、全面的信息。

数据分析方法多种多样，可根据评估的具体目的和需求选择合适的方法。常用的数据分析方法包括统计分析、内容分析、情感分析、网络分析等。统计分析可对危机期间的事件、舆情和反馈数据进行量化分析，揭示危机的发展趋势和特点。内容分析则可以对媒体报道、社交媒体评论等进行系统性的分类和分析，了解不同信息来源的偏好和倾向。情感分析则关注公众的情感态度和情绪变化，分析正负情感的比例和分布情况。网络分析则可以揭示信息传播的路径和影响力，识别关键节点和意见领袖。综合运用这些方法，可以全面深入地理解危机处理过程中的各个方面。

数据分析在危机后评估中的应用具有广泛的价值和意义。通过对数据的分析，可以客观评估危机处理的效果和影响。企业可以了解危机期间的舆情走向、公众态度和反馈等，从中发现处理不当的问题和不足之处。数据分析可以发现潜在的风险和问题。通过对数据的挖掘和分析，可以及早发现危机的苗头，提前预警和防范，减少危机发生的可能性。数据分析有助于优化危机管理策略和措施。根据数据分析的结果，企业可以调整和优化危机应对方案，提高危机处理的效率和效果。数据分析可以为危机后的改进和学习提供依据。通过对数据的总结和分析，企业可以汲取宝贵的经验教训，及时调整管理策略和制定改进措施，提升危机管理的水平和能力。

在实际应用中，数据分析在危机后评估中的作用日益凸显。以某企业产品质量问题引发的危机为例，企业可以通过统计分析收集的客户投诉数据，了解问题的发生频率、地域分布等情况；通过内容分析媒体报道和社交媒体评论，了解公众对事件的关注点和态度；通过情感分析舆情数据，了解公众情感的变化和情绪的波动；通过网络分析信息传播路径和影响力，了解事件的传播途径和关键节点。综合运用这些分析方法，企业可以全面深入地了解危机事件的各个方面，为后续的危机处理和应对提供有力支持。

（二）调查与反馈

调查设计是危机后评估的基础。在进行调查之前，需要明确评估的目的、对象和范围，设计合适的调查问卷或访谈提纲。调查设计应考虑到问题的开放性与封闭性、量化与定性的平衡、调查对象的特点和调查环境等因素，确保数据的可信度和有效性。

数据收集是调查与反馈的重要环节。数据的收集可以通过多种方式进行，包括在线调查、电话访谈、面对面访谈、焦点小组讨论等。根据评估的具体情况和对象特点，选择合适的数据收集方式。在数据收集过程中，应确保信息的真实性、客观性和保密性，避免信息失真和偏差。

数据分析是调查与反馈的核心环节。收集到的数据需要进行整理、归纳和分析，从中挖掘出有价值的信息和规律。数据分析可以采用定量分析和定性分析相结合的方法，运用统计分析、内容分析、情感分析等技术手段，深入挖掘数据背后的意义和价值。通过数据分析，可以发现问题的根源和影响因素，为后续的改进和应对提供依据。

反馈与应用是调查与反馈的目的所在。通过调查结果的反馈和分析报告的编制，向相关部门和管理层提供评估结果和建议。及时将调查结果与相关人员分享，并与他们进行深入讨论和沟通，促进问题的认识和解决。调查与反馈的应用不仅体现在具体问题的解决上，更重要的是为企业提供了经验教训，为未来的危机应对提供借鉴和指导。

在危机后评估中，调查与反馈是一种直接、客观、有效的评估方法，能够全面了解危机处理过程中的各个环节和相关方的反应。通过调查与反馈，企业可以及时了解公众、客户、员工等各方的意见和反馈，发现问题和不足，及时进行调整和改进。在危机管理中，调查与反馈是不可或缺的评估手段之一。

二、危机后的改进策略与持续优化

（一）培训与提升

建立完善的危机管理体系至关重要。企业应该在危机后进行全面的评估和反思，分析危机处理的不足之处和存在的问题，以及导致危机发生的根本原因。基于这些分析结果，制定并实施改进的危机管理体系，包括危机预警机制、应急预案、信息管理系统等，以确保企业在未来面临危机时能够做出更加有效和及时的应对。

加强人员培训与能力建设。危机处理过程中，人员的应对能力和专业水平直接影响着危机应对的效果。企业应该加强对员工的培训与提升，提高其危机应对的技能和知识水平。培训内容可以包括危机管理理论、沟通技巧、应急处理流程等，通过培训和演练，提升员工的应对能力和紧急反应能力。

建立并优化危机沟通机制。危机发生时，有效的沟通是保持公众信任和企业形象的关键。企业需要建立健全的危机沟通机制，包括信息收集、信息发布、公众互动等环节。在危机后，企业可以根据危机处理的经验教训，不断优化危机沟通机制，提高信息传递的透明度和及时性，增强公众对企业的信任感和支持度。

强化供应链管理与风险控制。供应链是企业运营中的重要环节，供应链中的任何一环出现问题都有可能引发危机。企业需要加强对供应链的管理与控制，建立起供应链风险评估和监控机制，及时发现并应对潜在的风险。在危机后，企业应对供应链管理进行全面审视，优化供应商选择、合同管理、风险防范等方面的工作，以确保供应链的稳定和可靠。

加强对外部环境的监测和预警。企业的生存和发展受制于外部环境的变化，加强对外部环境的监测和预警是企业持续优化的重要环节。企业可以建立专门的环境监测团队，定期收集和分析外部环境的变化趋势，及时发现并应对可能影响企业的风险和挑战。在危机后，企业应加强对外部环境的监测和分析，及时调整战略和策略，以适应外部环境的变化。

加强与利益相关者的沟通与合作。企业的利益相关者包括员工、客户、供应商、投资者、政府等各方，他们对企业的发展和运营都有着重要影响。企业需要加强与利益相关者的沟通与合作，建立良好的关系，增强彼此之间的信任和理解。在危机后，企业应积极主动地与利益相关者沟通，分享危机处理的经验和教训，共同探讨解决方案，建立起危机处理的合作机制。

不断进行危机应对能力的评估和提升。危机应对能力的评估和提升是企业持续优化的关键环节。企业可以定期对自身的危机应对能力进行评估，发现问题和短板，并针对性地采取措施进行提升。评估内容可以包括危机管理体系的完善程度、员工的培训水平、危机沟通的效果等方面。通过不断的评估和提升，企业可以增强危机应对的能力，提高抗风险的能力，保障企业的持续发展。

（二）持续优化机制

建立反馈机制是持续优化的基础。在危机处理过程中，组织应建立起有效的反馈机制，及时收集各方的反馈意见和建议，了解危机处理中存在的问题和不足之处。通过定期组织评估会议或员工反馈调查等方式，收集各方意见，为持续优化提供依据。

总结经验是持续优化的重要环节。在危机事件处理结束后，组织应及时开展经验总结工作，深入分析危机处理过程中的成功经验和不足之处。通过对危机事件的回顾和总结，发现问题的根源和改进的方向，为后续的持续优化提供指导和支持。

接下来，制定改进计划是持续优化的关键步骤。在总结经验的基础上，组织应制定具体的改进计划，明确改进的目标、内容、责任人和时间节点。改进计划应包括针对性强、具体可行的改进措施，以解决危机处理中存在的问题和短板，提升组织的应对能力和水平。

然后，推动改进措施的落实是持续优化的关键环节。组织应积极推动改进计划的落实，确保改进措施得到有效执行。通过建立专门的改进项目组或工作组，明确各项改进任务的责任人和执行计划，定期跟踪和评估改进进展，确保改进措施取得实效。

加强员工培训是持续优化的重要途径。在改进措施实施的过程中，组织应加强对员工的培训和教育，提高员工的危机意识和应对能力。培训内容可以包括危机管理知识、沟通技巧、应急处理能力等，通过不断的培训和提升，增强员工的整体素质和能力水平。

建立监测评估机制是持续优化的保障。在改进措施实施后，组织应建立起有效的监测评估机制，定期对改进效果进行评估和监测。通过制定合适的评估指标和监测方法，及时发现和解决改进措施中存在的问题和不足，持续提升组织的应对危机的能力和水平。

1. 定期评估

定期评估是危机后改进策略与持续优化的关键环节之一。在危机发生后，及时对危机公关策略的执行情况进行评估，总结经验教训，发现问题和不足，制定改进措施，持续优化危机管理体系，提升组织的危机应对能力和水平。

定期评估危机公关策略的执行情况是改进策略与持续优化的前提。通过对危机公关策略的执行情况进行定期评估，可以及时了解危机应对的效果和存在的问题，为改进策略提供依据。评估内容应包括危机公关策略的制定和执行过程、信息传递的及时性和准确性、舆情态势的变化、反馈意见和建议等方面。

总结经验教训是改进策略与持续优化的重要环节之一。在定期评估的基础上，组织应该及时总结危机应对过程中的经验教训，发现成功的经验和不足之处，为今后的危机应对提供借鉴和参考。总结经验教训需要客观、全面地分析危机应对的各个环节，找出问题的根源和原因，为改进策略提供指导。

制定改进措施是改进策略与持续优化的关键步骤之一。在总结经验教训的基础上，组织应该制定针对性的改进措施，针对发现的问题和不足进行有针对性的改进和调整。改进措施可以包括完善危机管理制度、优化信息传递流程、加强员工培训、改善危机应对能力等方面。

持续优化危机管理体系是改进策略与持续优化的长期任务。危机管理是一个动态的过程，需要不断适应外部环境的变化和组织内部的发展需求。组织应该建立健全的危机管理体系，包括危机识别机制、危机预警机制、危机应对机制等，持续优化体系结构和运行机制，提升危机管理的效率和水平。

加强人才队伍建设是改进策略与持续优化的重要保障。危机公关是一项复杂的工作，需要具备专业知识和丰富经验的人才支持。组织应该加强危机管理人员的培训和技能提升，不断提升其危机应对能力和水平，为危机应对提供强有力的保障。

加强与外部合作是改进策略与持续优化的重要途径之一。危机应对是一个系统工程，需要组织内外部资源的有效整合和协同合作。组织应该加强与政府部门、行业协会、媒体机构等外部合作，建立健全的危机应对合作机制，共同应对危机挑战，保护组织的声誉和形象。

建立信息化管理平台是改进策略与持续优化的重要手段之一。信息技术的发展为危机管理提供了新的思路和方法。组织应该建立信息化管理平台，包括危机信息监测系统、信息传递平台、舆情分析系统等，提升危机管理的信息化水平和效率。

加强风险管理是改进策略与持续优化的重要保障之一。危机的发生往往与组织的风险管理不力有关。组织应该加强风险管理工作，建立健全的风险识别、评估、控制和应对机制，及时发现和应对潜在风险，降低危机发生的概率和影响。

2. 内部沟通

内部沟通在危机管理中的重要性不可忽视。良好的内部沟通可以有效协调各部门之间的工作，保证信息的及时传递和共享，提高组织对危机的应对能力。在危机后的改进与持续优化中，内部沟通不仅是推动改进的动力，更是协调各方合力的关键。

制定改进策略是危机后持续优化的关键步骤。企业需要对危机管理过程中存在的问题和不足进行全面分析，明确改进的方向和目标。在制定改进策略时，应该充分考虑内部沟通的作用和地位，明确沟通的对象、内容、方式和频率，确保信息的准确传递和理解。

优化内部沟通机制是实现危机管理持续优化的重要手段。企业可以通过建立定期沟通会议、设立沟通平台、制定沟通规范等方式，加强内部沟通的机制和渠道。同时，注重内部沟通的及时性和有效性，确保信息的快速传达和反馈，提高决策的科学性和效率。

持续优化的策略是危机管理中的重要环节。企业应该不断总结经验教训，改进内部沟通机制，加强团队合作和协调，提高应对危机的能力。同时，还应加强对危机管理人员的培训和提升，提高其应对危机的专业水平和敏感度。通过持续优化，不断提升危机管理的水平和效果。

内部沟通在危机后的改进与持续优化中起着关键作用。加强内部沟通可以有效提升组织的协同能力和应对危机的效率，为危机后的改进和持续优化提供坚实的基础。在危机管理中，企业应该高度重视内部沟通，不断优化沟通机制，推动危机管理水平的持续提升。

第六章　应急响应与行动计划

第一节　应急响应体系概述

一、应急响应体系的目标

（一）快速响应

快速响应的目标是保障人员生命安全。在突发事件发生时，最重要的是确保人员的生命安全。应急响应体系的快速响应阶段的首要目标是尽快将人员转移到安全地点，确保他们远离危险区域，减少伤亡事故的发生。这包括及时发出警报、指导人员疏散、组织紧急救援等措施，以最大程度地保护人员的生命安全。

快速响应的目标是减少财产损失。突发事件往往会造成财产损失，如设备损坏、建筑物损毁等。快速响应的目标之一是尽快采取措施，减少财产损失的范围和程度。这可能包括紧急关闭设备、转移贵重物品、加强现场安全防护等措施，以最大限度地减少财产损失。

快速响应的目标是控制事态发展。在突发事件发生时，事态往往会迅速扩大，导致更严重的后果。快速响应的目标是尽快控制事态的发展，防止事态恶化。这包括迅速调集应急救援力量、实施临时控制措施、与相关部门协调合作等措施，以防止事态进一步扩大。

快速响应的目标是提供紧急救援和医疗服务。在突发事件中，受伤人员需要及时的紧急救援和医疗服务。快速响应的目标之一是尽快组织救援队伍进入事发现场，进行伤员救治和医疗救援。这包括调动救援力量、建立临时医疗点、组织医疗队伍等措施，以最大程度地减少伤亡人数。

快速响应的目标是保障社会秩序和稳定。突发事件可能引发社会恐慌和混乱，影响社会秩序和稳定。快速响应的目标之一是尽快恢复社会秩序和稳定，避免恐慌和混乱。这包括加强社会安全防护、维护公共秩序、加强舆情引导等措施，以保障社会的正常运行和稳定。

快速响应的目标是最大限度地减少事件对企业形象和声誉的影响。突发事件发生后，企业的形象和声誉往往会受到影响，对企业造成重大损失。快速响应的目标之一是尽快采取措施，减少事件对企业形象和声誉的负面影响。这包括及时向公众发布信息、积极回应舆情关切、采取措施恢复信任等措施，以最大限度地保护企业的形象和声誉。

（二）有效管理

建立应急响应体系的目标之一是确保人员安全。在突发事件和危机发生时，保障人员的生命安全是应急响应体系的首要目标。有效的管理应急响应体系可以确保在紧急情况下对人员进行及时、有序的疏散和救援，最大限度地减少人员伤亡和财产损失。

应急响应体系的目标是保护组织资产和财产。突发事件和危机可能对组织的资产和财产造成严重影响，建立有效的应急响应体系可以帮助组织及时采取措施，减少财产损失，保护组织的重要资产和财产安全。

应急响应体系的目标还包括保障业务的持续运营。在面对突发事件和危机时，组织需要能够迅速调整和适应，确保业务的持续运营，减少因危机事件而导致的业务中断和损失。有效的应急响应体系可以帮助组织降低业务中断的风险，保障业务的连续性和稳定性。

应急响应体系的目标还包括维护组织声誉和信誉。突发事件和危机可能会对组织的声誉和信誉造成严重影响，建立有效的应急响应体系可以帮助组织及时、有效地应对危机，减少负面影响，维护组织的良好形象和声誉。

另一方面，应急响应体系的目标还包括保障社会稳定和公共安全。突发事件和危机可能会对社会秩序和公共安全造成严重威胁，建立有效的应急响应应体系可以帮助组织与相关部门和机构密切合作，共同应对危机，维护社会稳定和公共安全。

应急响应体系的目标还包括提高组织的应对危机的能力和水平。建立有效的应急响应体系可以帮助组织建立起一支专业化的危机应对团队，提高组织的应对危机的能力和水平，增强组织抵御危机的能力，有效化解突发事件和危机带来的各种挑战。

二、应急响应体系的主要组成部分

（一）组织结构

1. 领导层

指挥体系是应急响应体系的核心组成部分之一。指挥体系包括应急指挥中心和指挥机构，负责协调和指挥应急响应工作。在指挥体系中，应明确领导层的职责和权限，确保指挥体系的有效运转。领导层应当明确指挥体系的组成和职责，建立起从领导层到基层的垂直指挥网络，以确保信息的及时传递和决策的高效执行。

责任分工是应急响应体系的重要组成部分。领导层应当根据不同职能部门和岗位的特点，明确各级领导和相关人员的责任分工，确保在应急事件发生时能够迅速、有序地进行应对。责任分工应当明确、合理，避免责任的模糊和重叠，提高应急响应的效率和准确性。

决策机制是应急响应体系的关键组成部分。领导层应当建立健全的决策机制，确保在应急事件发生时能够迅速做出正确的决策。决策机制应当包括决策流程、决策程序和决策原则等内容，以确保决策的科学性、权威性和及时性。

应急预案是应急响应体系的重要组成部分。领导层应当制定和完善应急预案，明确各级领导和相关人员在应急事件发生时的应对措施和工作流程。应急预案应当根据不同类型的应急事件和不同的应对情况进行分类编制，以确保应对措施的针对性和有效性。

培训和演练是应急响应体系的重要支撑。领导层应当加强应急培训和演练工作，提高相关人员的应急响应能力和水平。培训和演练内容应当包括应急知识的学习、应急技能的掌握、应急流程的熟悉以及协作配合能力的提升等方面，以确保应急响应的及时、有效和有序。

评估与改进是应急响应体系持续优化的重要环节。领导层应当定期对应急响应体系的执行情况进行评估，发现问题和不足，并及时采取改进措施，持续优化应急响应体系。评估与改进工作应当围绕应急预案的有效性、应急演练的实效性、应急培训的效果等方面展开，以不断提升应急响应的能力和水平。

2. 应急指挥中心

应急指挥中心的组织架构是保证应急响应体系顺畅运转的基础。通常，应急指挥中心设有指挥部、办公室、信息中心等部门，各部门之间相互协调、密切配合。指挥部负责总体指挥和决策，办公室负责信息收集和发布，信息中心负责信息处理和分析。组织架构的合理设置有助于快速响应和高效协调。

应急指挥中心的功能职责包括信息收集、指挥调度、危机处置和信息发布等多个方面。信息收集是应急响应的基础，指挥中心需要及时掌握突发事件的发展动态和相关信息。指挥调度是应急响应的关键环节，指挥中心需要统一指挥、协调调度各救援力量，确保资源的有效利用。危机处置是应急响应的核心任务，指挥中心需要制定应急处置方案，组织协调各方力量，迅速有效地处理突发事件。信息发布是应急响应的重要环节，指挥中心需要及时发布权威信息，引导公众正确应对。

应急指挥中心配备先进的技术设备是保证应急响应工作顺利进行的重要条件。技术设备包括通讯设备、信息系统、监控设备等。通讯设备包括电话、对讲机、卫星通讯等，确保指挥中心与各救援单位之间的畅通沟通。信息系统包括应急管理信息系统、地理信息系统等，用于信息的收集、处理和分析。监控设备包括视频监控、卫星监测等，用于实时监测突发事件的发展情况。

应急指挥中心的人员配备是保障应急响应工作顺利开展的关键因素。指挥中心的工作人员通常由专业的应急管理人员、通讯技术人员、信息分析人员等组成。应急管理人员负责指挥调度和危机处置，通讯技术人员负责技术设备的维护和操作，信息分析人员负责信息的收集和分析。人员配备的合理配置有助于保障指挥中心工作的高效运转。

（二）流程与程序

应急响应体系的流程与程序包括预警与警报、事件评估、决策与指挥、行动与执行、信息与沟通等环节。预警与警报环节是指根据早期监测系统收集到的信息，发出预警信号或警报，提醒组织的相关人员和部门注意可能发生的突发事件。事件评估环节是在突发事件发生后，对事件进行迅速评估，了解事件的性质、范围和影响程度，为后续决策提供数据支持。决策与指挥环节是指在事件评估的基础上，组织决策者进行集中指挥和协调，制定应对策略和措施，分配资源和任务，确保应急响应的有效实施。行动与执行环节是指根据制定的应对策略和措施，组织相关部门和人员进行应急行动和任务执行，迅速采取行动应对突发事件。信息与沟通环节是指在应急响应过程中，及时收集、处理和传递信息，保障信息的准确性和及时性，确保各方之间的有效沟通和协作。

应急响应体系的流程与程序需要具体化和细化为各种具体的操作规程、流程图和指导文件，以确保在实际应急情况下能够有序、高效地进行应急响应工作。例如，需要制定预警信号的发出标准和程序、事件评估的操作流程和指标、决策指挥的机制和程序、行动执行的步骤和任务分工、信息沟通的渠道和方式等。这些具体的操作规程和流程图可以帮助各级部门和人员在应急情况下迅速明确自己的职责和任务，采取有效的行动和措施，提高应急响应的效率和效果。

应急响应体系的流程与程序需要根据组织的实际情况和特点进行定制和优化。不同组织的应急响应体系可能存在差异，需要根据组织的规模、行业、地域、风险特征等因素进行定制和优化。例如，对于大型企业或跨国公司来说，其应急响应体系可能涉及多个国家和地区，需要建立跨地域的应急响应网络；对于政府部门或公共机构来说，其应急响应体系可能涉及多个部门和机构，需要建立跨部门的应急响应机制。需要根据不同组织的实际情况，量身定制和优化应急响应体系的流程与程序，以确保其适应性和有效性。

应急响应体系的流程与程序需要与其他组成部分相互配合和协调，形成一个有机整体。应急响应体系的流程与程序与人员与资源、技术与设备以及培训与演练等其他组成部分之间存在密切的关联和相互作用，彼此之间需要密切配合和协调，形成一个有机整体，共同应对突发事件。例如，在应急响应过程中，流程与程序提供了具体的操作指导和执行路径，人员与资源提供了必要的支持和保障，技术与设备提供了必要的技术支持和装备保障，培训与演练提供了必要的能力提升和实战训练，它们相互配合和协调，共同构成了一个完整的应急响应体系。

1. 预防与准备

预防与准备是应急响应体系的重要组成部分，它们能够帮助组织在面对突发事件和危机时提前做好准备，减少潜在风险和损失。以下是应急响应体系的主要组成部分。

风险评估与预警机制是应急响应体系的重要组成部分之一。通过对组织内外部环境进行风险评估和分析，识别潜在的风险因素和可能导致危机的因素，建立预警机制，及时发现和预测潜在风险，为组织提前做好准备，采取相应的预防措施，降低风险发生的可能性。

危机预案是应急响应体系的核心组成部分之一。危机预案是组织应对突发事件和危机的具体指导方案，包括对各种突发事件和危机的应对程序、责任人、协调机制、沟通渠道、资源调配等方面的安排和规定。通过建立健全的危机预案，组织能够在危机发生时迅速、有效地应对，最大限度地减少损失。

资源准备与调配是应急响应体系的重要组成部分之一。资源准备包括物资、设备、人力等方面的准备工作，确保在危机发生时能够迅速调动和利用各种资源，支持应急处置工作。资源调配则是根据危机情况和需要，合理调配和利用各种资源，确保资源的有效利用和最大限度地满足应对危机的需求。

培训与演练是应急响应体系的重要组成部分之一。通过定期组织应急演练和培训活动，提高组织内部各级人员的危机应对能力和应急处理技能，增强应对危机的信心和能力。培训内容可以包括危机管理知识、应急处理程序、沟通技巧、团队协作能力等方面，通过培训和演练，使组织的应急响应能力得到有效提升。

信息系统与通信网络是应急响应体系的重要组成部分之一。建立健全的信息系统和通信网络，能够帮助组织及时获取和传递危机信息，有效组织协调各方资源，加强内部和外部沟通，提高应对危机的效率和水平。信息系统包括信息采集、处理、传递和存储等方面的内容，通信网络包括电话、网络、无线电等多种通信手段，通过这些系统和网络，能够实现信息的快速、准确传递，为危机应对提供有力支持。

2. *应急响应*

应急响应体系是组织为了有效应对各类突发事件而建立的一套组织架构和应对机制。它由多个主要组成部分构成，包括指挥体系、预警机制、应急预案、资源保障、信息通信、社会协同、培训演练、评估改进等。以下将对这些主要组成部分进行详细论述。

指挥体系是应急响应体系的核心组成部分之一。它包括了应急指挥中心和指挥机构，负责统一协调、指导和管理应急响应工作。指挥体系需要明确指挥人员的职责、权限和指挥流程，确保在应急事件发生时能够迅速、有序地进行指挥和决策，提高应对突发事件的效率和准确性。

预警机制是应急响应体系的重要组成部分之一。它通过信息监测、风险评估和预警发布等手段，及时发现和预警潜在风险和突发事件，为应急响应工作提供时间和空间上的准备。预警机制需要建立完善的信息收集、分析和传递机制，确保信息的及时、准确传达，提高预警的可靠性和有效性。

应急预案是应急响应体系的重要组成部分之一。它是组织在突发事件发生时，按照预先确定的程序和措施，有序、及时地开展应急响应工作的指导文件。应急预案应当根据不同类型的突发事件和不同的应对情况进行编制，内容应包括应急组织机构、应急工作程序、应急资源调配、信息传递流程等，以确保应急响应工作的科学性和有效性。

资源保障是应急响应体系的重要组成部分之一。它包括物资储备、装备设备、人力资源等方面的保障，为应急响应工作提供必要的支持和保障。资源保障需要建立健全的物资储备和资源调配机制，确保在突发事件发生时能够迅速投入应急工作，满足应急工作的需要。

信息通信是应急响应体系的重要组成部分之一。它包括内部信息传递和外部信息发布两个方面。内部信息传递需要建立高效的信息共享和沟通机制，确保各级指挥部门和相关部门之间能够及时、准确地共享信息。外部信息发布需要建立健全的信息发布渠道和应急通讯网络，确保信息能够及时传达给公众和媒体，维护社会稳定和公共安全。

社会协同是应急响应体系的重要组成部分之一。它包括政府部门、企业单位、社会组织、媒体和公众等各方的协同合作，共同参与应急响应工作。社会协同需要建立健全的协作机制和沟通渠道，形成合力，共同应对突发事件，最大程度地减轻突发事件给社会造成的损失和影响。

培训演练是应急响应体系的重要组成部分之一。它包括应急知识培训、技能训练、应急演练等内容，旨在提高相关人员的应急响应能力和水平。培训演练应当定期组织进行，内容应包括应急情景模拟、危机应对方案演练、人员配合协作等，以不断提升应急响应的能力和水平。

评估改进是应急响应体系持续优化的关键环节之一。它包括对应急响应工作的执行情况进行定期评估，发现问题和不足，并及时采取改进措施，持续优化应急响应体系。评估改进应当从预警机制、应急预案、资源保障、信息通信、社会协同、培训演练等方面展开，以提高应急响应的效率和水平。

第二节　行动计划制定与实施

一、行动计划制定步骤

（一）目标设定

目标设定是任何行动计划的起点和基础，它对于指导行动、调动资源、评估绩效等方面具有重要意义。良好的目标设定可以帮助组织或个人明确方向、提高效率、激励士气，是实现长期发展和短期目标的关键。

目标设定的原则主要包括可衡量性、可达性、具体性、相关性和时限性等。这些原则确保了目标的明确性和可操作性，使得目标更具有指导性和执行力。

目标设定的步骤通常包括确定目标、明确关键绩效指标、制定具体计划和设定时间表等。确定目标需要考虑组织或个人的愿景和使命，确立长期和短期目标。明确关键绩效指标是实现目标的关键，它们可以量化目标的实现程度，提供衡量和评估的标准。然后，制订具体计划需要分解目标，确定具体的行动步骤和资源投入，确保目标的实现。设定时间表是保障目标按时完成的关键，它能够激励行动、提高执行效率。

行动计划制订是在目标设定的基础上，具体规划实现目标的行动步骤和时间安排。行动计划的制订步骤包括确定行动目标、制订具体计划、分配资源、建立监控机制和评估调整等。

确定行动目标是行动计划的基础，它需要清晰明确、与总体目标一致，并具有可衡量性和可操作性。制订具体计划需要考虑行动步骤、资源需求、时间安排等方面，确保实施过程清晰可行。然后，分配资源是保障行动计划执行的关键，需要合理配置人力、物力、财力等资源，确保行动的顺利实施。接着，建立监控机制是为了及时发现问题和偏差，及时调整和优化行动计划，确保目标的顺利实现。评估调整是为了总结经验、发现问题、提出改进意见，为下一阶段的行动计划制定提供参考。

（二）任务分解

行动计划制订的第一步是明确整体目标。在制订行动计划之前，需要明确整体的目标和期望成果。这个目标可能是一个具体的项目目标、业务目标或者解决特定问题的目标。只有明确了整体目标，才能有针对性地进行任务分解，确保各项任务都能够对整体目标的实现作出贡献。

将整体目标分解成具体的任务和子任务。任务分解是将整体目标逐步分解为更小、更具体、可操作的任务和子任务的过程。在进行任务分解时，可以采用分层逐级分解的方法，从整体目标开始，逐级细化为更具体的任务和子任务，直至每个任务和子任务都能够清晰地描述出来。

确定任务之间的逻辑关系和依赖关系。在进行任务分解时，需要考虑任务之间的逻辑关系和依赖关系。有些任务可能是并行的，可以同时进行；而有些任务可能是串行的，需要先完成前置任务才能进行后续任务。在任务分解的过程中，需要明确任务之间的先后顺序和依赖关系，确保任务的顺利进行和协调配合。

明确任务的责任人和执行者。每个任务和子任务都需要明确责任人和执行者，即负责任务的具体执行和完成。责任人需要具备相应的能力和资源，能够有效地完成任务，并对任务的完成质量和进度负责。在确定责任人时，需要考虑其专业背景、经验能力和工作负荷等因素，确保其能够胜任所分派的任务。

制定任务的具体执行计划和时间安排。对于每个任务和子任务，需要制定具体的执行计划和时间安排，明确任务的开始时间、结束时间和关键节点。执行计划和时间安排需要合理安排时间和资源，确保任务能够按时完成，并在整体时间计划内顺利推进。

建立任务执行的监控和评估机制。在任务执行过程中，需要建立有效的监控和评估机制，对任务的执行情况进行及时跟踪和监控，发现问题和风险，及时调整和优化执行计划，确保任务能够顺利进行和按时完成。监控和评估的内容可以包括任务进度、质量、成本、风险等方面的情况，通过监控和评估，及时发现并解决问题，保障任务的顺利执行。

（三）资源规划

明确目标和任务是行动计划制订的第一步。在制订行动计划之前，组织需要明确应对突发事件或危机的目标和任务。目标和任务应该具体明确，能够清晰指导后续的行动和资源配置。这包括确定应对危机的整体目标、所需达成的具体成果，以及需要采取的具体行动和任务。

评估资源需求是行动计划制订的重要环节。在明确目标和任务之后，组织需要对所需资源进行全面评估，包括人力、物资、资金、技术等方面的资源需求。通过评估资源需求，能够确定所需资源的类型、数量和来源，为后续的资源配置和行动计划制定提供依据。

接下来，制定资源调配方案是行动计划制订的关键步骤。在评估资源需求的基础上，组织需要制定具体的资源调配方案，确保所需资源能够及时、有效地调配和利用。资源调配方案应包括资源的获取途径、调配原则、优先级排序、责任人等内容，以确保资源的有效利用和最大限度地满足应对危机的需求。

然后，确定行动计划是行动计划制订的重要环节。根据目标和任务以及资源调配方案，组织需要确定具体的行动计划，包括行动目标、行动步骤、执行时间、责任人等内容。行动计划应该具体明确，能够指导各部门和人员的具体行动，确保危机应对工作有条不紊地进行。

接着，协调沟通是行动计划制订的必要环节。在确定行动计划之后，组织需要进行各部门和人员之间的协调和沟通，确保行动计划的顺利执行。这包括明确各部门和人员的职责和任务、建立有效的沟通渠道、加强信息共享和协作配合等，以确保危机应对工作的协调一致和高效执行。

制定监测和评估机制是行动计划制订的关键环节。在行动计划执行过程中，组织需要建立起有效的监测和评估机制，对行动计划的执行情况进行及时监测和评估，发现问题和不足之处，及时调整和优化行动计划。监测和评估机制应该具体明确，包括监测指标、评估方法、评估周期、责任人等内容，以确保行动计划的有效实施和持续优化。

（四）时间管理

明确目标。在制订行动计划之前，必须先明确清晰的目标。这些目标应该是具体、可衡量、可实现的。设定明确的目标有助于指导后续的行动，使计划更加具有针对性和可操作性。

分解任务。将大目标分解为小任务，使之更易于管理和完成。通过将任务细化为可行的步骤，可以更清晰地了解需要采取的具体行动，并有助于避免任务过于庞大而感到无所适从。

设定优先级。对任务进行排序，确定哪些任务是最重要和最紧急的。这有助于确保在有限的时间内集中精力处理最重要的事情，提高工作效率和成果。

制定时间表。根据任务的优先级和时间的可用性，制定一个详细的时间表或日程安排。这个时间表应该明确规定每个任务的开始和结束时间，并确保合理安排时间，充分利用每一段时间。

考虑时间管理工具。选择适合自己的时间管理工具，如日程表、待办清单、时间跟踪应用程序等。这些工具可以帮助记录任务和安排时间，提醒自己要做的事情，并跟踪时间的使用情况。

制订具体的行动计划。在制订行动计划时，应确保每个任务都具有明确的行动步骤和完成时限。每个步骤应该清晰具体，以便于实施和监控。

考虑资源和限制条件。在制订行动计划时，需要考虑到可利用的资源和任何可能的限制条件。这包括人力、物力、时间和预算等方面的资源，以及可能对任务执行造成影响的限制条件，如时间压力、技术限制等。

建立反馈机制。制订行动计划后，需要建立起有效的反馈机制，定期对计划的执行情况进行评估和调整。这有助于发现问题和不足，并及时采取措施进行修正和改进。

执行计划并持之以恒。执行行动计划是时间管理的关键。必须坚持执行计划中的任务和时间安排，并根据实际情况及时调整计划，确保任务按时完成。

总结和反思。在完成行动计划后，应对执行过程进行总结和反思，分析任务完成情况，总结经验教训，并提出改进建议。这有助于提高下次行动计划的质量和执行效率。

二、行动计划实施与监控

（一）启动执行

实施行动计划需要一个清晰的项目执行框架。这包括确定项目的关键里程碑和任务分解结构。通过将项目任务细分为可管理的工作包，可以更好地分配资源和时间，并跟踪进度。这一过程需要团队成员的密切合作和有效沟通，以确保每个人都理解他们的责任和任务。

有效的监控机制对于项目的成功至关重要。这包括定期收集和分析项目数据，以评估进展情况并及时做出调整。监控可以通过各种指标来进行，如进度、成本、质量和风险等。通过及时识别问题并采取纠正措施，可以最大程度地减少项目失败的风险。

在实施和监控过程中，领导力起着关键作用。项目经理需要领导团队，协调资源，解决问题，并保持团队士气高涨。有效的领导力可以帮助团队应对各种挑战，并在不确定的环境中保持稳定。

沟通也是成功实施行动计划的关键。团队成员之间的良好沟通可以确保信息的流动和共享，减少误解和冲突。定期召开会议、编制报告和使用项目管理工具都可以促进沟通，并确保团队始终保持同步。

持续的学习和改进是实施和监控过程的关键要素。项目团队应该定期回顾项目执行情况，识别成功的实践和改进的机会。通过反思经验教训，团队可以不断提高自己的绩效，并在未来的项目中取得更大的成功。

（二）行动计划监控

行动计划监控对于项目成功至关重要。通过监控项目进展，团队可以及时发现偏离计划的情况，并采取必要的措施来纠正。这有助于避免项目延期或超出预算的风险，同时确保项目按时交付，并满足客户的需求。

实施行动计划监控的关键是制定清晰的指标和标准，以衡量项目进展。这些指标可以包括项目进度、成本、质量和风险等方面。通过定期收集和分析这些数据，团队可以及时发现问题，并采取适当的措施进行调整。

在监控项目进展时，团队还应该注意及时沟通。有效的沟通可以帮助团队成员了解项目的最新情况，共同讨论解决方案，并协调行动以应对挑战。定期举行会议或汇报，也是确保团队保持一致和对目标保持关注的重要途径。

然而，实施行动计划监控并不是没有挑战的。其中一个挑战是数据收集的准确性和及时性。如果项目数据不准确或过时，那么监控结果可能会失真，导致团队做出错误的决策。团队需要确保建立有效的数据收集和更新机制，以确保监控结果的可靠性。

另一个挑战是应对变化和风险。在项目执行过程中，可能会出现各种变化和风险，如需求变更、资源不足或技术问题等。团队需要及时识别这些变化和风险，并采取相应的措施进行调整，以确保项目顺利进行。

1. 进度监控

进度监控与行动计划监控在项目管理中扮演着至关重要的角色。进度监控是指对项目执行过程中的进度进行跟踪和监控，以确保项目按时完成。而行动计划监控则是指对项目实施过程中的行动计划进行监控，以确保项目目标的达成。这两个方面密切相关，共同构成了项目管理中的关键环节。

在项目执行过程中，进度监控起着至关重要的作用。通过对项目进度的实时跟踪，项目管理团队能够及时发现和解决可能影响项目进度的问题，从而确保项目能够按计划进行。进度监控通常涉及制定和更新项目进度计划，识别和分析进度偏差，并采取相应措施以纠正偏差。通过有效的进度监控，项目管理团队能够及时调整资源分配、重新安排工作任务，以确保项目按时完成，同时最大限度地减少成本和资源浪费。

与进度监控密切相关的是行动计划监控。行动计划是项目管理团队制定的具体实施步骤和措施，用于实现项目目标。行动计划监控则是对这些实施步骤和措施的执行情况进行监控，以确保它们按时、按质完成。行动计划监控通常涉及对行动计划的执行进度、质量和成本进行评估，识别潜在的风险和问题，并及时采取措施加以解决。通过行动计划监控，项目管理团队能够保持对项目实施过程的全面掌控，及时发现和解决可能影响项目目标达成的问题，确保项目的顺利进行。

进度监控和行动计划监控之间存在着密切的关联。项目的进度受到行动计划的执行情况的影响，而行动计划的执行情况又反映了项目的进度情况。项目管理团队需要综合考虑这两个方面的监控信息，以制定有效的应对措施。例如，如果发现项目进度出现偏差，可能是由于行动计划执行不力造成的，此时项目管理团队就需要重点关注行动计划的执行情况，及时调整资源分配和工作任务，以确保项目进度能够得到纠正和调整。

在实际项目管理中，进度监控和行动计划监控往往是紧密结合的。项目管理团队通常会借助项目管理软件或工具对项目进度和行动计划进行跟踪和监控，以便及时发现和解决问题。定期召开项目进度会议和行动计划执行会议，对项目进展情况进行审查和评估，也是确保项目顺利进行的重要手段。通过这些方式，项目管理团队能够保持对项目执行过程的全面了解，及时发现和解决可能影响项目进度和目标达成的问题，确保项目能够按时、按质完成。

2. 质量控制

质量控制是制造业中至关重要的一环，其有效实施对于产品质量的稳定性和客户满意度至关重要。行动计划监控是质量管理体系中的一个重要组成部分，通过对行动计划的执行情况进行监控和评估，可以及时发现和解决质量问题，提高产品质量水平。

行动计划监控的目标是确保质量控制措施的有效实施。在制定质量控制措施之后，需要建立监控机制，对措施的执行情况进行跟踪和评估。这包括监控每个环节的执行进度、执行质量以及达成的效果，及时发现问题并采取纠正措施，确保整个质量控制过程的顺利进行。

行动计划监控需要建立科学的评估体系。评估体系应包括定量指标和定性指标，定量指标可以是具体的数据指标，如质量指标、成本指标等，定性指标可以是客户满意度、员工满意度等。通过这些指标的监控和评估，可以客观地了解行动计划执行情况和效果，并及时调整和改进措施，确保质量目标的实现。

行动计划监控需要建立有效的反馈机制。及时收集各个环节的执行情况和结果，并将其反馈给相关人员，以便他们及时调整和改进工作。同时，还需要建立跨部门、跨岗位的沟通机制，促进信息的流通和共享，加强团队协作，共同推动质量控制工作的落实。

行动计划监控需要持续改进。质量管理是一个持续改进的过程，通过不断地监控和评估，发现问题，改进措施，可以不断提高质量管理水平和产品质量水平。行动计划监控应该是一个循环往复的过程，不断地进行监控、评估、调整和改进，以确保质量控制工作始终处于良好的状态。

第三节 应急资源调配与管理

一、应急资源调配的重要性

（一）快速响应

快速响应是在紧急情况下及时采取行动的能力。面对灾害和突发事件，时间常常是至关重要的。快速响应可以有效减少损失，并最大程度地保护生命和财产。例如，在自然灾害中，快速响应可以减少人员伤亡和财产损失，加速灾后救援和重建工作。在公共卫生突发事件中，快速响应可以有效控制疫情蔓延，保护人民健康和生命安全。

应急资源调配是支持快速响应的重要手段。在紧急情况下，资源的合理配置和调度至关重要。这包括人力、物资、设备和资金等资源的调配。通过及时调动资源，可以更有效地应对灾害和突发事件，提高救援和恢复效率。例如，在灾后重建中，及时调配人力和物资可以加快灾区的恢复速度，缓解灾民的生活困难。

快速响应和应急资源调配需要有组织、有序的管理。这包括建立健全的应急响应机制和制定详细的应急预案。只有在紧急情况下有明确的责任分工和行动指南，才能确保响应及时、有效。同时，还需要加强应急资源的储备和管理，确保在需要时能够迅速调用和使用。

在现代社会，快速响应和应急资源调配不仅是政府的责任，也需要全社会的参与。政府、企业、社会组织和个人都应该承担起自己的责任，共同应对灾害和突发事件。政府需要加强领导和协调，提供必要的支持和保障；企业和社会组织需要积极参与，提供物资和技术支持；个人也应该增强自我保护意识，配合应急响应和救援工作。

（二）最大化效益

了解应急资源调配的重要性需要认识到，突发事件或紧急情况可能会对组织或项目造成严重的影响。这些影响可能包括人员伤亡、财产损失以及生产中断等。在这种情况下，有效地调配应急资源可以最大程度地减轻损失，并尽快恢复正常运营。

应急资源调配的重要性还体现在其可以帮助组织或项目最大化效益。通过及时调配资源，可以更有效地应对突发事件或紧急情况，减少损失，并尽快恢复正常生产。这有助于保护组织或项目的利益，提高竞争力，同时也有助于维护社会稳定和公共安全。

实施应急资源调配的关键是建立有效的资源管理体系。这包括对现有资源进行全面的评估和调查，确保了解资源的类型、数量和可用性。在此基础上，制定应急资源调配方案，明确资源调配的原则、流程和责任人，以应对各种突发事件或紧急情况。

另一个关键是加强跨部门和跨组织的合作与协调。在面对突发事件或紧急情况时，通常需要跨部门或跨组织的资源协同配合，才能更有效地应对。建立有效的信息共享机制和协作平台，加强各方之间的沟通和协调，是确保应急资源调配成功的关键。

然而，实施应急资源调配并不是没有挑战的。其中一个挑战是资源匮乏和不足。在某些情况下，可能会出现资源紧缺或无法满足需求的情况，这会影响到应急资源调配的效果。组织或项目需要在平时加强资源储备和积累，以应对突发事件或紧急情况的发生。

另一个挑战是应对不确定性和复杂性。突发事件或紧急情况往往具有不确定性和复杂性，可能会受到各种因素的影响，如自然灾害、人为事故或社会动荡等。在这种情况下，需要灵活应对，及时调整应急资源调配方案，以应对不断变化的情况。

二、应急资源的管理策略

（一）资源跟踪

资源跟踪在项目管理中是至关重要的环节，它涉及对项目所需资源的获取、分配和利用情况进行监控和管理。而应急资源的管理策略则是指在项目执行过程中，针对突发事件或紧急情况，如人力、物资等资源出现短缺或异常情况时，采取的相应应对措施和管理方法。有效的应急资源管理策略可以帮助项目团队及时应对各种突发情况，保障项目顺利进行。下面将对资源跟踪和应急资源管理策略进行详细论述。

资源跟踪是确保项目资源有效利用的重要手段之一。通过资源跟踪，项目管理团队可以实时监控各种资源的分配和使用情况，及时发现潜在的资源短缺或浪费问题，并采取相应措施加以解决。资源跟踪通常涉及建立资源清单、制定资源分配计划、跟踪资源使用情况等活动。通过资源跟踪，项目管理团队可以最大限度地提高资源利用效率，确保项目按计划进行。

应急资源的管理策略是项目管理中的重要组成部分。在项目执行过程中，难免会遇到各种突发事件或紧急情况，如人员调动、物资供应中断等，这时候如果没有有效的应对措施，就会对项目进度和质量造成不利影响。项目管理团队需要事先制定好应急资源管理策略，以备不时之需。应急资源管理策略通常包括建立应急资源储备、制订应急响应计划、培训应急响应团队等内容。通过有效的应急资源管理策略，项目管理团队可以及时调动和利用各种应急资源，应对各种突发情况，最大限度地减少项目风险。

资源跟踪和应急资源管理策略之间存在着密切的关联。资源跟踪可以帮助项目管理团队及时了解项目资源的供需情况，从而为应急资源的调配提供数据支持。当出现突发情况时，项目管理团队可以通过资源跟踪系统快速确定哪些资源短缺，从而有针对性地采取应急措施。应急资源管理策略也需要不断根据资源跟踪的情况进行调整和完善，以确保应对措施的及时性和有效性。

在实际项目管理中，资源跟踪和应急资源管理策略往往是同时进行的。项目管理团队需要建立完善的资源跟踪系统，实时监控各种资源的使用情况，并根据情况随时调整资源分配计划。同时，项目管理团队还需要制定和实施应急资源管理策略，以确保在发生突发情况时能够及时、有效地应对。通过资源跟踪和应急资源管理策略的有机结合，项目管理团队可以更好地管理和利用项目资源，保障项目顺利进行。

（二）库存管理

质量控制是制造业中至关重要的一环，其有效实施对于产品质量的稳定性和客户满意度至关重要。行动计划监控是质量管理体系中的一个重要组成部分，通过对行动计划的执行情况进行监控和评估，可以及时发现和解决质量问题，提高产品质量水平。

行动计划监控的目标是确保质量控制措施的有效实施。在制定质量控制措施之后，需要建立监控机制，对措施的执行情况进行跟踪和评估。这包括监控每个环节的执行进度、执行质量以及达成的效果，及时发现问题并采取纠正措施，确保整个质量控制过程的顺利进行。

行动计划监控需要建立科学的评估体系。评估体系应包括定量指标和定性指标，定量指标可以是具体的数据指标，如质量指标、成本指标等，定性指标可以是客户满意度、员工满意度等。通过这些指标的监控和评估，可以客观地了解行动计划执行情况和效果，并及时调整和改进措施，确保质量目标的实现。

行动计划监控需要建立有效的反馈机制。及时收集各个环节的执行情况和结果，并将其反馈给相关人员，以便他们及时调整和改进工作。同时，还需要建立跨部门、跨岗位的沟通机制，促进信息的流通和共享，加强团队协作，共同推动质量控制工作的落实。

行动计划监控需要持续改进。质量管理是一个持续改进的过程，通过不断地监控和评估，发现问题，改进措施，可以不断提高质量管理水平和产品质量水平。行动计划监控应该是一个循环往复的过程，不断地进行监控、评估、调整和改进，以确保质量控制工作始终处于良好的状态。

第四节　多层次应急响应协调

一、多层次应急响应协调的意义

（一）提高效率

多层次应急响应协调可以整合各级政府、企业和社会组织的资源和力量。在应对灾害和突发事件时，各级政府都会动员自己的应急资源和人力，但单一层次的响应可能存在资源不足或重复投入的问题。通过多层次协调，可以实现资源的共享和互补，避免资源浪费和重复建设，提高资源利用效率。同时，企业和社会组织也可以参与其中，提供必要的支持和援助，共同应对灾害和突发事件。

多层次应急响应协调可以提高响应速度和效率。在灾害和突发事件发生时，时间常常是关键因素。单一层次的应急响应可能会受到局限性，无法及时满足需求。通过多层次协调，可以实现信息的快速传递和资源的快速调配，加快应对速度，提高效率。例如，在地方政府、中央政府和国际组织之间建立紧密的协调机制，可以实现跨区域和跨国家的资源调配，更有效地应对大规模灾害和突发事件。

多层次应急响应协调可以提高应对能力和应变能力。在复杂多变的应急情况下，单一层次的响应可能无法应对各种挑战和问题。通过多层次协调，可以集合各方的智慧和经验，形成合力应对，提高整体的应对能力和应变能力。例如，在卫生突发事件中，政府、医疗机构、科研机构和社会组织之间可以共同合作，开展疫情监测、病例诊断、医疗救治和科研攻关等工作，提高疫情防控的效率和效果。

多层次应急响应协调可以促进经验交流和学习借鉴。在灾害和突发事件应对过程中，各级政府、企业和社会组织都会积累丰富的经验和教训。通过多层次协调，可以促进经验交流和学习借鉴，吸取他人的成功经验和失败教训，不断完善应急响应体系，提高应对能力和效率。例如，通过定期召开多层次的应急演练和交流会议，可以促进经验共享和教训总结，提高各方的应对水平和效率。

（二）增强应对能力

实施跨部门合作需要建立有效的沟通机制。各部门之间应建立定期沟通的渠道，包括会议、热线电话、电子邮件等，以便及时分享信息、协调行动。还应建立应急联络人员的网络，确保在紧急情况下能够迅速联系到相关部门。

建立跨部门合作的关键是明确各部门的责任和职责。在突发事件或紧急情况下，各部门应清楚自己的任务和职责，并在合作协调中充分发挥各自的优势。这需要在平时进行充分的沟通和协商，建立起相互信任和理解的基础。

另一个关键是加强跨部门合作的培训和演练。在平时，各部门应加强应急响应能力的培训，包括危机管理、应急预案的制定和执行等方面的培训。还应定期组织跨部门的联合演练，模拟各种突发事件或紧急情况，以检验应急响应能力并发现问题。

实施多层次应急响应协调的关键是建立多层次的应急响应体系。这包括国家级、地方级和行业级等不同层次的应急响应机构，以及政府部门、企业和社会组织等不同类型的参与者。各级机构和参与者应明确各自的职责和协作机制，确保在突发事件或紧急情况下能够有效地协调行动。

另一个关键是加强跨层次的沟通和协调。在多层次应急响应协调中，不同层次的地区、组织或群体之间可能存在信息不对称或利益冲突的情况。需要建立跨层次的信息共享和沟通机制，加强各方之间的理解与信任，以确保协调行动的顺利进行。

然而，实施跨部门合作和多层次应急响应协调并不是没有挑战的。其中一个挑战是跨部门合作的文化差异和利益冲突。不同部门可能存在不同的文化和利益诉求，这可能会影响到合作的效果。需要通过加强沟通和协商，促进各部门之间的理解与合作。

另一个挑战是应对多样性和复杂性。突发事件或紧急情况往往具有多样性和复杂性，可能会受到各种因素的影响，如自然灾害、人为事故或社会动荡等。在这种情况下，需要灵活应对，及时调整应急响应策略和措施，以应对不断变化的情况。

二、多层次应急响应协调的实施策略

（一）建立协调机制

建立协调机制是在项目管理中确保各方合作、资源协调、问题解决的关键步骤。而在应急管理中，多层次应急响应协调的实施策略则是针对不同级别的应急事件，通过多方合作、资源整合和信息共享，有效应对各种紧急情况的方法和措施。下面将对建立协调机制和多层次应急响应协调的实施策略进行详细论述。

建立协调机制是确保项目顺利进行的重要保障。在项目执行过程中，可能涉及多个团队、部门甚至是外部合作伙伴，因此需要建立一个有效的协调机制来保证各方的合作和协调。协调机制通常包括建立沟通渠道、明确责任分工、制定决策流程等内容。通过建立协调机制，项目管理团队可以及时沟通、协调资源、解决问题，确保项目目标的顺利实现。

多层次应急响应协调的实施策略是应对各种紧急情况的重要手段之一。在面对不同级别的应急事件时，需要采取不同的应对策略，并通过多层次的协调机制来实施。多层次应急响应协调策略通常包括建立应急响应组织、制订应急响应计划、建立信息共享机制等内容。通过多层次应急响应协调，可以最大限度地整合各方资源，提高应对突发事件的效率和效果。

在实际项目管理和应急管理中，建立协调机制和多层次应急响应协调策略往往是紧密结合的。项目管理团队需要建立一个灵活高效的协调机制，以应对项目执行过程中可能出现的各种问题和挑战。同时，项目管理团队还需要根据项目特点和风险情况，制定相应的多层次应急响应协调策略，以确保在面对突发事件时能够及时、有效地应对。

在建立协调机制和多层次应急响应协调策略中，沟通是至关重要的环节。项目管理团队需要建立畅通的沟通渠道，及时分享信息、协调资源，以确保各方都能够及时了解项目进展和应对突发事件。同时，项目管理团队还需要建立有效的决策机制，以确保在紧急情况下能够迅速做出王确的决策。

（二）加强部门间协同

加强部门间协同需要建立跨部门的联动机制。各部门之间存在着不同的职责和专业领域，需要建立跨部门的协调机制，加强信息共享和资源整合，形成合力应对突发事件。可以建立应急管理联席会议制度，定期召开跨部门会议，及时协商和研究重大突发事件的应对措施，确保各部门的行动协调一致。

加强部门间协同需要建立健全的信息共享机制。信息共享是实现部门间协同的基础和前提，只有及时共享信息，才能做出准确判断和有效决策。可以建立信息共享平台，集成各部门的信息资源，实现信息的统一采集、整合和发布，为应急决策提供可靠的数据支持。

加强部门间协同需要健全应急资源调配机制。在突发事件发生时，可能涉及多个部门和多种资源的调配和利用，因此需要建立统一的应急资源调配机制，确保资源的及时调配和有效利用。可以建立统一的资源调度指挥中心，负责统一调度和协调各部门的资源，确保资源的合理配置和最大限度地发挥效用。

加强部门间协同需要加强人员培训和演练。人员是应急响应的重要组成部分，他们的素质和能力直接影响应急响应的效果。需要加强人员的培训，提高应急响应的专业水平和应变能力。同时，还需要定期组织跨部门的应急演练，检验应急响应预案的有效性和可行性，发现问题并及时改进，提高应急响应的应变能力。

加强部门间协同需要加强与地方政府和其他相关机构的合作。突发事件往往涉及多个领域和部门，需要政府部门和其他相关机构的支持和协作才能有效应对。需要建立健全的部门间协作机制，加强与地方政府和其他相关机构的沟通和合作，形成合力，共同应对各种风险和挑战。

1. 领导层协调

建立健全的领导机制是领导层协调的基础。在应急响应过程中，需要明确各级领导的职责和权限，建立起紧密的协调机制。领导层应建立起多级别、多部门的领导小组或指挥部，统一指挥、协调资源、指导行动。这样的机制能够保证信息畅通、指挥有序，提高应急响应的效率和效果。

加强跨部门、跨地区的合作与协调是领导层协调的重要举措。在应对灾害和突发事件时，往往涉及多个部门、多个地区的协同作战。领导层应积极推动各部门之间的信息共享、资源整合和行动协调，建立起互信、互助的工作关系。同时，要加强与地方政府和国际组织的合作，实现跨地区、跨国家的应急响应，提高整体应对能力和效率。

加强领导力的培育和提升是领导层协调的关键。领导层需要具备良好的领导能力和应急管理技能，能够在复杂多变的情况下果断决策、有效指挥。领导层应注重领导力的培养和提升，通过培训、演练和实践，不断提高领导层的应急响应能力和水平。只有具备强大的领导力，才能更好地协调各方资源，实现快速响应和高效应对。

加强信息化建设和技术支持是领导层协调的重要保障。在信息时代，信息的及时传递和共享对于应急响应至关重要。领导层应加强信息化建设，建立起信息共享平台和应急指挥系统，实现信息的实时监测、快速传递和精准反馈。同时，领导层还应充分利用现代技术手段，如人工智能、大数据和云计算等，提高应急响应的智能化和精细化水平，进一步提高应对能力和效率。

加强社会参与和民众教育是领导层协调的重要环节。在应对灾害和突发事件时，全社会的参与和支持至关重要。领导层应加强与社会各界的沟通和合作，引导广大民众积极参与到应急响应中来，形成全社会共同应对的合力。

同时，领导层还应加强民众的应急教育和培训，提高公众的应急意识和自救能力，增强社会的抗灾能力和应对能力。

2. 跨部门合作

实施跨部门合作需要建立有效的沟通机制。各部门之间应建立定期沟通的渠道，包括会议、热线电话、电子邮件等，以便及时分享信息、协调行动。还应建立应急联络人员的网络，确保在紧急情况下能够迅速联系到相关部门。

建立跨部门合作的关键是明确各部门的责任和职责。在突发事件或紧急情况下，各部门应清楚自己的任务和职责，并在合作协调中充分发挥各自的优势。这需要在平时进行充分的沟通和协商，建立起相互信任和理解的基础。

另一个关键是加强跨部门合作的培训和演练。在平时，各部门应加强应急响应能力的培训，包括危机管理、应急预案的制定和执行等方面的培训。还应定期组织跨部门的联合演练，模拟各种突发事件或紧急情况，以检验应急响应能力并发现问题。

实施多层次应急响应协调的关键是建立多层次的应急响应体系。这包括国家级、地方级和行业级等不同层次的应急响应机构，以及政府部门、企业和社会组织等不同类型的参与者。各级机构和参与者应明确各自的职责和协作机制，确保在突发事件或紧急情况下能够有效地协调行动。

另一个关键是加强跨层次的沟通和协调。在多层次应急响应协调中，不同层次的地区、组织或群体之间可能存在信息不对称或利益冲突的情况。需要建立跨层次的信息共享和沟通机制，加强各方之间的理解与信任，以确保协调行动的顺利进行。

然而，实施跨部门合作和多层次应急响应协调并不是没有挑战的。其中一个挑战是跨部门合作的文化差异和利益冲突。不同部门可能存在不同的文化和利益诉求，这可能会影响到合作的效果。需要通过加强沟通和协商，促进各部门之间的理解与合作。

另一个挑战是应对多样性和复杂性。突发事件或紧急情况往往具有多样性和复杂性，可能会受到各种因素的影响，如自然灾害、人为事故或社会动荡等。在这种情况下，需要灵活应对，及时调整应急响应策略和措施，以应对不断变化的情况。

第七章 公共卫生与生物安全

第一节 传染病与突发公共卫生事件

一、传染病与突发公共卫生事件的特点

（一）传播速度快

传染病和突发公共卫生事件具有传播速度快的特点，这一特征对于疾病控制和应急管理提出了巨大挑战。让我们探讨传染病的特点。传染病是由病原体引起的、可以在人群中传播的疾病。其特点之一就是传播速度快。例如，呼吸道病毒往往能够在短时间内通过飞沫传播在人群中迅速传播，导致大规模感染。这种快速传播的特点使得传染病的控制变得非常困难。

突发公共卫生事件也具有传播速度快的特点。突发公共卫生事件是指突发性、广泛性的、对公共卫生造成重大影响的事件。例如，自然灾害、生物恐怖袭击、新发传染病爆发等都属于突发公共卫生事件的范畴。这些事件往往能够在短时间内迅速蔓延，给社会和公共卫生系统带来极大的挑战。突发公共卫生事件的传播速度快是其特点之一。

传染病和突发公共卫生事件传播速度快的特点对疾病控制和应急管理提出了重大挑战。传染病和突发公共卫生事件的快速传播使得及时控制和应对变得十分紧迫。在面对突发情况时，必须迅速采取措施，才能有效控制疫情或减少灾害影响。然而，传染病和突发公共卫生事件的快速传播往往使得应对措施的制定和实施变得困难。

传染病和突发公共卫生事件的快速传播对应急资源的调配提出了挑战。在面对突发情况时，往往需要大量的医疗、物资和人力资源来应对。然而，传染病和突发公共卫生事件的快速传播可能会导致资源供给不足，使得应急响应变得困难。如何合理调配和利用应急资源，成为了疾病控制和应急管理的重要问题。

传染病和突发公共卫生事件的快速传播还会对社会稳定和公众心理产生重大影响。在疫情爆发或灾难发生时，社会往往会出现恐慌和不安情绪，可能会导致社会秩序的混乱和公共安全的威胁。如何及时、有效地进行舆情引导和社会稳定维护，也是应对传染病和突发公共卫生事件的重要任务。

（二）影响范围广

传染病和突发公共卫生事件是当今社会面临的重大挑战之一，其特点和影响范围广泛，对社会、经济和人民生活产生深远影响。

传染病和突发公共卫生事件的特点之一是快速传播。传染病具有传染性强、传播速度快的特点，一旦发生就可能迅速蔓延，形成疫情。突发公共卫生事件也常常具有突然性和不可预测性，一旦发生就可能迅速扩散，造成严重后果。

传染病和突发公共卫生事件的特点之二是影响范围广泛。传染病和突发公共卫生事件不仅会影响到患病人群的健康，还可能波及到整个社会和经济系统。例如，疫情爆发可能导致生产、交通、教育等多个领域的停滞，给社会和经济发展带来严重影响。

传染病和突发公共卫生事件的特点之三是应对挑战较大。由于其快速传播和广泛影响的特点，传染病和突发公共卫生事件给应对工作带来了较大挑战。应对这些事件需要迅速响应、协调合作，需要政府、社会组织和个人的共同努力，才能有效控制和应对疫情。

传染病和突发公共卫生事件的特点之四是风险管理复杂。由于其不确定性和多变性，传染病和突发公共卫生事件的风险管理具有较高的复杂性。需要全面评估风险，及时采取措施，降低风险，保障人民生命安全和社会稳定。

传染病和突发公共卫生事件的特点之五是国际合作意义重大。由于疫情不受国界限制，国际合作对于应对传染病和突发公共卫生事件具有重要意义。需要加强国际合作机制，分享信息、技术和资源，共同应对全球公共卫生挑战。

二、传染病与突发公共卫生事件的应急响应策略

（一）预防与控制策略

预防与控制策略是防范传染病和突发公共卫生事件的关键。预防工作包括加强疫情监测、提高公众健康意识、加强卫生教育、推行个人防护措施等。通过预防工作，可以及早发现和控制疾病传播源，减少传染风险，有效遏制疫情扩散。在控制策略方面，重点是加强病例诊断、隔离治疗、流行病学调查、密切接触者追踪等措施，以控制疫情蔓延，保障公众健康安全。

预防与控制策略需要多方合作，形成合力。政府、卫生部门、医疗机构、科研机构、社会组织和民众等都应该共同参与到预防与控制工作中来。政府需要加强领导和协调，提供必要的政策支持和资源保障；卫生部门需要加强监测和预警，提供专业的技术指导和支持；医疗机构需要加强医疗救治和疫情防控；科研机构需要加强病原学和流行病学研究，提供科学依据和技术支持；社会组织和民众需要加强卫生宣传和自我防护，积极配合政府和卫生部门的工作，共同应对疫情挑战。

应急响应策略是应对传染病和突发公共卫生事件的重要手段。在传染病和突发公共卫生事件发生时，需要迅速启动应急响应机制，采取果断措施，有效控制疫情蔓延。应急响应策略包括及时发布疫情信息、实施隔离措施、开展大规模病例筛查、加强医疗救治、调动社会资源参与救援等。通过应急响应，可以有效降低疫情造成的损失，保障公众的生命安全和健康。

加强国际合作和信息共享也是预防与控制策略的重要内容。传染病和突发公共卫生事件常常具有跨国性和全球性特点，需要国际社会共同应对。各国政府和国际组织应加强信息交流和技术合作，共同开展疫情监测、病原学研究、疫苗研发等工作，共同应对全球公共卫生挑战。只有通过国际合作和信息共享，才能更加有效地预防和控制传染病和突发公共卫生事件，保障全

人类的健康和安全。

（二）应急响应与管理策略

了解应急响应与管理策略在传染病与突发公共卫生事件中的重要性需要认识到，这些事件可能会导致严重的健康危机和社会动荡。传染病的爆发和突发公共卫生事件可能会迅速扩散，对人民的生命和财产安全构成威胁。及时有效的应急响应与管理策略至关重要。

应对传染病与突发公共卫生事件的应急响应策略包括预防、监测、控制和恢复等方面。预防措施是防止传染病传播的关键。这包括宣传教育、疫苗接种、个人防护和环境卫生等方面的措施，以减少传染源和传播途径。

监测是及时发现和报告传染病爆发的重要手段。建立健全的监测系统，包括医疗机构、实验室和公共卫生部门等的监测网络，可以及时掌握疫情动态，采取针对性的应对措施。

控制传染病爆发的扩散是应急响应与管理策略的关键环节。这包括隔离患者、追踪密切接触者、限制人员流动、加强卫生消毒等措施，以阻断传播链条，控制疫情扩散。

恢复阶段是应对传染病与突发公共卫生事件的关键环节。在疫情得到控制后，需要进行恢复和重建工作，包括恢复正常生活秩序、重建受影响的社会经济系统、加强公共卫生基础设施建设等方面的工作。

有效的应急响应与管理策略需要跨部门和跨行业的合作与协调。这包括政府部门、卫生部门、医疗机构、科研机构、社区组织和民众等各方的积极参与。各方应明确责任和职责，建立起协同合作的机制和平台，共同应对传染病与突发公共卫生事件的挑战。

然而，应对传染病与突发公共卫生事件的应急响应与管理仍然面临一些挑战。其中一个挑战是信息不对称和谣言传播。在疫情爆发时，信息的及时准确性对于公众的安全和信心至关重要。建立健全的信息发布和宣传机制，加强公众健康教育，是应对挑战的关键。

另一个挑战是资源匮乏和不足。在疫情爆发时，医疗资源、防护物资、人力和财力等都可能会面临严重的短缺。需要加强资源调配和管理，确保资源的优化配置和有效利用。

1. 应急响应机制

应急响应机制是保障公共安全和社会稳定的重要保障。在面对突发事件时，必须迅速、有效地采取措施来应对和处置，以最大限度地减少损失和影响。应急响应机制通常包括组织架构、指挥体系、信息系统等内容。通过建立健全的应急响应机制，可以提高应对突发事件的能力和效率，保障公众的安全和福祉。

传染病与突发公共卫生事件的应急响应策略是针对这类突发事件的特点和需求而制定的具体措施和方法。传染病和突发公共卫生事件往往具有传播速度快、影响范围广的特点，因此需要采取相应的应对策略。应急响应策略通常包括预防控制、医疗救治、公众宣传等内容。通过制定和实施有效的应急响应策略，可以最大限度地减少疾病传播和社会影响，保障公众的健康和安全。

传染病与突发公共卫生事件的应急响应策略通常包括以下几个方面。首先，预防控制措施。预防控制是预防传染病和突发公共卫生事件发生和扩散的关键。预防控制措施包括加强疫情监测、提高公众卫生意识、加强环境卫生管理等。其次，医疗救治措施。在传染病爆发或突发公共卫生事件发生时，需要迅速组织医疗救治工作，及时救治患者，控制疫情蔓延。最后，公众宣传和教育措施。公众宣传和教育是预防和控制传染病和突发公共卫生事件的重要手段，可以提高公众对疫情的认识和防范意识，减少疾病传播。

在实际应急响应工作中，必须根据具体情况制定相应的应急响应策略，并严格按照预案和程序进行实施。应急响应工作需要各级政府、部门和社会各界的密切配合和协作，共同应对突发事件带来的挑战。同时，还需要及时总结经验、改进机制，提高应急响应能力和水平。

2. 信息公开与沟通

信息公开与沟通在传染病与突发公共卫生事件的应急响应中扮演着至关重要的角色。有效的信息公开和沟通可以提高公众对突发事件的认识和理解，增强应对措施的执行力度，减少恐慌和混乱，从而有效应对传染病和突发公共卫生事件带来的挑战。

信息公开与沟通应注重及时性。在传染病和突发公共卫生事件发生后，需要及时向公众发布相关信息，包括疫情的传播情况、防护知识和应对措施等。及时公开信息可以增强公众的警惕性，提高应对事件的及时性和有效性，减少不必要的恐慌和误解。

信息公开与沟通应注重透明度。在应对传染病和突发公共卫生事件时，需要向公众提供准确、真实、全面的信息，不隐瞒、不掩盖实情。透明的信息公开可以增强公众的信任和支持，提高社会的凝聚力和战斗力，有利于形成全社会共同应对的合力。

信息公开与沟通应注重科学性。在传染病和突发公共卫生事件的应急响应中，需要遵循科学原则，根据科学数据和专家意见制定应对措施，并向公众传递科学、权威的信息。科学的信息公开可以消除谣言和不实传言，提高公众对事件的认知和理解，增强社会的抵抗力和应对能力。

信息公开与沟通应注重针对性。不同的传染病和突发公共卫生事件可能涉及不同的人群和地区，需要根据实际情况，制定针对性的信息公开和沟通策略，满足不同人群和地区的信息需求。针对性的信息公开可以提高信息的传播效果和接受程度，有利于提高应对事件的有效性。

信息公开与沟通应注重多元化。在应对传染病和突发公共卫生事件时，需要采用多种形式和渠道进行信息公开和沟通，包括新闻发布、社交媒体、官方网站、公共广播等，以覆盖更广泛的受众群体，提高信息的传播范围和速度，增强公众的参与和支持度。

第二节　疫情监测与控制策略

一、疫情监测策略

（一）实时监测

实时监测能够快速发现疫情的爆发和变化。在传染病爆发初期，疫情可能处于潜伏期或初期阶段，尚未引起广泛关注。通过实时监测系统，可以及时发现疫情的异常变化，包括病例增加速度的加快、传播范围的扩大、病毒变异等情况，从而及时采取应对措施，遏制疫情的蔓延。

实时监测可以为政府和卫生部门提供准确的疫情数据和科学的决策依据。通过实时监测系统采集的数据可以反映疫情的实时情况，包括病例数量、传播路径、感染率等信息，为政府和卫生部门制定疫情防控策略和调配资源提供科学依据。准确的疫情数据能够帮助政府和卫生部门及时调整应对措施，最大程度地减少疫情对社会的影响。

实时监测有助于加强疫情预警和应急响应。通过实时监测系统对疫情数据进行分析和评估，可以提前预警可能发生的疫情爆发，为政府和卫生部门提供充分的准备时间。同时，实时监测也可以指导应急响应工作，包括及时开展病例排查、隔离治疗、加强宣传教育等措施，有效控制疫情的蔓延。

实施实时监测的策略和方法包括建立健全的监测系统、加强数据收集和分析、提高监测技术水平、加强信息共享和国际合作等方面。

建立健全的监测系统是实施实时监测的基础。监测系统应该覆盖全国各地，包括监测点的设置、监测指标的确定、监测方法的规范等内容。同时，监测系统还应该与各级卫生部门、医疗机构、科研机构等部门建立起紧密的联系和合作机制，确保数据的及时传输和共享。

加强数据收集和分析是实施实时监测的关键。监测系统需要收集多维度、多层次的数据，包括临床诊断数据、实验室检测数据、流行病学调查数据等。同时，监测系统还需要建立起完善的数据分析和评估机制，利用现代信息技术手段对数据进行快速、准确的分析和评估，及时发现疫情的异常变化。

提高监测技术水平是实施实时监测的重要手段。监测技术的不断进步和创新可以提高监测系统的敏感性和精确度，更好地发现疫情的动态变化。例如，利用人工智能、大数据分析等先进技术可以实现对疫情数据的实时监测和预测，提高疫情监测的效率和准确性。

加强信息共享和国际合作是实施实时监测的重要保障。疫情是跨国界的，需要各国之间加强信息共享和合作，共同应对全球公共卫生挑战。政府和卫生部门应该加强与国际组织、国际合作伙伴的联系和沟通，及时分享疫情信息和科研成果，共同开展疫情监测、病原学研究、疫苗研发等工作，共同维护全球公共卫生安全。

（二）预警机制

了解预警机制和疫情监测策略的重要性，首先需要认识到及时发现和报告疫情爆发是预防和控制传染病的关键。有效的预警机制和疫情监测策略帮助卫生部门和政府实时监测疫情动态，迅速发现异常情况，采取相应措施遏制疫情蔓延。

此外，预警机制和疫情监测策略能够提高疫情应对的效率与效果。通过建立完善的预警机制和疫情监测系统，能够及早发现疫情爆发，并迅速采取控制措施，防止疫情扩散，最大程度减少人员伤亡和社会动荡。

实施预警机制和疫情监测策略的关键在于建立健全的监测系统与信息共享机制。首先，需建立全国、地区及社区级别的监测网络，涵盖医疗机构、实验室和卫生部门等各方监测系统。其次，跨部门和跨地区的信息共享机制尤为重要，确保疫情信息能够及时准确地传递与共享。

另一个重要方面是加强监测技术和方法的研究与应用。随着科技进步，监测技术和方法也在不断优化和更新。通过运用先进的技术手段，如人工智能、大数据分析和遥感技术等，能够提高监测的精准度和效率，协助卫生部门和政府更有效地掌握疫情动态。

在实施过程中，还需注重人员培训和能力建设。卫生部门和政府应加强相关人员的培训，提升其疫情监测和应对能力。此外，还应加强监测设施和设备的建设与更新，确保监测工作的顺利开展。

然而，实施预警机制和疫情监测策略也面临挑战。一个挑战是数据收集与分析的准确性和时效性是关键。监测系统需要快速收集、整理和分析大量数据，及时发现异常情况。因此，必须建立有效的数据收集与分析机制，确保监测结果的准确性与及时性。

另一个挑战是应对疫情监测中的不确定性与复杂性。疫情监测可能受到多种因素的影响，如疫情传播途径、人口流动和病原体变异等。在这种情况下，需要灵活调整监测策略和措施，以应对不断变化的疫情态势。

二、疫情控制策略

（一）防控措施

防控措施是预防传染病蔓延的重要手段，主要包括加强疫情监测、加强个人防护、强化卫生管理等方面。加强疫情监测是及时了解疫情动态、发现疫情变化的重要途径，可以通过建立监测系统、加强病例报告和信息共享等方式实现。加强个人防护是防止传染病传播的关键措施，包括勤洗手、佩戴口罩、保持社交距离等。强化卫生管理是预防传染病传播的关键措施之一，涵盖加强环境卫生管理、控制传染源、消毒等内容。

疫情控制策略是根据疫情发展情况制定的应对措施和方法，通常包括早期识别、早期报告、早期隔离和早期治疗等内容。早期识别是及时发现疫情的关键，可以通过加强病例监测、加强病原体检测等手段实现。早期报告是及时向相关部门报告疫情信息，启动应急响应机制，加强疫情监测和控制。早期隔离是指将疫情暴露者隔离开来，阻断传播途径，控制疫情蔓延。早期治疗是对确诊患者及时进行治疗，减轻病情，提高治愈率。

在实际应对疫情过程中，防控措施和疫情控制策略是相辅相成、相互促进的。防控措施的实施为疫情控制提供了坚实基础。只有通过加强疫情监测、加强个人防护等措施，才能及时发现疫情、阻断传播途径，为疫情控制提供必要条件。疫情控制策略的制定和实施是对防控措施的有效补充，只有通过早期识别、早期报告、早期隔离和早期治疗等措施，才能有效控制疫情的发展，最大限度减少疫情造成的损失和影响。

在国际合作方面，加强信息共享与技术合作，共同应对全球公共卫生挑战尤为重要。通过国际合作，可以共同制定应对疫情的措施和方法，分享疫情监测数据与疫苗研发成果，从而提升全球公共卫生应对能力。同时，还能联合应对疫情带来的经济和社会影响，推动经济复苏与社会稳定。

（二）公众教育

公众教育在疫情控制策略中发挥着至关重要的作用。通过有效的公众教育，可以增强公众对疫情的认识和理解，提高个人防护意识和能力，促进社会共同参与，从而有效防控疫情的传播。

公众教育应注重提高公众对疫情的认知水平。公众对疫情的认知水平直接影响其应对能力和行为选择。通过多种形式和渠道向公众传递疫情相关知识，涵盖病毒传播途径、疾病症状与预防措施等，提升公众对疫情的了解和认知。

公众教育应注重强化个人防护意识和行为。个人防护是防止疫情传播的第一道防线，每个人都应认识到自身的责任与义务。需向公众普及正确的个人防护知识和方法，如勤洗手、佩戴口罩、保持社交距离等，帮助公众养成良好的个人卫生习惯与健康行为。

公众教育还应强化科学的疫苗接种知识。疫苗是预防传染病的重要手段，但常存在一些误解与疑虑。需通过科学传播，解答公众的疑虑与担忧，提高公众对疫苗接种的信心与意愿，促进疫苗接种工作的顺利进行。

公众教育应引导公众理性看待疫情，避免恐慌与焦虑。疫情期间，谣言与不实信息往往引发公众恐慌情绪。通过媒体和社交平台等渠道，及时发布权威、可信的信息，纠正谣言，帮助公众理性看待疫情，保持冷静与稳定。

公众教育还应促进社会的共同参与与支持。疫情防控是全社会的共同责任，需要政府、社会组织、企业与个人的共同参与。通过各种渠道和方式，动员各界积极参与，鼓励大家共同投身疫情防控工作，共同为打赢疫情防控人民战争、总体战、阻击战贡献力量。

第三节　医疗资源调配与协同

一、医疗资源调配策略

（一）资源共享

资源共享和医疗资源调配策略在应对突发公共卫生事件及医疗资源短缺时起着关键作用。这些策略的目标是最大限度地利用现有资源，提升医疗服务的覆盖范围和质量，保障人民健康与生命安全。本书将探讨资源共享和医疗资源调配策略的重要性以及如何实施这些策略及其效果。

资源共享是提升医疗服务效率和效果的重要手段之一。在医疗资源有限的情况下，资源共享有助于整合分散的资源，实现优势互补，从而提高资源的利用效率。例如，建立医疗资源共享平台可以使不同地区的医疗机构共享医疗设备、医护人员和专业知识，为患者提供更加全面和优质的医疗服务。

医疗资源调配策略则旨在实现资源的合理配置和优化利用。突发公共卫生事件或医疗需求高峰期常常伴随资源分布不均，一些地区可能面临医疗资源紧张，而其他地区则可能资源过剩。通过医疗资源调配策略，可以根据实际需求和资源分布情况，将资源从供给过剩的地区调配到资源短缺的地区，从而实现资源的均衡分配和优化使用。

资源共享和医疗资源调配策略的实施有助于提高医疗服务的覆盖范围和质量。通过资源共享，可以将医疗服务扩展至偏远和医疗资源匮乏地区，弥补不同地区间的医疗差距，提高公众的健康水平。同时，通过医疗资源调配，可以确保资源的合理配置，避免资源浪费，提升医疗服务的质量和可及性。

实施资源共享和医疗资源调配策略的关键在于建立健全的管理机制和合作平台。需要构建多部门、多层次的合作机制，涵盖政府、卫生部门、医疗机构及社会组织等各方参与。必须建立医疗资源共享平台和信息系统，实现资源的实时监控和调配。同时，还需要制定科学合理的资源调配标准和流程，确保资源调配的公平、公正和透明。

在实施这些策略时，还需充分考虑医疗机构的特点与需求，确保其合法权益得到保障。政府和卫生部门应加强政策引导与监督管理，为医疗机构提供必要的政策支持与经济援助，营造良好的合作环境和氛围。

（二）建立医疗资源库存管理系统

建立医疗资源库存管理系统至关重要，其核心目的是确保医疗资源得到有效管理与合理利用。医疗资源包括药品、医疗器械、人力资源等，这些资源的合理配置和充分储备是保障公众健康的基础。通过建立库存管理系统，医疗机构可以实时掌握库存状况，及时补充资源短缺，确保医疗服务的持续性和可及性。

医疗资源调配策略的实施同样关键，旨在优化资源配置，提高资源利用效率。医疗资源的需求随时可能发生变化，且各地的需求差异较大。医疗资源调配策略能够灵活调整资源配置，以应对不同时间和地点的需求变化，从而提升医疗服务的响应能力与质量。

实施医疗资源库存管理系统的关键在于完善库存管理流程和信息系统。这包括制定库存管理的标准与指标，明确库存管理流程和责任分工，并利用信息化技术建立库存管理系统。通过这一系统，可以实现医疗资源的实时监控、预警和调控，确保库存的合理配置与充足储备。

另一个关键点是加强医疗资源的动态管理与优化。医疗资源的需求可能受到疫情爆发、突发事件或人口流动等因素的影响，因此需要建立动态的管理机制，实时调整资源配置和储备，以应对不同情况下的需求变化。

实施医疗资源调配策略时，必须建立跨部门、跨地区的资源共享机制与协作平台。医疗资源的供需往往不平衡，跨部门和跨地区的资源共享可以弥补资源之间的差距，实现资源互通有无。为此，需要建立协调平台，明确各方责任，促进资源共享与协作。

此外，加强医疗资源调配策略的规划与预案制定至关重要。在应对突发公共卫生事件或重大灾害时，医疗资源调配策略必须根据实际情况制定应急预案与应对措施。这需要建立完善的应急管理体系，包括制定应急预案、组织应急演练、强化应急培训等，从而提高策略的实施效果。

尽管如此，建立医疗资源库存管理系统与医疗资源调配策略仍面临一些挑战。一个挑战是资源短缺和不足。在某些情况下，医疗资源可能会面临供应短缺或需求激增，这会影响资源调配策略的实施效果。因此，必须加强资源储备，提高供给能力。

另一个挑战是应对多样性和复杂性。医疗资源的需求受到多种因素的影响，如人口结构、疾病流行趋势及医疗技术进步等。因此，需要灵活应对，及时调整医疗资源调配策略，以适应不断变化的需求。

二、医疗资源协同管理策略

（一）信息共享

信息共享和医疗资源协同管理策略是应对传染病和突发公共卫生事件的重要手段，旨在实现医疗资源的合理配置和优化利用，提高应对突发事件的效率与效果。信息共享是指在突发事件发生时，各级政府、医疗机构和相关部门之间及时分享疫情信息、医疗资源状况等关键信息的行为。医疗资源协同管理策略则是通过协同各方资源，实现医疗资源的统一调配、合理配置与优化利用，以应对突发事件的挑战。以下将详细论述信息共享和医疗资源协同管理策略。

信息共享是应对传染病和突发公共卫生事件的关键环节之一。面对突发事件时，及时准确地掌握疫情信息、医疗资源状况等关键信息对于制定有效应对策略至关重要。信息共享可以通过建立信息共享平台、加强数据采集和交换机制等方式实现。各级政府、医疗机构和相关部门应建立信息共享意识和机制，及时分享疫情动态、医疗资源状况等信息，从而提高应对突发事件的能力和效率。

医疗资源协同管理策略是实现医疗资源合理配置与优化利用的重要手段。面对突发事件时，医疗资源供需矛盾往往加剧，如何实现医疗资源的统一调配、合理配置和优化利用成为了重要挑战。医疗资源协同管理策略包括建立医疗资源调配机制、制定医疗资源分配原则、加强医疗资源管理等内容。通过协同各方资源，可以实现医疗资源的最优配置，提高医疗服务的覆盖范围和质量，保障公众健康和安全。

在实际应对突发事件的工作中，信息共享与医疗资源协同管理策略相互依存、相互促进。信息共享为医疗资源协同管理提供了重要基础。只有通过及时准确地掌握疫情信息、医疗资源状况等关键信息，才能制定有效的医疗资源调配方案，实现医疗资源的合理配置和优化利用。医疗资源协同管理策略为信息共享提供了保障。只有通过建立医疗资源调配机制、加强医疗资源管理等措施，才能确保医疗资源的有效利用，提高医疗服务的覆盖范围和质量，从而为信息共享提供更为坚实的基础。

在国际合作方面，加强信息共享与医疗资源协同管理是应对全球公共卫生挑战的重要途径。通过加强国际合作，可以共同建立信息共享平台，分享疫情信息、医疗资源状况等关键信息，提升全球公共卫生事件的应对能力与效率。同时，还可以共同制定医疗资源协同管理策略，加强医疗资源的统一调配与合理配置，为全球公共卫生安全作出贡献。

（二）跨部门协作

跨部门协作在医疗资源协同管理中扮演着至关重要的角色。医疗资源协同管理策略旨在有效整合各种医疗资源，提高资源利用效率，确保医疗服务的全面覆盖和高质量提供。

跨部门协作需要建立多层次的协调机制。医疗资源涉及多个部门和单位，因此需要建立多层次、多方参与的协调机制，明确各方的职责和任务，确保协作顺畅。可以成立医疗资源协调委员会，由相关部门的代表组成，负责统筹协调医疗资源的管理与调配工作，确保资源的合理配置，最大限度地发挥效用。

跨部门协作需要加强信息共享和互通。信息共享是实现医疗资源协同管理的基础和前提，只有及时、准确地共享信息，才能做出科学决策和有效调配。可以建立医疗资源信息平台，集成各类医疗资源的信息，实现信息的共享与交流，为决策提供科学依据。

跨部门协作还需要建立健全的资源调配机制。医疗资源的合理调配是协同管理的关键，必须建立快速响应的资源调配机制，确保资源的及时调配和合理利用。可以设立医疗资源调配中心，负责统一调度和协调各类医疗资源，根据实际需求进行合理配置，提高资源利用效率。

跨部门协作还需强化人员培训和技术支持。医疗资源协同管理涉及多个专业领域和多个岗位，相关人员需具备专业知识和技能。必须加强跨部门人员的培训，提高其协作能力与应对能力。同时，还需加强技术支持，利用信息技术手段提升资源管理的效率和精准度。

跨部门协作还需要加强监督和评估。医疗资源协同管理是一个动态过程，需不断监督和评估其效果与成效，及时发现问题并加以解决。可以建立医疗资源协同管理的监督评估机制，定期对协同管理工作进行评估，发现问题并及时调整和改进工作措施，确保医疗资源的有效管理与利用。

第四节　生物安全与防范

一、生物安全的挑战

（一）新兴传染病

新兴传染病的出现增加了疾病传播的不确定性和复杂性。由于新兴传染病的来源和传播途径多样，常常难以及时发现和控制。例如，动物源性传染病如禽流感、非典型性肺炎等可能通过动物与人类的直接或间接接触传播，而人传人的传染病如埃博拉病毒病、新型冠状病毒肺炎等则更容易在人群中迅速传播。这些传播途径的多样性使得预防和控制工作变得更加复杂，给生物安全带来了挑战。

新兴传染病的迅速传播给医疗系统和公共卫生系统带来了巨大压力。在面对突发的传染病爆发时，医疗资源、医护人员和医疗设备往往会面临严重短缺，医疗系统可能陷入瘫痪状态。同时，公共卫生系统也可能无法有效应对疫情，导致疫情扩散和恶化。例如，新冠肺炎疫情暴发初期，各国医疗系统面临着医疗资源不足、医护人员紧缺等问题，疫情控制形势十分严峻。这些问题加剧了公众对疫情的恐慌和不安，并对社会稳定产生了不利影响。

新兴传染病的出现可能对经济和社会造成重大影响。由于传染病的爆发可能导致人员流动受限、生产活动暂停、贸易中断等，给国民经济和社会发展带来严重损失。尤其是对于旅游、餐饮、航空等行业，传染病的出现可能导致游客数量锐减、餐饮业务减少、航班取消等，给企业经营和就业造成严重冲击。同时，传染病的出现也可能引发社会恐慌和群体性事件，对社会稳定产生不利影响。

针对新兴传染病对生物安全的挑战，需要采取一系列应对策略和措施。

首先，应加强国际合作和信息共享，共同应对全球传染病威胁。国际社会应加强疫情信息的实时共享与交流，共同开展疫情监测、病原学研究、疫苗研发等工作。

其次，必须加强国内应急预案和公共卫生系统建设，提高应对突发公共卫生事件的能力与水平。各国政府应加强公共卫生基础设施建设，提升医疗机构的应急响应能力，建立健全的传染病监测和应对机制，确保在突发公共卫生事件发生时能够迅速做出反应、有效应对。

再次，应加强动物卫生和野生动物监管，减少动物源性传染病的传播风险。动物卫生是防控动物源性传染病的重要措施，包括加强动物疫情监测、禽流感防控、野生动物管控等。

最后，应加强公众健康教育和应急意识培训，提高公众的应对能力和自我保护意识。政府和卫生部门应加强对公众的卫生宣传和健康教育，普及传染病防控知识，提高公众的健康素养。同时，加强应急意识培训，增强社会抗灾能力。

（二）生物技术的潜在风险

生物技术的潜在风险主要包括生物安全性、生物伦理性和生物多样性等方面。生物技术的应用可能会导致生物体的遗传变异或基因突变，从而产生未知的生物安全风险。例如，基因编辑技术可能会导致不可预测的遗传改变，影响生物的生长发育和生态系统的稳定性。生物技术的应用还可能引发生物伦理方面的争议，涉及生命伦理、社会伦理等问题，需要引起足够重视。

生物技术的发展也给生物安全带来了一系列挑战。生物技术的应用范围越来越广泛，涉及医药、农业、环境保护等多个领域，生物安全问题的复杂性和多样性也在不断增加。例如，生物技术在医药领域的应用可能会导致药物耐药性的出现，从而影响治疗效果；在农业领域的应月可能会导致转基因作物的扩散，影响生态系统的平衡。这些问题需要跨学科和跨部门的合作，才能有效应对。

针对生物技术的潜在风险和生物安全面临的挑战，我们需要采取一系列措施来加强生物安全管理和监管。首先，应建立健全的生物安全法律法规和政策体系，明确生物技术的应用范围和限制条件，规范生物技术的研发和应用。

其次，要加强生物技术研发和应用的监管与审查。政府部门应加强对生物技术研发和应用的监管与审查，确保其安全性和可控性。同时，建立健全的生物技术审查制度，加强对研发和应用过程中可能存在的风险和隐患的监测与评估。

再次，生物安全的加强还需要国际合作和信息共享。生物技术的发展是全球性的趋势，各国应加强合作，共同应对生物安全挑战。可以建立国际生物安全信息共享机制，推动跨国交流与合作，共同应对生物技术可能带来的全球性挑战。

同时，生物技术研发和应用的伦理审查和社会监督也是加强生物安全管理的重要途径。生物技术的发展涉及生命伦理和社会伦理等问题，必须引起广泛关注和讨论。加强伦理审查，建立健全的伦理评估机制，并加强社会监督，确保生物技术的发展符合道德和社会价值观。

最后，应加强科技创新和技术研发，提高生物技术的安全性和可控性。生物技术的发展需要不断加强科技创新与技术研发，提升其安全性和可控性。应加强基础研究，开展前沿技术研发，不断提升生物技术的水平与安全性。

二、生物安全的防范策略

（一）建立生物安全法律法规

建立生物安全法律法规及其防范策略是保障公共健康和安全的重要举措。生物安全法律法规的制定旨在规范生物安全管理，强化防范措施，从而降低生物安全风险，保护公众免受生物威胁。生物安全防范策略则是依据生物安全的特点和需求，制定的一系列措施和方法，旨在提升应对生物安全事件的能力和水平。以下将详细讨论生物安全法律法规的建立及防范策略。

生物安全法律法规是保障生物安全的重要基础。这些法规为生物安全管理提供法律依据和规范，明确各方责任与义务，强化防范措施。生物安全法律法规通常涵盖生物安全管理机构的设立与职责、生物安全管理制度的完善，以及生物安全风险评估与监测体系的建设等内容。通过建立健全的法律法规，可以加强生物安全的监管和管理，最大限度地减少风险，保障公众的健康与安全。

生物安全的防范策略是应对生物安全事件的关键手段。这些策略包括预防控制、监测预警、应急处置等方面。预防控制是预防生物安全事件发生和扩散的核心，涉及加强生物安全宣传教育、规范生物实验操作和加强管理等措施。监测预警是及时发现生物安全事件的手段，包括建立生物安全监测预警体系、加强疫情监测和报告等。应急处置则是在生物安全事件发生时，迅速采取有效措施，控制事件蔓延，减少损失，确保公众的健康与安全。

在实际生物安全管理与防范工作中，生物安全法律法规和防范策略是密切相关的。生物安全法律法规为防范策略的实施提供法律支持，明确各方责任；而生物安全防范策略则保障法律法规的有效实施。只有通过制定并实施有效的防范措施，才能最大限度地减少生物安全风险，保障公众的健康和安全。

在国际合作方面，加强生物安全法律法规的制定与防范策略的推动是应对全球生物安全挑战的重要途径。通过国际合作，各国可以共同制定生物安全法律法规与防范策略，建立信息共享与技术交流机制，携手应对生物安全风险。同时，国际合作还可以促进生物安全技术和装备的研发生和应用，提高全球生物安全防范能力。

（二）提高生物安全意识与教育

提高生物安全意识和教育是保障公共健康与社会稳定的关键措施。生物安全意识的提升需要全社会共同参与，通过有效的教育和宣传，增强公众对生物安全的认知，提升个人防护意识和能力。

提高生物安全意识首先需要加强相关知识的普及教育。由于公众对生物安全常常存在误解或认知不足，因此需要通过多种渠道向公众普及生物安全知识，涵盖生物危害的种类、传播途径和预防措施等内容，提升公众的了解和认知水平。

其次提高生物安全意识还需加强媒体宣传和舆情引导。媒体是公众获取信息的主要渠道，能够通过新闻报道、社交平台、广告等方式加强生物安全知识的传播，提升公众的警觉性和防范意识。

此外，学校和社区的教育活动也是提高生物安全意识的重要途径。学校和社区是教育的重要阵地，可以通过讲座、展览、演示等形式向学生和居民普及生物安全知识，增强他们的防范意识和应对能力。

专业人员和相关从业者的培训也至关重要。生物安全工作涉及多个领域和行业，需要从业人员具备专业知识和技能。因此，必须加强相关从业人员的培训，提升其应对生物安全事件的能力。

最后，提高生物安全意识需要制度和政策的保障。生物安全工作需要政府和相关机构的支持，必须建立健全的制度和政策体系，为生物安全工作提供保障，推动社会各界积极参与。

1. 生物安全教育的重要性

生物安全教育是提高公众生物安全意识和应对能力的有效途径，对预防和控制生物安全事件至关重要。生物安全教育不仅能够增强公众对生物安全问题的认识，还能够提高公众的自我保护意识，促进政府和社会各界加强生物安全管理和监测工作，从而有效预防和减少生物安全事件的发生。

生物安全教育帮助公众认识生物安全风险。通过教育，公众能够了解生物安全事件的可能性与影响，认识到这些事件对个人健康和社会稳定的威胁，从而增强自我防范意识，降低生物安全风险带来的危害。

生物安全教育还能够提高公众的应对能力和应急意识。通过教育，公众将学习如何识别生物安全风险、采取有效自我保护措施、以及如何应对突发生物安全事件，这些知识和技能能够帮助公众在事件发生时保持冷静，减少损失和伤害。

生物安全教育还促进政府和社会各界加强生物安全管理。通过普及教育，公众将更加了解政府及相关部门在生物安全管理中的职责和作用，认识到生物安全管理的重要性和紧迫性，从而支持并配合相关工作，维护社会稳定。

生物安全教育的推广需要各方共同努力。政府应制定相关政策，并将生物安全教育纳入国民教育体系。学校应在课程中加入生物安全教育内容，并组织相关活动。科研机构应加强生物安全知识的研究，为教育提供科学依据。

媒体则应加大宣传力度，提升公众对生物安全问题的关注。

2. 生物安全意识的提高途径

提高生物安全意识的途径包括加强教育宣传、开展培训以及建立社会共识等。教育宣传是提高公众生物安全意识的主要途径之一，可以通过普及生物安全知识，使公众了解生物安全的概念和重要性。与此同时，加强生物安全培训也能提升从业人员的应对能力。社会共识的建立，则通过政府、企业与社会组织的合作，共同推动生物安全意识的提升。

生物安全防范策略包括加强监管管理、建立预警机制和推动国际合作等。监管管理是防范生物安全风险的重要措施之一，包括制定并实施相关法规、建立监管体系、加强对生物技术研发的监管。建立预警机制则能及时发现并应对潜在风险，减少损害。国际合作则通过跨国合作，分享信息和经验，共同应对生物安全挑战。

然而，提高生物安全意识和实施防范策略面临一些挑战。例如，专业人才和技术手段的缺乏是目前的主要问题。生物安全领域需要更多专业人才和先进技术来支持发展，然而目前该领域的人才短缺和技术瓶颈仍然存在。因此，加强人才培养和技术研发，提升生物安全领域的专业水平，是推动生物安全管理的关键。

第五节 医疗应急响应

一、生物安全医疗应急响应的组成

（一）团队成员与职责

团队成员与职责是构建生物安全医疗应急响应体系的基础。生物安全医疗应急响应团队的组成通常包括医疗救护人员、流行病学家、实验室技术人员、公共卫生专家、应急管理人员等。每个成员都有各自的专业技能和知识，承担着不同的职责和作用，共同构建生物安全医疗应急响应的完整体系。医疗救护人员负责现场救治和患者护理；流行病学家负责疫情调查和病原体溯源；实验室技术人员负责病原体检测和疫情监测；公共卫生专家负责疫情分析和风险评估；应急管理人员负责应急响应的协调和组织等。

生物安全医疗应急响应团队的组成对于应对生物安全事件至关重要。在面对生物安全事件时，需要各个专业领域的专家和技术人员密切合作，共同应对。医疗救护人员可以迅速展开救援行动，救治受伤患者，控制疫情蔓延；流行病学家可以及时展开疫情调查，掌握疫情动态，制定应对策略；实验室技术人员可以快速进行病原体检测，确认疫情病原体，为疫情控制提供实验室支持；公共卫生专家可以进行疫情分析和风险评估，指导应急响应工作；应急管理人员可以协调各方资源，组织应急救援工作，保障应急响应的顺利进行。

在实际生物安全医疗应急响应工作中，团队成员与职责之间的密切配合与协同合作是至关重要的。每个团队成员都应清楚自己的职责和作用，密切配合，共同协作，以最大限度地提高应对生物安全事件的能力和效率。医疗救护人员需要及时提供医疗救护服务，保障受伤患者的生命安全；流行病学家需要快速展开疫情调查，掌握疫情动态，为疫情控制提供科学依据；实验室技术人员需要迅速进行病原体检测，确认疫情病原体，为疫情防控提供实验室支持；公共卫生专家需要进行疫情分析和风险评估，指导应急响应工作；应急管理人员需要协调各方资源，组织应急救援工作，保障应急响应的顺利进行。

在国际社会合作方面，加强生物安全医疗应急响应团队的建设和培训是应对全球生物安全挑战的重要途径。通过加强国际合作，可以共同开展生物安全医疗应急响应团队的培训和演练，提高各国应对生物安全事件的能力和水平。同时，还可以共享技术和经验，加强信息交流与资源共享，共同应对全球生物安全挑战，保障全球公共健康和安全。

（二）团队的培训与准备

团队的培训与准备在生物安全医疗应急响应中扮演着至关重要的角色。一个高效的医疗应急响应团队需要经过充分的培训和准备，以应对各种生物安全威胁和突发事件。

团队的培训应注重专业知识和技能的提升。医疗应急响应涉及多个专业领域，团队成员需要具备丰富的医学知识和应急处理技能。需要针对不同岗位的成员进行专项培训，包括医学知识、传染病防控、生物安全措施等，提高其应对突发事件的能力和水平。

团队的培训应注重团队协作和沟通能力的培养。医疗应急响应是一个团队合作的过程，需要团队成员之间密切配合，形成合力。开展团队协作和沟通技能的培训，增强团队成员之间的沟通与协调，提高团队的凝聚力和执行力。

团队的培训应注重模拟演练与实战训练。模拟演练是提高团队应急响应能力的有效方式，可以在模拟场景中进行真实情况的模拟，帮助团队成员在实践中磨练应急处理技能和应变能力。同时，组织实战训练，增强团队成员亲身参与应急事件处置的经验和信心。

团队的培训应注重心理素质和应急反应能力的培养。医疗应急响应工作常常面临高压和紧张的环境，团队成员需要具备良好的心理素质和应急反应能力，才能有效应对各种挑战和压力。因此，应开展心理健康培训，提高团队成员的心理韧性和抗压能力。

团队的培训还应注重法律法规和伦理道德的培养。医疗应急响应涉及诸多法律法规和伦理道德问题，团队成员需要严格遵守相关规定，保障公众利益和个人权益。需要进行法律法规和伦理道德培训，加强团队成员的法治意识和伦理观念，确保医疗应急响应工作合法合规进行。

二、生物安全医疗应急响应的实施流程

（一）应急响应的启动与决策

生物安全医疗应急响应的启动需要建立完善的监测和预警机制。政府和卫生部门应建立生物安全监测系统，定期对可能引发生物安全事件的因素进行监测和评估，提前预警潜在的生物安全风险。监测和预警机制的建立可以帮助及早发现生物安全事件的苗头，为应急响应的启动提供及时的决策依据。

生物安全医疗应急响应的启动应根据实际情况做出迅速决策。一旦发现生物安全事件的迹象或收到相关报告，应急响应机制应立即启动，相关部门应召开应急会议，进行紧急研判和评估，迅速做出应对决策。决策内容应包括确定事件的性质、规模和影响范围，评估医疗资源需求和应对能力，确定应急响应级别和措施，并指导相关部门和人员做好应急准备和应对工作。

生物安全医疗应急响应的实施流程包括多个环节和步骤。首先是信息收集和评估阶段，主要任务是收集、汇总和评估与生物安全事件相关的信息和数据，了解事件的发展趋势和影响范围。其次是指挥调度阶段，根据信息评估结果确定应急响应措施和任务分工，指挥调度相关人员和物资，确保应急响应工作的顺利进行。接下来是资源调配和支援阶段，根据应急响应需求调配医疗资源和人员，为受影响地区提供必要的医疗支援。最后是应急处置和救治阶段，依据应急响应计划和方案，迅速展开生物安全事件的应急处置和救治工作，最大程度地减少伤亡和损失。

生物安全医疗应急响应的实施流程还需要注重多方协调与合作。应急响应工作涉及多个部门和单位，需要建立跨部门、跨领域的协作机制，实现信息共享、资源共享和任务协调。政府和卫生部门应加强与医疗机构、科研机构、社会组织等相关单位的沟通和合作，共同应对生物安全事件带来的挑战。

（二）应急响应的执行与监控

生物安全医疗应急响应的实施流程包括准备阶段、应对阶段和评估阶段。在准备阶段，各级卫生机构和相关部门应建立健全的应急预案和机制，明确责任分工，提前做好物资储备、人员培训和装备更新等准备工作。同时，还需加强与其他相关部门和国际组织的协调合作，形成合力应对突发事件。

在应对阶段，各级卫生机构应根据应急预案的要求，迅速启动应急响应机制，采取有效措施控制疫情扩散。包括及时诊断和报告病例、隔离患者、追踪密切接触者、加强医疗救治和公众宣传等措施。同时，要加强对医护人员的防护与管理，确保其安全参与应急工作。

在评估阶段，各级卫生部门应及时总结经验教训，完善应急响应机制和预案，提高应对能力和水平。对应急响应过程中的不足和问题进行分析，及时调整和改进措施，以提升应对突发事件的能力和效率。

在生物安全医疗应急响应的执行过程中，监控是至关重要的一环。监控包括对疫情、病例、医疗资源、防控措施等方面的实时监测和评估。通过建立健全的监测系统和信息共享机制，及时获取疫情动态和资源情况，为决策提供科学依据。同时，要加强对应急响应措施执行情况的监督检查，确保各项措施落实到位，及时发现并解决问题。

第八章　城市规划与安全设计

第一节　安全城市规划原则

一、安全城市规划的人本原则

人的安全始终是城市规划的首要考量。安全城市规划应当以人为本，关注人的安全与福祉，从而构建一个安全、舒适、宜居的城市环境。在城市规划中贯彻人本原则，意味着将人的安全置于首位，通过科学和综合的手段，确保城市居民在各方面都能够获得充分的安全保障。

人本原则要求城市规划中充分考虑人的生理和心理需求。城市设计应符合人体工程学原理，创造符合人体舒适度的空间环境。例如，在建筑设计中，应合理设置通风、采光等设施，保证空气清新，光线充足，从而提升居民的生活质量。同时，城市规划还应考虑人们的心理需求，提供丰富多样的公共文化设施，营造出安全、和谐、宽松的社区氛围，促进居民之间的交流与互动。

人本原则还要求城市规划从社会公平与正义的角度出发，保障弱势群体的安全权益。在城市规划中，需重视残障人士、儿童、老年人等特殊群体的需求，确保城市环境对他们同样安全友好。例如，在交通规划中，应设置无障碍通道、交通信号灯倒计时等设施，方便行动不便者通行。同时，在城市绿化、公共服务设施布局等方面，也应充分考虑特殊群体的需求，营造一个包容、关爱的城市环境。

此外，人本原则还要求城市规划注重预防与应对突发事件的能力。城市的安全不仅指防范犯罪，还包括防灾减灾、应急救援等方面。城市规划应加强对自然灾害、公共卫生事件等各类突发事件的预防与管理能力。例如，合理设置避难场所、应急疏散通道，提高城市应对灾害的能力；同时，加强城市安防监控系统建设，提高治安防范水平，确保市民的人身和财产安全。

人本原则要求城市规划注重民主参与与社会共治。城市规划不应仅由少数人决策，而应由广大市民共同参与。在城市规划过程中，应充分听取居民的意见和建议，促进政府、企业和市民之间的沟通与合作，形成共识，共同推动城市的发展。只有通过民主参与和社会共治，才能真正实现人本原则，确保城市的安全与可持续发展。

二、安全城市规划的物理环境原则

（一）空间布局

一个关键原则是空间布局的混合功能性。这意味着在城市规划中应避免单一功能区的划分，而应将不同功能的区域有机地结合在一起。例如，将居住区、商业区和休闲区交织，可以减少人们的通勤需求，降低交通事故风险，提高居民的生活质量。

物理环境的可达性是另一个重要原则。城市规划应确保各个区域之间有便捷的交通连接，并提供多种出行方式，包括步行、骑行和公共交通。这样可以减少私人汽车的使用，缓解交通拥堵和尾气排放，同时提高居民的出行安全性。

安全城市规划还需注重建筑和基础设施的抗灾能力。考虑到自然灾害和人为灾害的风险，建筑物和城市基础设施应采取相应的设计和技术措施，提高其抵御灾害的能力。例如，在地震多发地区，建筑物应采用抗震结构设计，以增强抗震性能。

另一个重要原则是环境的可持续性。安全城市规划应促进资源的有效利用和环境保护，确保城市发展不会对环境造成不可逆转的损害。这包括推动可再生能源的使用、减少废物和污染排放、保护自然生态系统等方面。

社区参与也是安全城市规划的关键原则之一。在规划和设计过程中，需积极吸纳居民和利益相关者的意见与建议，确保规划方案符合他们的需求和期望，获得广泛的支持和参与。

（二）基础设施

基础设施规划应考虑自然灾害的影响。城市可能面临地震、洪水、飓风等自然灾害的威胁，因此基础设施设计时需考虑这些潜在灾害，并采取相应措施减少损失与风险。例如，在地震多发地区，建筑物结构应具备抗震能力，排水系统应设计为能应对洪水的情况。

基础设施规划还应促进城市的可持续发展。这意味着要设计和建设能源高效、资源节约、环境友好的基础设施。例如，可采用可再生能源供电，建设雨水收集系统用于灌溉和污水处理，以减少对自然资源的依赖，降低环境影响。

基础设施规划应考虑到城市人口的增长和变化。随着城市化进程的加快，人口密度增加，基础设施需求也相应增大。因此，在规划基础设施时需要预测未来人口增长趋势，确保基础设施能满足未来需求。这可能涉及扩建现有设施、提高设施容量或引入新的技术与创新。

基础设施规划还应注重社会公平和包容性。城市基础设施应为所有居民提供平等的服务和机会，不论其社会经济地位如何。这意味着基础设施布局应确保所有社区能方便接触，同时需考虑到残疾人和老年人等特殊群体的需求，确保设施的普适性和友好性。

基础设施规划应重视技术创新与信息通信技术的应用。新技术的引入可以提升基础设施的效率、安全性和可靠性。例如，智能交通系统可减少交通拥堵和事故，智能电网可提高能源利用效率，智能建筑可降低能源消耗。因此，在基础设施规划中应积极采用新技术，以推动城市发展并提升居民生活质量。

1. 韧性基础设施

韧性基础设施是安全城市规划中的重要物理环境原则之一。韧性基础设施的概念强调城市基础设施在面临各种自然灾害、人为事故及其他突发事件时，能够保持功能完整性并迅速恢复。实施韧性基础设施原则，意味着要建立能够抵御各种挑战、灵活应对不同情况的基础设施系统。

韧性基础设施要求在城市规划中充分考虑自然环境的影响。这包括对地质、气候等自然条件的科学评估，以设计适应不同环境条件的基础设施。例如，在地质条件复杂的地区，建筑物可通过加固技术增强抗震能力；在气候恶劣地区，可采取防洪、防风、防火等措施保障基础设施的稳定运行。

韧性基础设施要求在设计和建设过程中考虑未来发展需求。城市是动态变化的系统，因此在规划基础设施时，应考虑到未来城市发展方向和需求变化。例如，在道路和交通系统规划中，需要预见未来城市交通流量的增长趋势，合理设计道路宽度和交通枢纽，以满足未来交通需求。

此外，韧性基础设施还要求在设计和建设过程中采用先进技术与材料。随着科技发展，新型材料和技术的应用能提升基础设施的抗灾能力和运行效率。例如，智能化技术可实现对基础设施的实时监测和远程控制，及时发现问题并进行调整，从而提高基础设施的运行效率和安全性。

韧性基础设施还要求在规划建设过程中考虑社会经济的可持续发展。城市基础设施的建设不仅要满足当前需求，更需考虑对未来的影响和可持续性。例如，在能源系统规划中，可以采用可再生能源和能效改造等技术，减少能源消耗和环境污染，推动城市能源的可持续发展。

2. 高效交通

高效交通是安全城市规划中至关重要的物理环境原则之一。高效的交通系统是城市发展的重要支撑，安全城市规划应通过合理的交通设计、道路布局和交通设施建设，提升城市交通的效率与安全性。

物理环境原则体现在合理规划道路网络。城市规划应科学设计道路布局，合理规划主干道、支路和次干道，确保交通畅通，减少交通拥堵。此外，规划中还应考虑道路连接性和通达性，方便居民出行，提升交通效率。

物理环境原则体现在交通设施建设。城市规划应合理设置交通信号灯、标识和警示设施，引导车辆和行人遵守交通规则，减少交通事故发生。同时，规划应注重交通设施的可达性和便利性，确保居民能方便使用公共交通，减少私人车辆使用，缓解交通压力。

物理环境原则体现在交通安全设施的设置。城市规划应加强交通安全设施建设，如设置隔离带、护栏、减速带等，减少交通事故，保障行人和车辆安全。同时，规划还应考虑特殊群体的需求，如老年人、儿童等，设置无障碍通道和安全过街设施，提高交通安全性。

物理环境原则还体现在交通系统的智能化建设。随着科技发展，城市规划应结合智能交通技术，建设智能交通系统，如智能交通信号控制、智能监控等，提高交通管理水平和运行效率，进一步增强交通安全性。

第二节 城市基础设施与安全性

一、基础设施与城市安全的关系

（一）支撑城市运作

基础设施为城市提供了必不可少的服务和功能，从而增强了城市的整体安全性。例如，供水系统、电力网络、交通运输系统和通信网络等基础设施的正常运作对城市居民的日常生活至关重要。如果这些基础设施遭到破坏或故障，将会对城市的安全造成严重影响，甚至引发紧急情况。

基础设施的可靠性和韧性对城市的灾害准备和应对至关重要。在自然灾害（如风暴、洪水、地震等）或人为灾害（如恐怖袭击、事故等）发生时，城市的基础设施必须能够承受压力并尽快恢复正常运作。例如，一个具有强大抗灾能力的电力系统可以确保在灾难发生后尽快恢复供电，从而保障医疗设施、紧急服务和其他关键基础设施的运作，提高城市应对灾害的能力。

基础设施的安全性直接影响着居民的生活质量和安全感。例如，良好维护的道路和桥梁可以减少交通事故的发生，安全可靠的供水系统可以防止水源污染和疾病传播，而强大的通信网络则可以提供及时的紧急通知和救援服务。这些基础设施的存在和正常运作使居民感到安全和舒适，增强了城市的整体稳定性。

另一个重要的方面是基础设施的创新和技术发展对城市安全的推动作

用。随着科技的进步，许多新型基础设施正在不断涌现，如智能交通系统、智能电网和智能建筑等。这些创新型基础设施通过应用先进的技术和数据分析，可以提高城市的运行效率、减少资源浪费，并提供更加智能和安全的服务。例如，智能交通系统可以实时监测交通流量，调节信号灯和路况，从而减少交通拥堵和事故的发生。

基础设施的可持续性也是确保城市安全的重要因素之一。随着全球气候变化和资源匮乏的挑战日益加剧，城市需要制定可持续的基础设施发展策略，以确保能源、水资源和交通等基础设施的长期稳定供应。可持续的基础设施不仅可以降低城市对有限资源的依赖，还可以减少环境污染和碳排放，促进城市的可持续发展。

（二）提升应急响应能力

提升应急响应能力是保障城市安全的重要举措之一，而基础设施在这一过程中扮演着至关重要的角色。基础设施是城市生活的支柱，包括道路、桥梁、供水系统、电力网络、通信设施等。这些基础设施的稳定运行直接关系到城市的正常运转和居民的生活安全。基础设施与城市安全密切相关，而提升应急响应能力是保障基础设施运行的重要保障之一。

基础设施对应急响应能力的提升至关重要。在灾害或紧急情况发生时，基础设施的快速恢复和运行至关重要。例如，道路和桥梁的受损会影响救援人员的进出，供水系统和电力网络的瘫痪会影响居民的生活。基础设施应该具备抗灾能力，并在灾害发生后能够快速修复和恢复正常运行，以保障城市的应急响应能力。

基础设施的安全性直接影响城市的安全。基础设施的不安全可能会导致事故和灾难的发生，从而威胁到居民的生命和财产安全。加强基础设施的安全管理和维护是提升城市安全的重要举措之一。这包括定斯检查和维护基础设施设备、加强监控和预警系统、加强安全培训和演练等。

基础设施的建设和布局应考虑到应急响应的需要。例如，道路和桥梁的设计应该考虑到救援车辆的通行需求，供水系统和电力网络的布局应该考虑到应急服务的供应需求。合理的基础设施布局和设计可以提高城市的应急响应能力，减少灾害和事故造成的损失。

基础设施的信息化建设也对提升城市的应急响应能力起着重要作用。信息通信技术的应用可以实现对基础设施运行状态的实时监测和管理，提高对灾害和紧急情况的响应速度和效率。例如，智能监控系统可以及时发现基础设施的异常情况，并通过预警系统进行及时预警，有助于减少灾害的损失。

加强基础设施与城市安全的关系还需要加强政府和社会各界的合作。政府应加强基础设施建设和管理，制定健全的法律法规和政策措施，提高基础设施的安全性和抗灾能力。同时，社会各界应增强安全意识，积极参与基础设施安全管理和维护工作，共同促进基础设施与城市安全的有机结合。

二、提高城市基础设施的安全性

（一）安全标准

安全标准是提高城市基础设施安全性的关键。在城市规划和基础设施建设中，严格执行安全标准可以有效预防事故风险，保障公众的生命和财产安全，从而提升城市的整体安全水平。制定和执行科学合理的安全标准，是确保城市基础设施安全可靠运行的重要举措。

建立统一的安全标准体系至关重要。安全标准应涵盖各个领域，包括建筑、交通、水利、能源等方面的基础设施。这些标准需要综合考虑国家法律法规、行业标准以及国际先进经验，确保其科学性和可操作性。统一的安全标准体系有助于提高基础设施建设的规范化水平，减少安全隐患，保障城市居民的安全。

安全标准应根据城市的实际情况和发展需求进行调整和完善。不同地区的地质条件、气候特点、人口密度等因素都会影响基础设施的安全性要求。在制定安全标准时，需充分考虑当地的特殊情况，量身定制符合实际的安全标准，以保障基础设施的适用性和有效性。

加强安全标准的执行和监督是提高城市基础设施安全性的关键环节。制定再完善的安全标准，如果不能严格执行和有效监督，仍无法达到预期效果。因此，需要建立健全的监督管理机制，加强对基础设施建设和运营过程中的安全问题的监督检查，及时发现并解决存在的安全隐患，确保基础设施的安全可靠运行。

科技发展为提高城市基础设施安全性提供了新的可能。通过先进技术手段，可以对基础设施进行实时监测和远程控制，及时发现并处理潜在的安全风险。例如，智能传感器、人工智能等技术可以实现对建筑结构、交通设施、水利工程等基础设施的全面监测，帮助城市管理者及时了解设施的运行状况，从而预防事故的发生。

加强安全教育和公众参与也是提高城市基础设施安全性的重要途径。公众与基础设施的安全性密切相关，因此应加强公众的安全意识教育，提高他们对安全标准的认识和遵守意识。同时，应鼓励公众积极参与基础设施安全管理，提供意见和建议，共同维护城市基础设施的安全稳定。

（二）维护和管理

提高城市基础设施的安全性是维护和管理城市的核心任务之一。城市基础设施包括道路、桥梁、给水排水系统、电力系统、通信系统等，它们的安全性直接关系到居民的生活质量和城市的可持续发展。通过有效的维护和管理，可以提高基础设施的安全性，确保城市运行的稳定和顺畅。

维护和管理城市基础设施的安全性需要加强日常检查和维护工作。定期对城市道路、桥梁、给水排水系统、电力系统等基础设施进行检查，发现问题时及时修复和加固，防止小问题演变成大灾难。同时，需建立健全的维护管理机制，明确责任部门和人员，确保维护工作有序进行。

维护和管理城市基础设施的安全性也需要加强技术更新和改造。随着科技的发展，许多老化设施已无法满足城市发展的需求，亟须进行更新改造。例如，对老化桥梁进行加固修缮，对老化给水排水系统进行更新换代，以提高基础设施的承载能力和抗灾能力。

维护和管理城市基础设施的安全性还需加强风险评估和应急预案的制定。通过对城市基础设施进行风险评估，可以及时发现潜在的安全隐患，并采取措施加以排除。同时，制定健全的应急预案，明确各部门的应急职责和处置流程，提高城市在突发事件发生时的抗灾能力和应对能力。

此外，维护和管理城市基础设施的安全性需要加强社会参与和公众意识的培养。城市基础设施的安全性不仅仅是政府部门的责任，也需要广大市民的共同参与和监督。政府部门应加强与社区居民的沟通与合作，提高居民的安全意识和自我保护能力，共同维护城市基础设施的安全。

1. 定期检查

定期检查是提高城市基础设施安全性的重要措施之一。城市基础设施包括供水系统、电力网络、交通运输系统、通信网络等，它们的正常运行直接关系到居民的生活质量和城市的稳定发展。定期检查基础设施的安全性可以及早发现潜在问题，并采取相应的修复措施，从而降低灾害风险，保障居民的安全。

定期检查有助于发现基础设施的老化和磨损问题。随着时间的推移，基础设施的各个组成部分都会受到自然环境和日常使用的影响，可能出现裂缝、腐蚀、松动等问题。定期检查能够及时发现这些问题，避免其进一步恶化导致灾难性后果。例如，定期检查桥梁的结构和支撑系统，可以及时发现裂缝和锈蚀，确保桥梁的安全通行。

定期检查还能够发现潜在的安全隐患。城市基础设施可能存在设计缺陷、施工不良、材料质量问题等，这些问题可能导致安全隐患的存在。通过定期检查，可以对基础设施进行全面的安全评估，及时发现并修复潜在隐患。例如，在地铁系统中，定期检查可以发现轨道损坏、信号系统故障等问题，预防地铁事故发生。

定期检查还帮助城市规划和管理部门了解基础设施的运行状况，为制定相关政策和规划提供依据。通过定期检查收集的数据，能够为城市的长期发展和安全保障提供科学依据。例如，定期检查交通信号灯的运行情况，可以为城市规划部门优化交通流量、提高交通安全提供依据。

定期检查还可提高基础设施的可靠性和韧性，增强城市应对灾害的能力。定期检查能帮助发现并修复基础设施的薄弱环节，提高抗灾能力和应急响应能力。例如，定期检查水坝和堤坝的安全状况，可预防洪水灾害发生，保护城市及居民的生命财产安全。

2. 培训与教育

培训与教育能够提高城市基础设施从业人员的专业技能和安全意识。无论是城市道路、桥梁、交通系统，还是供水、供电、供气系统，都需要经过专业人员的设计、建设、维护和管理。这些人员的专业素养和安全意识直接影响到基础设施的安全性。通过系统培训与教育，这些从业人员能够掌握最新的技术和安全标准，提高自身工作水平和安全意识，从而有效预防和应对各类安全风险。

培训与教育能够增强城市居民的安全意识和自救能力。城市基础设施的安全不仅依赖于专业人员，也需要广大居民的配合与参与。通过开展安全知识培训和教育活动，可以提高居民对安全问题的认识，使他们能够正确应对突发事件，增强自我保护能力。例如，在地震、火灾等紧急情况下，居民掌握相应的自救技能，将能够最大程度减少人员伤亡和财产损失。

培训与教育还能够推动城市基础设施安全管理的规范化和科学化。城市基础设施安全管理涵盖多个方面，如制定安全标准、建立监测预警机制、制定应急预案等。通过培训与教育，能够培养出具备专业知识和管理技能的人才，推动安全管理工作的规范化与科学化，提升城市基础设施的整体安全水平。

第三节　空间规划与紧急疏散

一、城市空间规划的原则

（一）可持续性原则

可持续性原则是城市空间规划中至关重要的指导原则之一，旨在实现经济、社会和环境利益的平衡，从而推动长期的可持续发展。城市空间规划的核心目标是确保城市的有序发展和良好的生活质量，而可持续性原则则强调在此过程中最大限度地减少对环境的负面影响，同时促进经济繁荣和社会公正。

可持续性原则要求城市空间规划在规划和设计过程中充分考虑环境因素。这包括合理规划土地利用，避免土地浪费和不合理开发，保护自然生态系统及生物多样性。例如，规划者可通过科学的土地利用规划保护城市周边的绿地和湿地，减少水资源污染和过度消耗，提升植被覆盖率，缓解城市热岛效应等问题。

此外，可持续性原则还强调社会公平和包容性。城市空间规划应充分考虑不同社会群体的需求和利益，确保每个人都能平等享受城市资源和服务。例如，在住房规划中，需要根据不同收入群体和社会阶层的需求，提供多样化的住房选择，确保低收入群体能够获得合适的居住条件。

该原则还要求城市空间规划促进经济的可持续发展。这包括通过合理的产业布局和基础设施建设，推动经济多元化和创新能力，提升城市竞争力与适应能力。例如，通过发展绿色产业和技术，城市可以推动低碳高效的发展模式，创造就业机会并改善居民生活质量。

最后，保护文化遗产和历史建筑也是可持续性原则的重要组成部分。在规划过程中，应尊重并保护城市的历史建筑和文化景观，传承和发扬城市的历史与文化传统。比如，在规划城市核心区域时，应保留和修复历史建筑，合理利用历史文化资源，从而增强城市的文化软实力与吸引力。

（二）人本主义原则

人本主义原则强调以人的需求为出发点，充分考虑居民的生活方式、文化习惯和社会关系。在规划城市空间时，需注重提供多样化的公共服务设施，如教育、医疗、文化设施等，以满足不同群体的需求。同时，还应注重营造包容性强且互动性良好的社区环境，促进居民间的交流与合作。

该原则倡导保护和提升城市空间中的自然环境，创造健康、宜居的生活空间。在规划过程中，应注重自然生态系统的保护，合理利用土地资源，避免过度开发和环境破坏。还应重视绿化与景观设计，增加城市绿地和公园建设，为居民提供休闲娱乐场所，促进身心健康。

人本主义原则还强调城市空间的可持续发展，注重长远利益和未来世代的福祉。在规划和建设过程中，应充分考虑资源利用效率、能源消耗和废物排放等方面的影响，采取可持续发展模式，减少对环境的负面影响。同时，规划中应考虑提升城市的抗灾能力，确保能够应对气候变化等全球性挑战，保障居民安全与福祉。

该原则还倡导民主参与和社会公平，强调在城市规划过程中平衡和协调各方利益。在规划决策时，应积极听取居民的意见和建议，鼓励公众参与，确保规划方案能够反映广大居民的利益与期望。同时，应关注城市空间的社会公平，避免贫富差距扩大，促进资源的公平分配和社会的包容性。

二、紧急疏散的重要性

（一）保障人民生命安全

紧急疏散是保障人民生命安全的首要任务。无论是自然灾害还是人为事故，都可能导致人员处于危险之中。在这种情况下，迅速疏散人员是保护他们生命安全的第一步。通过及时疏散，可以将受灾人员从危险区域转移到安全地带，最大限度地减少伤亡。

紧急疏散能够有效应对灾难蔓延的风险。灾害有时可能会迅速蔓延，并对更广泛的区域造成影响。例如，火灾可能会因风力作用迅速蔓延，洪水可能因堤坝决口波及更大范围。通过紧急疏散，受灾人员能够迅速转移至安全区域，避免灾害蔓延带来的更大损失。

紧急疏散还是保障社会秩序稳定的重要手段。在灾难面前，恐慌和混乱往往会蔓延。如果没有有效的疏散计划，可能会发生踩踏、交通堵塞等问题，进而加剧灾难的负面影响。通过预先制定完善的疏散方案，并定期进行演练和培训，可以提升公众应对灾难时的应急能力，确保社会秩序的稳定。

紧急疏散对于保障城市安全也至关重要。随着城市化进程的加快，城市人口密集度不断增加，灾害发生的频率和影响也日益加剧。城市中的高楼大厦、交通枢纽等一旦发生灾害，可能导致大量人员被困。建立健全的城市紧急疏散体系，对于保障城市居民生命安全具有重要意义。

紧急疏散还反映了国家应对灾害的能力。一个国家的灾害应对能力直接关系到人民的生命财产安全及社会稳定。通过健全紧急疏散机制，强化灾害预警和监测系统，提升救援效率，可以有效减轻灾害损失，体现国家治理水平。

（二）紧急疏散的策略与措施

紧急疏散是指在危险或灾害发生时，组织并实施有序、迅速的撤离行动，确保人员生命安全。随着社会环境日益复杂，灾害、事故及突发事件频发，紧急疏散的策略和措施显得尤为重要。

紧急疏散的策略和措施应基于全面的风险评估。了解可能面临的各种灾害类型和风险，对潜在危险源进行科学分析，制定有针对性的疏散计划和应急预案，是确保疏散行动高效有序的前提。

建立完善的疏散组织和管理体系至关重要。这包括明确疏散责任人员及职责，设立疏散指挥中心，并配备专业的疏散人员和设备。只有通过有序的组织和管理，才能确保在紧急情况下迅速、有效地展开疏散行动，并最大限度地减少人员伤亡。

定期进行紧急疏散演练是提高疏散效率的重要手段。通过模拟真实情况，让参与者熟悉疏散路线、掌握逃生技能，并了解应对紧急情况的步骤，可以显著提升应急反应能力和疏散效率，降低人员伤亡风险。

利用现代科技手段同样能够提升紧急疏散的效率。例如，利用智能化系统监测潜在危险源并提前预警；通过无人机等技术进行空中监测与指挥；利用智能手机应用提供疏散路线和紧急处理指南等，均能在紧急疏散过程中发挥重要作用。

第四节　公共场所安全设计

一、公共场所安全设计的意义

（一）保障人民生命财产安全

保障人民生命财产安全是社会治理和城市管理的首要任务之一，而公共场所安全设计在其中起着至关重要的作用。公共场所安全设计旨在通过合理的规划和设计，有效预防和应对各种安全风险，保障人民在公共场所的安全。这不仅关乎个人的生命财产安全，也直接影响社会的稳定与可持续发展。

公共场所安全设计的重大意义在于保障人民的生命安全。公共场所是人们日常活动和交流的重要空间，其安全直接关系到人民的生命安全。合理的场所布局、安全出口设置和消防设施配备等措施，都是保障人们在突发情况下及时疏散和自救的重要保障。例如，通过设置合适的疏散通道和紧急出口，可以在火灾、地震等突发事件发生时确保人员安全撤离，最大限度减少伤亡。

公共场所安全设计同样有助于保护人民财产安全。在公共场所，人们常携带贵重物品和个人财产，如手机、钱包等。合理的安全设施和监控系统能够有效预防盗窃、抢劫等犯罪行为，保护人民财产安全。例如，安装监控摄像头和报警器可以有效监控并防范不法分子入侵，提高公共场所的安全性，减少财产损失。

公共场所安全设计还可以提升社会治理水平和城市形象。一个安全的公共环境不仅增强人民的安全感和幸福感，还能吸引更多的人流和投资，促进城市的繁荣与发展。例如，加强对商业街区和旅游景点的安保措施，可以吸引更多游客和消费者，提升城市的知名度和美誉度，促进经济增长。

此外，公共场所安全设计有助于提升应急管理和危机处理能力。在面对突发事件和灾难时，合理的安全设计和应急预案能帮助政府和社会组织更加有效地应对和处置，最大限度减少损失。例如，建立健全的应急响应机制和协作网络，加强对公共场所的安全监测和预警，可以在危机发生时迅速组织救援和应对，降低人员伤亡和财产损失。

（二）提高公共场所的使用效率

提高公共场所的使用效率是城市空间规划中的重要任务之一。公共场所的使用效率直接影响城市居民的生活质量和城市的可持续发展。在这一背景下，公共场所安全设计显得尤为关键，其意义不仅在于保障居民的人身安全，更为公共场所的高效利用提供了保障。

公共场所安全设计可以提升公共场所的吸引力和舒适性，从而增强人们的使用意愿。人们在选择使用公共场所时，首要考虑的是场所的安全性。一个安全设计良好的公共场所能够减少人们的担忧和恐惧感，使其更愿意停留并参与各种活动，从而提高了公共场所的使用率和效益。

公共场所安全设计有助于提升城市的形象和品质。一个安全性高的城市意味着其治理水平和管理能力较强，能够吸引更多的人才、资金和资源进入。相反，如果公共场所的安全设计不到位，频繁发生事故或犯罪事件，会对城市形象造成负面影响，降低城市的吸引力和竞争力。

公共场所安全设计有助于提高城市的社会和谐稳定。一个安全的公共环境能减少犯罪事件，降低社会治安风险，增强居民的安全感和归属感。在这种环境中，人们更容易建立良好的社会关系，促进社会交往与互动，增进城市的和谐稳定。

公共场所安全设计还助力提高城市的经济效益。公共场所是城市的重要组成部分，其安全性直接影响商业活动和经济发展。一个安全的公共环境能够吸引更多商家和投资者入驻，带动消费需求，促进商业繁荣。与此同时，公共场所的安全性还会影响城市旅游业的发展，进一步提升城市经济效益。

最后，公共场所安全设计有助于保障城市居民的身体健康和心理健康。安全的公共环境能够减少交通事故和意外伤害的发生，降低居民的伤害风险。同时，公共场所的安全性还会对居民的心理健康产生积极影响，增强他们对城市的归属感和幸福感。

二、公共场所安全设计的要点与建议

（一）安全设施配置

合理布局和配置安全设施至关重要。公共场所的安全设施包括消防设施、监控设备、安全出口等。这些设施应根据场所的功能和规模进行合理配置，确保覆盖面广且布局合理。例如，在商场、地铁站等人流密集的场所，应设置足够数量的安全出口和应急疏散通道，以满足突发事件时的人员疏散需求；在高层建筑和大型公共建筑中，应配置完善的消防设施，包括消防水源、消防器材等，以应对火灾等突发事件。

加强安全设施的技术支持和管理运营。安全设施的功能不仅在于其存在，更在于其能否发挥作用。因此，必须注重安全设施的技术支持和管理运营。例如，监控设备应安装在关键位置，覆盖范围广，保证全天候监控；消防设施应定期维护保养，确保其处于良好状态；安全出口应定期检查并清理，确保通畅，以确保在紧急情况下能够正常使用。

注重人性化设计和用户体验。公共场所的安全设计不仅要考虑安全性，还要考虑人性化和用户体验。例如，在设计安全出口时，应考虑人员疏散的速度和效率，避免因设计不当导致拥堵；在设置监控设备时，应注重保护用户隐私，避免侵犯用户权益；在配置消防设施时，应考虑设备的易操作性，确保在紧急情况下能够迅速启用。

加强安全意识和应急预案的培训。安全设施的配置和公共场所的安全设计只是保障安全的一部分，更重要的是提高人员的安全意识和应急处置能力。应定期组织安全意识培训和应急预案演练，提高人员对安全事件的识别和处置能力。只有做好这些工作，才能在突发事件发生时做出正确反应，最大限度减少人员伤亡和财产损失。

加强安全设施的更新和升级。随着科技的发展和社会的进步，安全设施也在不断更新和升级。公共场所的安全设计必须具备可持续性和前瞻性，及时引入新技术和新设备，提升安全设施的性能和效能。只有不断更新和升级安全设施，才能确保公共场所的安全水平与时俱进，适应不断变化的安全挑战和需求。

（二）管理与运营策略

公共场所安全设计应注重“预防为主”的原则。在规划和设计阶段，应充分考虑各种潜在安全隐患，并采取相应的措施进行预防，如设置合适的出入口、安装安全监控系统、设计合理的疏散通道等，以降低事故发生的可能性。

公共场所安全设计需要充分考虑人性化和便利性。安全设施的设置应符合人们的使用习惯和行为特点，例如设置易于辨识的紧急出口标识、合理设置疏散通道等，以提高人们在紧急情况下的应对效率和安全性。

公共场所安全设计还应充分利用现代科技手段。例如，可以利用智能化安防系统对公共场所进行全天候监控，及时发现异常情况并采取措施；利用智能化疏散导航系统为人们提供疏散指引等，以提升安全性和便利性。

公共场所安全设计也需要与紧急疏散预案相结合。在规划和设计阶段，应考虑疏散路径的设置和合理性，确保人员在紧急情况下能够迅速、有序地疏散到安全区域，最大限度减少人员伤亡。

公共场所安全设计需要加强与相关部门的合作与沟通。安全设计不仅是建筑设计者的责任，还需要与消防、安全监管等部门密切合作，共同制定和实施安全管理措施，确保公共场所的安全性。

第五节　建筑物防灾与安全标准

一、建筑物防灾与安全标准的意义

（一）为建筑业者和使用者提供可靠的安全保障

建筑物防灾与安全标准具有重要意义，不仅关乎建筑业者和使用者的生命与财产安全，还直接影响社会的稳定与城市的可持续发展。因此，建筑业者和使用者应高度重视建筑物防灾与安全标准的制定与执行，确保建筑物在面临各种自然灾害和人为事故时，能够提供可靠的安全保障。

建筑物防灾与安全标准的首要意义在于保障人们的生命安全。建筑物是人们日常生活和工作的重要场所，其安全性直接关系到使用者的生命安全。合理的防灾与安全标准能够确保建筑物在地震、火灾、洪水等灾害发生时，具有足够的抗灾能力，最大限度减少人员伤亡。例如，规定建筑物的耐震等级和防火等级，要求建筑材料和结构具备一定的抗灾能力，以确保在灾害发生时的安全性。

此外，建筑物防灾与安全标准的另一重要意义是保护人们的财产安全。在灾害发生时，建筑物的损坏不仅会造成人员伤亡，还会带来巨大的经济损失。合理的防灾与安全标准可以有效预防建筑物的倒塌、火灾等事故，最大限度减少财产损失。例如，规定建筑物的安全疏散通道和消防设施，增强建筑物的结构安全性和防火性能，从而提升建筑物的抗灾能力，减少灾害造成的损失。

建筑物防灾与安全标准的意义还在于提升社会的安全稳定水平。建筑物作为城市的重要组成部分，其安全状况直接影响城市的安全和社会的和谐发展。严格执行防灾与安全标准有助于提高建筑物的安全性和抗灾能力，减少灾害对社会造成的影响，保障社会的稳定与持续发展。例如，加强对公共建筑和重点场所的安全监管，及时发现并排除安全隐患，可以有效防止安全事故的发生，维护社会安全稳定。

此外，建筑物防灾与安全标准有助于提高城市的抗灾能力和应急管理水平。合理的防灾与安全标准能为城市提供重要的保障，帮助城市在面对自然灾害和突发事件时，快速应对和处置，减少人员伤亡和财产损失，保障城市的安全稳定。例如，建立健全的应急响应机制和协作网络，加强建筑物的安全监测与预警，可在灾害发生时迅速组织救援和应对，减少灾害带来的损失。

（二）鼓励研发和应用先进的防灾技术和材料

鼓励研发和应用先进的防灾技术和材料，是城市空间规划中的一项关键任务。建筑物防灾与安全标准的意义在于为城市的安全发展提供坚实保障，保护人们的生命财产安全，提升城市的抗灾能力，并推动城市的可持续发展。

建筑物防灾与安全标准的制定有助于提升建筑物的抗灾能力，降低灾害发生时的损失。地震、火灾、洪水等自然灾害，以及恐怖袭击、事故等人为灾害时有发生，而建筑物是人们生活、工作和活动的主要场所，因此，其安全性显得尤为重要。通过制定严格的防灾与安全标准，要求建筑物在设计、施工和使用过程中符合相应的抗灾要求，可以有效减少灾害发生时的人员伤亡和财产损失。

建筑物防灾与安全标准的制定还能够提高城市的抗灾能力，增强城市的灾害防范和应对能力。城市是灾害发生的重要场所，建筑物则是城市的主要组成部分，其安全性直接关系到城市的整体安全。通过制定建筑物防灾与安全标准，可以推动建筑业采用更加科学、先进的防灾技术和材料，提升建筑物的抗灾能力，增强城市的整体防灾能力，从而降低城市受灾的损失。

此外，建筑物防灾与安全标准的制定有助于促进科技创新和产业发展。随着科技的不断进步，防灾技术和材料不断更新换代，新型防灾技术和材料层出不穷。通过制定建筑物防灾与安全标准，促使建筑业采纳更加先进的防灾技术和材料，推动科技创新和产业升级，为经济的持续发展提供新动力。

建筑物防灾与安全标准的制定还可以提高公众的安全和防灾意识。通过向社会大众宣传建筑物防灾与安全标准，增强公众对防灾知识的了解和掌握，可以提高人们的防灾意识和自我保护能力。这不仅有助于减少灾害发生时的人员伤亡和财产损失，还能够促进社会的稳定发展，提升人们的生活质量和幸福感。

二、建筑物防灾与安全标准的要求与实施

（一）安全材料使用

建筑物防灾与安全标准的要求主要包括对建筑结构、消防设施、安全疏散通道等方面的规范。建筑结构的抗震、抗风等能力必须符合相应的标准，以确保在地震、台风等自然灾害发生时，建筑物能够承受外部力量的作用，保持基本稳定。同时，建筑物内部应配置完善的消防设施，如火灾报警系统、自动喷水灭火系统等，并确保合格的消防通道和安全出口，以应对火灾等突发事件。安全标准还要求建筑物在设计、施工和使用过程中严格按照相关规定执行，以确保各项安全措施的有效性和可操作性。

安全材料的使用是实施建筑物防灾与安全标准的关键环节之一。安全材料指的是具有较高防灾安全性能和环保性能的建筑材料，如抗震、防火、防水、防爆等特性较好的材料。在建筑物的设计和施工过程中，应优先选择符合安全标准要求的安全材料，并合理配置和使用这些材料。例如，在地震频发地区的建筑物中，应选用具有较高抗震性能的钢材、钢筋混凝土等材料，以提高建筑物的抗震能力；在易燃易爆场所的建筑物中，应选用防火性能良好的建筑材料，如防火板、防火涂料等，以降低火灾发生的

风险。

建筑物防灾与安全标准的实施需要各方共同努力，包括政府部门、设计单位、施工单位、物业管理方等。政府部门应加强对建筑市场的监管，严格执行建筑法律法规和相关标准，确保建筑物的设计、施工和使用符合安全要求；设计单位应严格按照相关标准和规范进行设计，合理配置安全材料，提高建筑物的防灾安全性能；施工单位应严格按照设计要求和施工规范进行施工，确保施工质量达标；物业管理方应加强对建筑物的日常管理和维护，定期检查安全设施的运行状况，及时排除安全隐患，提高建筑物的应急响应能力。

建筑物防灾与安全标准的实施需要不断完善和提升。随着科技的进步和社会的发展，建筑物防灾与安全标准也在不断更新和完善。各方应加强技术研发和经验总结，不断提高建筑物的防灾安全性能和应急响应能力。只有这样，才能更好地保障人们的生命财产安全，促进建筑物的可持续发展。

（二）防火与电气安全

建筑物防灾与安全标准的要求与实施是确保建筑物防火与电气安全的重要措施。在现代社会，建筑物作为人们生活和工作的场所，其防灾与安全标准的要求与实施显得尤为重要。

建筑物防灾与安全标准的要求包括多个方面。其中，防火安全是至关重要的一环。建筑物应符合相应的防火建筑设计规范，包括建筑结构、建材选用、防火分区、疏散通道设置等方面的要求，以确保在火灾发生时能够及时控制火势、保障人员安全疏散。建筑物还应符合相关的电气安全标准，包括电气线路设计、设备选用、接地保护等方面的要求，以防止因电气原因引发火灾或其他安全事故。

建筑物防灾与安全标准的实施需要多方共同努力。建筑设计者应在设计阶段充分考虑防灾与安全标准的要求，合理设计建筑结构和设施布局，确保建筑物能够满足防火与电气安全的相关要求。施工单位应按照设计要求进行施工，确保建筑材料的质量和施工工艺符合标准，确保建筑物的结构和设施安全可靠。相关监管部门应加强对建筑施工过程的监督和检查，确保建筑物的防灾与安全标准得到有效实施。

建筑物防灾与安全标准的实施还需要建立健全的管理机制。建筑物的业主或管理单位应建立健全的安全管理制度，明确安全管理人员的职责和权限，加强对建筑物的日常巡查和维护，及时发现并处理安全隐患，确保建筑物长期处于安全状态。同时，应建立完善的应急预案和应急演练机制，提高人员应对突发安全事件的应急能力，最大限度地减少人员伤亡和财产损失。

第九章 信息安全与网络防护

第一节 信息安全威胁分析

一、信息安全威胁的影响

（一）财产损失

信息安全威胁对个人和组织的财产安全造成了严重影响，成为当前备受关注的重要问题。随着信息技术的迅猛发展及其广泛应用，信息安全威胁的形式和手段日益多样化和复杂化，给个人和组织的财产安全带来了前所未有的挑战。

信息安全威胁直接威胁到个人和组织的财产安全。在数字化时代，个人和组织的财产通常以电子形式存储和管理，如银行账户、财务信息和知识产权等。而信息安全威胁可能导致个人身份信息泄露、账户被盗、商业机密泄露等，从而造成巨大的财产损失。例如，黑客攻击、病毒感染、勒索软件等恶意行为可能导致个人财产被盗或企业数据泄露，造成严重的经济损失。

信息安全威胁还可能导致财务系统的瘫痪和金融损失。许多企业和金融机构依赖信息技术系统进行财务管理和交易处理，一旦遭受黑客攻击、病毒感染等威胁，财务系统可能瘫痪或数据被篡改，导致财务流程中断和交易失败，进而造成严重的金融损失。例如，银行系统遭受 DDoS 攻击导致网银服务中断，客户无法进行正常的资金转账和支付，这将直接影响金融机构的经营和声誉。

信息安全威胁还可能导致知识产权被窃取和商业机密泄露，进而造成企业技术优势的丧失和市场竞争力的下降。在现代商业竞争中，知识产权和商业机密往往是企业的核心资产，包括专利、商标和技术秘密等。而信息安全威胁可能导致这些重要资产被窃取或泄露，给企业带来巨大的经济损失和商誉损害。例如，竞争对手通过黑客手段窃取企业的技术机密，迅速复制产品并在市场上推出竞争品，导致企业市场份额急剧下降。

信息安全威胁还可能导致企业的生产中断和供应链瘫痪，进而影响企业的正常经营和生产。现代企业通常依赖全球供应链来获取原材料和零部件，一旦供应链中的任何环节遭受信息安全威胁，如供应商系统遭受黑客攻击或物流系统遭受病毒感染，都可能导致企业生产中断和交货延误，进而影响企业的生产计划和市场表现。例如，企业的关键供应商遭受勒索软件攻击，导致供应链中断，企业无法及时获得关键零部件，生产线停工，造成严重的生产损失和市场信誉受损。

（二）信息基础设施受损

信息基础设施的受损可能引发严重的信息安全威胁，对个人、组织和社会产生深远的影响。信息基础设施是现代社会运行的关键支撑，包括网络、数据库、服务器等，一旦受到损害，将引发一系列信息安全问题，如数据泄露、网络瘫痪等，给个人和社会带来巨大的损失和困扰。

信息基础设施受损会导致大量敏感信息的泄露，严重侵犯个人隐私。随着信息技术的不断发展，人们的个人信息被广泛应用于各个领域，如社交网络、电子商务等。一旦信息基础设施受到攻击或损坏，存储在其中的个人信息可能被黑客窃取，导致个人隐私泄露。这不仅可能造成个人财产和声誉损失，还可能引发身份盗窃、金融欺诈等问题，严重影响个人的生活和工作。

信息基础设施受损会导致企业和组织运营活动的中断和损失。现代企业和组织依赖信息技术进行日常运营和管理，如企业资源规划系统、客户关系管理系统等。一旦信息基础设施受到攻击或损坏，这些系统可能瘫痪，导致企业生产和服务的中断，造成巨大的经济损失和商誉损害。同时，企业的商业机密和核心竞争力也可能遭泄露，影响企业的长期发展和市场竞争地位。

信息基础设施受损还会影响国家的安全与稳定。现代社会已进入信息化时代，信息基础设施已成为国家安全的重要组成部分。一旦信息基础设施遭受攻击或损坏，可能会导致国家关键基础设施遭受破坏，如电力系统、交通系统等，严重影响国家经济发展和社会稳定。同时，国家机密和军事情报也可能遭泄露，影响国家的国防安全和国际形象。

信息基础设施受损还可能削弱社会的信任和稳定。信息基础设施的安全一旦受到威胁，将导致公众对政府、企业和组织的信任度下降，增加社会的不稳定因素。公众可能会质疑政府的治理能力和信息安全防范能力，进一步加剧社会的不信任和焦虑情绪，进而影响社会的和谐发展与进步。

二、信息安全威胁分析方法

（一）攻击向量分析

信息安全威胁分析方法包括但不限于漏洞分析、威胁建模、攻击树分析等。漏洞分析是通过对系统、应用程序等进行安全审计，识别其中的漏洞和弱点，从而评估可能的攻击路径。威胁建模是通过建立系统的威胁模型，分析可能的威胁来源、攻击目标和攻击手段，识别系统面临的潜在威胁。攻击树分析是一种图形化的分析方法，通过构建攻击树来描述攻击者可能采取的各种攻击路径和行动，从而识别系统面临的安全威胁。

常见的攻击向量包括但不限于网络攻击、恶意软件、社会工程等。网络攻击指攻击者通过互联网或局域网等网络途径对系统进行攻击，如 DDoS 攻击、SQL 注入攻击、跨站脚本攻击等。恶意软件是指攻击者通过植入恶意代码或软件来攻击系统，如病毒、木马、蠕虫等。社会工程是指攻击者通过欺骗、诱导等手段获取系统的敏感信息或用户凭证，如钓鱼攻击、假冒身份攻击等。这些攻击向量可以单独使用，也可以组合使用，对系统造成不同程度的威胁和损害。

信息安全威胁分析还需要考虑威胁的来源、影响和潜在后果。威胁的来源可能包括内部人员、外部攻击者、第三方服务提供商等，因此需要对不同来源的威胁进行分析和评估。威胁的影响可能涉及系统的可用性、完整性和保密性，需要对不同影响类型的威胁进行评估和分类。潜在后果包括系统损失、用户信息泄露、业务中断等，需要分析并制定预防措施应对不同后果的威胁。

信息安全威胁分析是一个持续的过程，需要不断更新和完善。随着技术的发展和威胁形势的变化，安全威胁也在不断演变和升级。信息安全威胁分析应定期进行，并及时调整安全策略和措施，以应对新的威胁和攻击向量。同时，也需加强人员的培训和意识教育，提高其对安全威胁的认识和应对能力，共同维护信息系统的安全与稳定。

（二）威胁建模与评估

威胁建模与评估是常见的信息安全威胁分析方法之一。此方法主要通过识别系统中可能存在的漏洞或弱点，评估这些漏洞对系统安全性的影响程度，从而确定潜在的安全威胁。漏洞可以来自系统软件、硬件设备、网络通信协议等多个方面，因此需要对系统进行全面的漏洞扫描和评估。

威胁情报分析也是一种常用的信息安全威胁分析方法。该方法通过收集并分析来自各种信息来源的威胁情报，包括网络安全厂商的安全警报、黑客活动、漏洞披露等，帮助识别当前可能对系统构成威胁的攻击方式和攻击者的行为特征，从而帮助系统管理员及时采取相应的防御措施。

风险评估方法也是信息安全威胁分析的重要手段之一。通过综合评估系统中各种威胁发生的可能性和影响程度，确定各种威胁的风险等级，系统管理员可以有针对性地制定相应的安全策略和应对措施，从而最大程度减少潜在的安全风险。

攻击路径分析方法是信息安全威胁分析的另一重要手段。通过模拟攻击者可能采取的攻击路径和方式，分析系统中各种安全防护措施的有效性和不足，识别系统中的安全漏洞和薄弱环节，并提出相应的改进建议，从而提高系统的整体安全性。

第二节　网络基础设施安全

一、网络基础设施安全的挑战

（一）网络攻击、恶意软件、拒绝服务攻击等

网络基础设施安全是当今数字化时代的重要议题，面临着多方面的挑战。网络攻击、恶意软件和拒绝服务攻击等威胁不断演变，给网络基础设施的安全带来了严峻的考验。

网络攻击是网络基础设施安全的主要挑战之一。网络攻击者通过利用漏洞、弱密码及其他安全缺陷入侵网络系统，窃取敏感信息、破坏数据或滥用网络资源。例如，黑客通过 SQL 注入攻击获取数据库中的数据，或通过网络钓鱼攻击窃取用户的登录凭证。这些攻击不仅会导致数据泄露和信息丢失，还可能损害组织的声誉和用户信任。

恶意软件也是网络基础设施安全面临的重要挑战之一。恶意软件包括病毒、蠕虫、间谍软件和勒索软件等，它们通常未经用户同意便植入系统，进而破坏系统或监视用户活动。例如，勒索软件通过加密用户文件并要求赎金来解密文件，给个人和组织带来巨大的经济损失。恶意软件还可被用来发起大规模的网络攻击，如分布式拒绝服务（DDoS）攻击，通过大量感染的计算机向目标系统发送过多请求，导致系统无法正常运行。

拒绝服务攻击（DoS）也是网络基础设施安全中的关键挑战。拒绝服务攻击旨在通过消耗目标系统的资源或使其服务不可用来影响系统正常运行。攻击者可能使用多种手段，如 UDP 泛洪攻击和 SYN 洪水攻击，迫使目标系统超负荷运行，从而使其无法响应合法用户的请求。这不仅会导致服务中断，还可能为组织带来重大的经济损失和声誉损害。

（二）技术更新和漏洞修复

随着技术的不断更新和漏洞修复，网络基础设施的安全挑战变得越加严

峻。互联网的普及和对网络基础设施的高度依赖，使得网络安全对个人用户、企业和政府机构都至关重要。

技术的迅速更新为网络基础设施的安全带来了新的挑战。随着新技术的不断涌现，网络基础设施需不断升级以应对新的需求。然而，这种频繁的更新也为黑客提供了新的入侵路径。即便采用了最新的安全措施，仍可能存在漏洞，使得网络基础设施暴露于攻击风险中。

漏洞修复也是一个持续的挑战。尽管软件和系统开发者会定期发布漏洞修复补丁，这些补丁需要及时应用到系统中。然而，在实际操作中，由于种种原因，包括系统复杂性和管理不善，漏洞修复往往未能及时落实，导致网络基础设施长期处于脆弱状态。

网络基础设施的复杂性进一步加剧了安全性的挑战。现代网络基础设施通常由多个组件和子系统组成，这些组件之间互相依赖，任何一个组件的漏洞或遭到攻击，都可能影响整个网络的安全性。网络管理员需要全面了解基础设施的结构及运行方式，并识别潜在的安全风险，才能有效保护网络安全。

随着物联网（IoT）和边缘计算等新兴技术的发展，网络基础设施的边界愈加模糊，这为网络安全带来了新的挑战。新技术为攻击者提供了更多的攻击入口，威胁网络基础设施的安全性。因此，网络管理员需要及时跟进这些新技术带来的安全隐患，并采取相应的防御措施。

二、网络基础设施安全的策略

（一）安全监控系统

网络基础设施安全是现代安全监控系统中的关键组成部分。随着网络技术的快速发展，网络基础设施面临越来越多的安全挑战，因此，制定全面有效的安全策略显得尤为重要。

安全监控系统的建设需要从完善的访问控制措施入手。这包括强化密码策略、实施多因素身份验证、限制用户权限等。通过限制对网络资源的访问，可以有效减少未经授权的访问风险，从而提升网络基础设施的整体安全性。

加强网络设备的安全配置是确保网络基础设施安全的重要步骤。定期更新和升级网络设备的操作系统及软件补丁，以修补已知的安全漏洞。同时，关闭或限制不必要的服务和端口，减少攻击面。配置防火墙、入侵检测系统（IDS）和入侵防御系统（IPS）等安全设备，及时发现并应对潜在的安全威胁。

加密通信是保障网络数据传输安全的有效手段。通过采用加密协议（如SSL/TLS）对网络流量进行加密，防止数据在传输过程中被窃取或篡改。建立虚拟专用网络（VPN）通道，通过加密隧道保护远程访问和数据传输的安全，尤其是在远程办公环境中至关重要。

此外，定期进行安全漏洞扫描和渗透测试，及时发现并修复网络基础设施中存在的安全漏洞和薄弱环节。通过模拟真实的攻击场景，评估网络安全防御的有效性，并根据评估结果及时调整安全策略和措施，从而提升网络基础设施的整体安全性。

加强员工的安全意识教育培训是保障网络安全的另一关键措施。员工是网络安全的第一道防线，他们的行为和操作直接影响到网络基础设施的安全性。通过定期的安全培训，传达安全政策和最佳实践，提升员工对安全威胁的警觉性，有效预防内部安全事件的发生。

（二）基础设施安全设计与配置

基础设施安全设计与配置是网络基础设施安全的关键策略之一。随着网络技术的不断发展，网络基础设施的安全性愈发重要。在设计和配置网络基础设施时，必须综合考虑多方面的因素，采取有效措施确保其安全性。

基础设施安全设计应从网络拓扑结构的规划开始。合理的拓扑结构能够降低潜在的安全风险，减少攻击面。例如，采用分层结构可以将关键设备与公共网络隔离，防止攻击蔓延。同时，拓扑结构应根据网络规模、业务需求以及未来扩展性等因素进行规划，以便灵活应对各种挑战。

安全配置是确保网络基础设施安全的重要手段之一。合理的安全配置包括但不限于强密码策略、访问控制列表（ACL）的配置、及时的漏洞修复和更新、以及网络设备的合理部署等。例如，定期更新设备固件和操作系统可以修补已知漏洞，降低被攻击的风险；而实施访问控制策略可以限制未经授权的访问，保护关键资源的安全。

基础设施安全设计与配置还应考虑网络监控和日志记录。及时发现异常行为并追踪安全事件对于保障网络安全至关重要。建立完善的监控系统并对关键事件进行记录和分析，有助于及时识别并应对潜在的安全威胁。

教育与培训也是基础设施安全的重要组成部分。员工的安全意识和技能直接影响到网络基础设施的安全性。组织应定期开展安全意识培训，提升员工对网络安全的认识和应对能力，减少人为失误导致的安全事件。

基础设施安全设计与配置需要持续评估与改进。随着网络安全威胁的不断演变，定期进行安全评估和漏洞扫描，并根据评估结果及时修订和优化安全策略和配置，才能有效保障网络基础设施的安全性。

第三节　数据隐私与保护

一、数据隐私的重要性

（一）数据隐私的价值

数据隐私的价值在当今数字化社会中愈加突出。随着互联网和大数据技术的飞速发展，个人和组织产生的数据量呈指数级增长，这些数据中包含大量个人身份信息、偏好、行为模式等敏感数据。数据隐私的保护不仅关乎个人权利和自主权的保障，也对社会稳定、经济发展和科技创新产生深远影响。

数据隐私首先体现于个人权利和自主权的保护上。个人的隐私权是一项基本人权，它保护个体免受不必要的干扰和侵害，确保个人在数字化环境中拥有自主权和自由选择的能力。数据隐私保护不仅意味着个人可以控制自己的信息，还能防止个人数据被滥用、泄露或用于不当目的，从而维护个人的尊严、自由与安全。

数据隐私还体现在社会稳定与公共利益的维护上。在数字化社会中，个人与组织之间的数据交换和共享已成为社会运转的基础。然而，若个人数据未得到有效保护，将引发身份盗窃、欺诈等问题，严重危及社会稳定和公共秩序。保护数据隐私不仅是保护个人权利的必要举措，也是保障社会整体利益和公共利益的重要手段。

此外，数据隐私的保护对经济发展和商业竞争力的提升也至关重要。数据已成为商业活动和经济增长的关键驱动力，个人数据更是企业竞争中的重要资源。若个人数据被滥用或未经授权使用，除了损害消费者信任，还可能带来法律责任和商业风险。保护数据隐私不仅有助于构建健康的数据生态系统，还能增强企业的可持续发展能力和市场竞争力。

最后，数据隐私的价值还在于促进科技创新和社会进步。在数字化时代，数据是实现智能化、个性化的核心资源，对于人工智能、大数据分析、物联网等新兴技术的发展至关重要。然而，如果数据隐私得不到有效保护，可能会导致数据孤岛和信息封闭，进而阻碍数据的流动与共享，影响科技创新的进程。保护数据隐私能够推动科技的繁荣发展，并促进社会向更加开放、包容和智能化的方向进步。

（二）隐私泄露的风险

隐私泄露已经成为数字时代的严重问题，给个人、企业和社会带来了巨大的风险与挑战。随着科技的进步和信息化水平的提高，个人的隐私数据越来越容易遭受泄露与滥用。这种情况不仅直接危害个人利益，也可能引发信任危机、经济损失及社会稳定的动摇。

隐私泄露给个人带来的损害不容小觑。个人隐私数据包括身份信息、财务数据、健康记录等敏感内容。一旦这些信息被泄露，个人可能面临身份盗窃、金融诈骗或安全威胁等风险。例如，身份信息被盗用后可能导致信用卡被盗刷，甚至被用于犯罪活动，从而给个人的生活和财产带来重大损失。

隐私泄露对企业和组织构成了严峻的威胁。企业通常会收集并存储大量客户数据、商业机密及其他敏感信息，一旦这些数据被泄露，不仅会损害企业的商业利益和声誉，还可能导致法律责任和经济损失。例如，企业的客户数据库遭受黑客攻击并泄露，不仅会导致客户信任的丧失，还可能面临巨额赔偿和法律诉讼。

隐私泄露同样对社会造成广泛的影响。随着个人与组织之间信息交流的增多，社会愈加依赖数字化信息系统。然而，隐私泄露对这些信息系统的信任构成了严重挑战，削弱了公众对数字技术和互联网的信任。这不仅可能引发社会对数字化转型的反对，也可能加剧社会的不稳定与分裂。

隐私泄露还可能导致个人信息被用于大规模监控和操控。随着数据分析和人工智能技术的发展，个人隐私数据可以被用于精准的定向广告、政治操控或社会控制。这种行为不仅侵犯了个人隐私权，还可能对社会的公平和民主带来严重威胁，加剧社会的不平等与不公正。

二、数据保护的方法与实践

（一）数据加密

数据加密是保护数据安全的基本手段之一。加密通过将数据转换为不可读的形式，确保只有拥有相应密钥的用户才能解密和访问数据。常见的加密算法包括对称加密算法（如 AES）和非对称加密算法（如 RSA）。对称加密算法使用相同的密钥进行加密和解密，而非对称加密算法则使用公钥和私钥进行加密和解密，后者更适用于安全地传输密钥。

密钥管理是保证加密系统安全的关键。安全地生成、存储和传输密钥至关重要，密钥应具备足够的长度和随机性，防止被猜测或破解。同时，定期轮换和更新密钥也是保持系统安全性的重要措施。采用专门的密钥管理系统（KMS）来管理密钥，可以确保密钥的安全存储和合理分发。

对于数据的传输过程，采用安全传输协议同样是确保数据安全的重要手段。例如，使用 SSL/TLS 协议对数据进行加密传输，以防止数据在传输过程中被窃取或篡改。此外，建立虚拟专用网络（VPN）通道，利用加密隧道保护数据在公共网络上的传输安全性。

除了加密数据本身，对数据访问进行严格控制也是保护数据安全的重要措施。实施访问控制策略，限制用户对数据的访问权限，确保只有授权用户才能访问敏感数据。采用身份认证和授权机制，确保用户身份的合法性，并根据用户角色和权限分配数据访问权限。

数据备份和灾难恢复计划同样是数据保护的重要组成部分。定期备份数据，并将备份数据存储在安全可靠的地方，以防止数据丢失或损坏。建立完善的灾难恢复计划，确保在数据丢失或损坏时能够及时恢复数据，并尽量减少业务中断时间。

员工安全意识教育培训是数据保护的另一重要环节。员工是数据安全的第一道防线，其安全意识和行为直接影响数据的安全性。通过定期的安全培训和教育，向员工传达数据安全政策和最佳实践，增强他们对数据安全风险的认识和应对能力，减少内部安全事件的发生。

（二）合规与政策

1. 遵循相关的数据保护法律和规定

遵循相关的数据保护法律和规定是确保数据安全的关键步骤之一。在当今数字化时代，数据作为一种宝贵资产，其保护至关重要。建立有效的数据保护方法与实践对于保障个人隐私和数据安全具有重要意义。

数据加密是保护数据安全的基本方法之一。通过采用强加密算法对数据进行加密处理，可以有效防止数据在传输和存储过程中被未授权的访问者窃取或篡改。例如，采用端到端加密技术确保敏感数据在传输过程中即使被截获也无法被解密。

建立健全的访问控制机制同样是保护数据安全的核心举措。通过限制数据访问权限，只允许授权用户访问所需数据，可以有效防止未经授权的访问和数据泄露。访问控制机制可以通过身份验证、授权与审计等手段来实现，确保只有合法用户才能访问和操作数据。

数据备份与恢复也是保护数据安全的重要手段之一。通过建立定期备份机制，并将备份数据存储在安全可靠的地方，可以在数据意外丢失或遭受攻击时及时恢复数据，最大限度地减少损失。此外，定期测试数据恢复流程的有效性，以确保备份数据的可靠性和完整性。

持续的数据安全培训与意识提升是保护数据安全的重要措施之一。员工是数据安全的重要环节，其安全意识和行为直接影响到数据的安全性。组织应定期开展数据安全培训，提高员工对数据安全的认识和应对能力，减少由于人为失误导致的数据安全事件。

2. 制定和实施内部数据保护政策和程序

制定和实施内部数据保护政策和程序对确保组织数据安全至关重要。数据保护的方法与实践涵盖多个方面，包括数据分类与标记、访问控制、加密技术、数据备份与恢复、员工培训与意识提升等，这些措施共同构成了全面的数据保护体系。

数据分类与标记是数据保护的重要方法之一。通过对数据进行分类和标记，可以根据数据的敏感程度和重要性确定相应的保护措施。例如，将个人身份信息、财务数据等敏感信息标记为高风险数据，并采取更严格的安全控制措施，如加密和访问审批。而对一般业务数据则可采取相对宽松的安全措施，以确保数据的安全性和可用性。

访问控制是数据保护的核心措施之一。通过建立严格的访问控制机制，限制对敏感数据的访问权限，可以防止未经授权人员获取敏感信息。访问控制可以通过身份验证、授权和审计等手段实现。例如，采用强密码策略、多因素身份验证等技术来确保只有授权人员能访问敏感数据，并通过审计和监控及时发现并应对潜在安全威胁。

加密技术是保护数据安全的重要手段之一。通过对数据进行加密，可以在传输和存储过程中有效防止数据被未授权人员访问或窃取。现代加密技术已经非常成熟，能够实现端到端加密，确保数据在传输和存储过程中的安全性。此外，采用合适的密钥管理策略，确保加密算法的安全性和可靠性。

数据备份与恢复是保护数据安全的重要手段。定期备份数据并将其存储在安全可靠的地方，可以在数据丢失或受损时快速恢复数据，最大限度地减少数据丢失风险。同时，通过制定恢复计划并进行演练，确保在发生数据灾难时能够迅速恢复数据，降低数据损失对组织的影响。

员工培训与意识提升是数据保护的另一关键环节。员工是组织数据安全的第一道防线，他们的行为和意识直接影响数据的安全性。组织应定期开展员工培训，教育员工了解数据保护的政策、程序和最佳实践，提升其对数据安全的重视，并增强防范和应对数据安全威胁的能力。

第四节　威胁检测与应对

一、常见的信息安全威胁类型

（一）恶意软件（Malware）

恶意软件（Malware）是信息安全领域中最常见和破坏性最大的威胁之一。恶意软件种类繁多，攻击方式多样，给个人、企业和组织带来了严重的安全风险和损失。从传统的计算机病毒到最新的勒索软件，恶意软件的威胁类型持续演变，给信息安全带来了长久的挑战。

计算机病毒是最经典和常见的恶意软件之一。它通过感染系统文件或程序，破坏系统功能、窃取用户信息或传播自身，从而对计算机系统造成直接的损害。传统计算机病毒通常需要用户执行感染文件或程序才能传播，但随着技术的进步，新型的自动感染病毒已经能够通过利用系统漏洞进行自我传播。

蠕虫（Worm）是另一种常见的恶意软件类型。与计算机病毒不同，蠕虫能够自我复制并传播到网络中的其他计算机，而无需用户的干预。蠕虫利用网络漏洞和弱口令等手段，迅速传播并感染大量计算机，导致网络拥塞、系统崩溃及信息泄露等严重后果。

间谍软件（Spyware）也是一种常见的恶意软件威胁。它通常在系统中潜伏，监视用户的网络活动，收集个人信息并将这些信息传输给黑客或第三方。间谍软件不仅侵犯用户隐私，还可能导致身份盗窃、金融损失等风险。

广告软件（Adware）也是一种常见的恶意软件。它通过弹出广告或篡改浏览器主页等方式，向用户展示大量广告内容，以获取点击收入或推广特定产品。虽然广告软件看似仅为烦扰，但它可能导致系统性能下降、网络速度变慢，甚至捆绑其他恶意软件，从而带来安全隐患。

勒索软件（Ransomware）近年来已成为信息安全领域的主要威胁之一。勒索软件通过加密用户文件或系统，迫使用户支付赎金来解密文件或解锁系统。勒索软件攻击手段多样，通常通过电子邮件附件、恶意链接等方式传播，给个人用户、企业和组织带来了巨大的经济损失和信任危机。

（二）身份盗窃（Identity Theft）

身份盗窃（Identity Theft）是另一种常见的信息安全威胁，可能对个人和组织造成严重损失。攻击者通过窃取用户的个人信息，冒充受害者进行欺诈或其他非法活动。除了身份盗窃，其他常见的威胁类型还包括：

恶意软件（Malware）是一种普遍的信息安全威胁，包括病毒、蠕虫、特洛伊木马和间谍软件等。这些恶意软件通过感染计算机系统，窃取个人信息、盗取银行账户、加密文件勒索等方式造成严重损害。

网络钓鱼（Phishing）是一种常见的网络攻击手段，攻击者伪装成合法机构或个人，诱使用户提供敏感信息，如账号和密码。网络钓鱼通常通过电子邮件、社交媒体、短信等方式传播，严重威胁个人和组织的信息安全。

拒绝服务攻击（Denial of Service，DoS）和分布式拒绝服务攻击（Distributed Denial of Service，DDoS）是常见的攻击类型。攻击者通过向目标系统发送大量请求，占用系统资源或使其崩溃，从而导致服务无法使用，对组织造成损失。

零日漏洞（Zero-day Vulnerabilities）是指尚未被厂商发现或修复的安全漏洞，攻击者可以利用这些漏洞进行攻击，造成未知的安全风险。

密码破解和口令泄露也是常见的威胁类型。攻击者通过暴力破解、社会工程学等手段，窃取用户的密码或口令，从而盗取账号信息、个人数据等敏感信息。

社交工程（Social Engineering）攻击者通过伪装成信任的来源，如朋友、同事或客服人员等，诱使用户提供个人信息或执行恶意操作。社交工程攻击利用人类的信任心理和好奇心，对信息安全构成威胁。

数据泄露（Data Breach）和数据泄露事件也是常见的威胁类型。无论是由内部员工的失误、外部攻击者的入侵，还是第三方服务提供商的安全漏洞，数据泄露都可能导致敏感信息的泄露和个人隐私的曝光，给组织和个人带来严重损失。

随着物联网（Internet of Things，IoT）设备的广泛应用，其安全问题也引起了广泛关注。许多物联网设备存在安全漏洞，可能被攻击者利用，给个人和组织的信息安全带来潜在威胁。

二、信息安全威胁检测与应对策略

（一）入侵检测系统（IDS）

入侵检测系统（IDS）在信息安全领域中发挥着至关重要的作用。它是一种用于监视网络或系统中的异常活动及潜在攻击的安全工具。为了应对各种信息安全威胁，采取有效的检测与应对策略是确保网络安全的关键。

IDS 应基于多种检测技术，包括签名检测、行为分析和异常检测等。签名检测通过识别预先定义的攻击特征来检测已知攻击模式，适用于已知威胁的识别；行为分析则基于对正常网络行为的学习和分析，发现异常活动，这可能是未知攻击的预警；而异常检测则侧重于识别与正常行为不符的活动，可能是新型攻击或零日漏洞的表现。

及时响应是有效应对信息安全威胁的核心。一旦 IDS 检测到异常活动或潜在攻击，必须立即采取相应的应对措施，阻止攻击的进一步扩展和破坏。应对措施包括阻断攻击源 IP、封锁恶意流量、隔离受感染的系统等。及时响应能够最大程度地减少攻击带来的损失。

除了技术层面的防御措施，建立完善的威胁情报和信息共享机制也是应对信息安全威胁的重要策略。通过收集、分析并共享最新的威胁和攻击信息，组织能够及时了解当前的安全态势，并据此采取相应的防御措施。这要求组织与安全厂商、行业组织及其他机构建立合作关系，共同应对信息安全威胁。

定期进行漏洞扫描和安全评估也是有效的信息安全威胁检测与应对策略之一。通过定期扫描系统和应用程序，及时修补已知的漏洞，可以减少遭受攻击的风险。同时，定期进行安全评估和渗透测试，有助于发现潜在的安全漏洞和弱点，进而加强系统的安全性和稳定性。

持续的安全培训与意识提升也是重要的应对策略。员工是信息安全的关键环节，他们的安全意识和行为直接影响组织的整体安全水平。组织应定期开展安全培训，提升员工对信息安全的认识和应对能力，减少因人为失误而导致的安全事件。

（二）安全威胁应对策略

在数字化时代，信息安全威胁不断变化，给组织的数据和信息系统带来了严峻挑战。制定有效的安全威胁应对策略，建立健全的信息安全威胁检测与应对机制，对确保组织的信息安全至关重要。信息安全威胁检测与应对策略涵盖多个方面，包括威胁情报收集、安全事件监测与分析、应急响应与恢复等。通过综合实施这些策略，组织能够有效提高对安全威胁的识别、防范和应对能力。

威胁情报收集是信息安全威胁检测与应对策略的重要环节。通过收集来自多个渠道的威胁情报，包括公开的漏洞报告、安全厂商发布的安全威胁通告、黑客社区的信息等，组织能够及时了解当前的安全形势，识别潜在的威胁和攻击手段。同时，建立威胁情报共享机制，与其他组织和安全机构合作，共同应对安全威胁。

安全事件监测与分析是策略的核心组成部分。通过部署安全监测系统和安全信息与事件管理（SIEM）工具，组织能够实时监控网络流量、系统日志和安全事件，及时发现异常行为和安全事件。结合威胁情报和安全事件分析技术，可以深入分析安全事件，识别攻击者的行为模式和攻击手段，为后续的应急响应和恢复工作提供有力支持。

应急响应与恢复是信息安全威胁应对策略的重要部分。一旦发生安全事件或遭遇攻击，组织应迅速采取应急响应措施，防止攻击的蔓延和进一步破坏，同时尽快恢复受影响的系统和数据。为此，组织需要建立完善的应急响应团队和流程，明确责任分工，提前进行应急演练和预案验证，确保在安全事件发生时能迅速有效地响应并处置。

同时，加强安全意识培训和教育也是必不可少的部分。通过定期组织安全培训和演练活动，提升员工的安全知识和应对能力，使其能够识别并应对各类安全威胁，增强组织在面临安全事件时的应对能力和抗风险能力。

第五节　公共机构信息安全策略

一、公共机构信息安全的重要性与挑战

（一）信息安全的重要性

1. 公共责任

信息安全是当今社会面临的重大公共责任，其重要性无可忽视。随着信息技术的迅猛发展和数字化社会的不断深化，信息已经成为社会运作和个人生活的重要组成部分。然而，信息量的增长和传播也伴随了安全风险的增加，信息安全问题愈加突出，已成为社会发展中不可回避的挑战。

信息安全直接关系到个人隐私和权益。在数字化时代，大量个人信息被存储在各类电子设备和互联网平台上，涉及个人身份信息、财务信息、健康记录等多个方面。如果这些信息遭到泄露或滥用，个人隐私将遭受侵害，可能导致身份盗窃、财务损失等严重后果。保护个人信息安全是保障个人权益和尊严的基本要求。

信息安全关乎社会稳定和公共秩序。信息系统已广泛渗透到社会的各个领域，包括政府机构、金融系统、能源供应和交通运输等关键领域。一旦这些关键信息系统遭受攻击或破坏，可能引发社会秩序的混乱和公共服务的中断。例如，黑客攻击政府网站可能会导致信息发布和公共服务中断，严重影响社会运行和民众生活。

信息安全还关乎国家安全和战略利益。随着信息化进程的加速，信息已经成为现代国家的重要战略资源。各国政府和军队高度依赖信息技术进行情报收集、军事指挥和国防保障等活动。若关键信息系统遭受攻击或渗透，可能对国家安全和战略利益造成严重威胁。因此，加强信息安全防护，确保国家信息基础设施的安全稳定运行，已成为国家安全的重要组成部分。

信息安全同样关乎经济发展和社会进步。信息技术的广泛应用是推动经

济增长和社会发展的重要动力。然而，信息安全问题的存在可能会阻碍信息技术的应用和发展，进而影响经济发展和社会进步。例如，企业面临的安全风险可能导致商业机密泄露，影响商业活动的正常开展，最终影响企业的竞争力和发展前景。

2. 国家安全

国家安全是国家生存和发展的重要基石，而信息安全则是国家安全的关键组成部分。信息安全在多个层面上对国家安全至关重要。

信息安全关乎国家政治安全。在当今世界，信息已成为政治斗争和外交博弈的重要手段。通过控制和操纵信息，国家可以影响其他国家的政策、决策和公共舆论，进而实现自己的政治目标。因此，保护信息安全是维护国家政治安全的必要前提。

信息安全与国家经济安全密切相关。随着信息技术的迅猛发展，信息已经成为现代经济发展的核心资源。国家的经济竞争力和创新能力在很大程度上依赖于信息的获取、传输和利用。确保信息安全不仅有助于保护国家的经济利益，还能确保国家的经济繁荣和可持续发展。

信息安全同样涉及国家军事安全。现代军事行动越来越依赖信息技术和网络系统，信息战已成为一种新型战争形式。攻击者通过网络攻击、网络侦察和渗透等手段破坏敌方信息系统，从而获取战略优势。因此，确保信息安全对于维护国家军事安全至关重要。

信息安全也对国家社会稳定和治安至关重要。信息技术的广泛应用改变了人们的生活方式和社会结构，同时也带来了新的社会问题和挑战。信息安全事件和网络犯罪可能引发社会动荡，增加不安定因素，威胁国家的社会稳定。因此，保护信息安全对于维护国家社会稳定和治安具有重大意义。

信息安全还关系到国家文化和价值观的传承与发展。信息技术不仅影响人们的生产和生活方式，还塑造着人们的思想观念和文化习惯。保护信息安全有助于防止有害信息对国家文化和价值观的侵蚀，从而维护国家的文化自信和民族精神。

（二）信息安全面临的挑战

1. 复杂的威胁环境

复杂多变的威胁环境使得信息安全面临前所未有的挑战。随着技术的快速发展和互联网的普及，网络攻击手段和形式也变得更加多样和复杂。以下将从多个角度探讨信息安全所面临的挑战。

网络攻击的普遍化和频繁化是信息安全面临的重要挑战之一。传统网络安全边界日益模糊，越来越多的组织和个人成为网络攻击的目标。同时，网络攻击的手段也在不断演进，包括钓鱼攻击、勒索软件、DDoS 攻击等，这些攻击方式对信息安全构成了巨大的威胁。

信息泄露和数据泄露是信息安全面临的另一个重要挑战。大量个人和组织的数据存储在互联网上，一旦这些数据泄露，可能导致严重的隐私泄露和经济损失。数据泄露的原因可能是技术漏洞、人为失误或内部恶意行为，对信息安全构成了严峻的挑战。

新兴技术的迅速发展为信息安全带来了新的挑战。物联网、云计算、人工智能等新兴技术的普及应用，为黑客提供了更多攻击目标和手段。这些新技术本身也存在着安全漏洞和风险，需要采取适当的安全措施进行保护。

全球化和跨境互联网的发展也为信息安全带来了挑战。网络攻击不再受地理限制，攻击者可以通过互联网跨越国界进行攻击，给国家安全和企业安全带来了新的威胁。而不同国家和地区的法律法规和安全标准差异，也使得信息安全合规变得复杂和困难。

人为因素也是信息安全面临的关键挑战。尽管技术可以提供多种安全防护措施，但人为失误和内部恶意行为仍然是信息安全的薄弱环节。员工的安全意识和行为直接影响信息安全的稳固性。因此，加强员工安全培训和意识提升，建立完善的安全管理机制至关重要。

信息安全攻防的不对称性也是一大挑战。攻击者通常比防御者更容易获得资源和技术，攻击者只需找到一个系统漏洞便可实施攻击，而防御者需要保护所有漏洞，这种不对称性使得信息安全防护越发困难。

2. 技术更新换代

技术更新换代是信息安全面临的长期挑战。随着新技术的不断涌现和旧技术的逐步淘汰，信息安全面临着新的挑战和压力。具体挑战体现在技术漏洞、安全风险增加、安全人才短缺以及安全意识不足等方面。

技术更新换代引发的新安全漏洞和风险是其中一大挑战。新技术的快速发展带来了新的安全漏洞和攻击面。例如，随着物联网、人工智能和区块链等新技术的普及，智能设备、大数据系统和分布式应用的安全性面临着越来越多的挑战。攻击者可以利用这些技术中的漏洞实施攻击，威胁组织的信息系统和数据安全。

技术更新换代也增加了对安全人才的需求。然而，当前安全人才的供给远不能满足日益增长的需求，导致市场上的安全人才竞争异常激烈。同时，新技术的复杂性和多样性也使得安全人才的培养和发展变得更具挑战性。

技术更新换代也带来了安全意识和文化建设的难题。随着新技术的应用和普及，用户对信息安全的重视和理解仍显不足。许多用户对新技术的安全风险认识不足，容易成为攻击目标。因此，加强安全意识教育和文化建设，提高用户对信息安全的重视和自我保护能力，已成为信息安全工作中的一项重要任务。

技术更新换代对信息安全管理和风险评估也提出了新的挑战。随着新技术的应用，信息系统的复杂性不断增加，信息安全管理的难度也随之加大。传统的管理方法和工具可能无法满足新的安全需求，因此需要不断创新和改进。同时，新技术带来的安全风险形式和特点不断变化，风险评估和应对策略也需不断调整，以确保信息安全管理的有效性。

二、公共机构信息安全策略与实践

（一）持续监控与审计

公共机构在信息安全领域面临诸多挑战，因此持续监控与审计成为其信息安全策略中不可或缺的一部分。持续监控与审计是一种有效的管理手段，能够帮助公共机构发现潜在的安全风险和漏洞，并及时采取应对措施，从而确保信息系统的安全稳定运行。

持续监控与审计有助于及时发现安全威胁和漏洞。随着信息技术的快速发展和应用，公共机构面临越来越复杂的安全威胁和攻击。通过持续监控信息系统的运行状态，并审计关键数据的安全性，可以及时发现系统中的安全漏洞、异常行为或未经授权的访问等问题，提前发现潜在的安全威胁，并采取相应的应对措施，防止安全事件的发生和蔓延。

持续监控与审计有助于提升信息系统的响应能力和应急处理能力。在信息安全事件发生时，公共机构需迅速做出反应，并采取有效的措施应对和处置，以最小化安全事件对系统运行和业务活动的影响。通过持续监控信息系统状态并审计关键数据的安全性，可以及时发现安全事件，迅速响应，采取相应措施进行应急处理，确保信息系统的安全稳定运行。

持续监控与审计有助于提升信息系统的合规性和可靠性。公共机构在信息系统的建设和运营过程中，需遵循法律法规、政策标准和行业规范，以确保信息系统的合规性和可靠性。通过持续监控信息系统的运行状态并审计关键数据的安全性，可以及时发现合规性问题，并采取措施加以整改，确保信息系统的合规性和可靠性，维护公共机构的声誉和信誉。

持续监控与审计有助于提升信息系统的性能和效率。信息系统作为公共机构重要的业务支撑工具，其性能和效率直接影响公共服务的质量和效果。通过持续监控信息系统状态并审计关键数据的安全性，可以及时发现性能瓶颈和效率问题，并采取相应的优化措施，提升系统性能，进而提高公共服务的质量和效果。

（二）信息安全策略制定

1. 政策与规定

信息安全策略的制定对于保障组织的信息资产安全至关重要，政策与规定构成了信息安全策略的核心，是确保组织信息安全的法律和制度基础。信息安全策略的制定应充分考虑政策与规定的要求，确保符合相关法律法规和行业标准。

制定信息安全策略应遵循相关法律法规和政府规定。各国和地区的法律环境不同，组织应根据所在地的法律框架，制定符合要求的信息安全策略。例如，欧盟的《通用数据保护条例》（GDPR）要求组织对个人数据进行合法、公正和透明的处理，因此组织需在信息安全策略中落实相应的个人数据保护措施。

信息安全策略的制定应考虑行业标准和最佳实践。各行业都有相应的信息安全标准和最佳实践，组织可参考这些标准和实践，制定符合自身业务需求的策略。例如，金融行业通常采用国际金融标准组织（ISO）的《金融服务业信息安全管理指南》（ISO/IEC 27002）作为信息安全管理的参考标准，以确保金融数据和资产的安全。

信息安全策略的制定还应考虑组织内部的特点和需求。不同组织在业务模式、信息资产、技术基础等方面有所差异，因此信息安全策略应根据实际情况定制。例如，技术型企业可能更注重技术安全措施，而服务型企业则可能更侧重员工培训和意识提升。

信息安全策略的制定还需考虑风险管理和合规性要求。信息安全策略应包括信息安全风险评估与管理，明确关键信息资产和潜在威胁，并制定相应的应对措施。此外，策略应确保信息安全合规性，尤其是对个人数据保护、数据传输和存储安全等方面的合规性要求。

信息安全策略的制定应注重全员参与和持续改进。信息安全不仅是技术问题，还涉及组织文化和员工行为等多个层面，因此策略制定需要全员参与，确保各级员工对信息安全的重视和理解。同时，信息安全策略应是一个持续改进的过程，定期评估和更新策略，以应对不断变化的威胁和业务需求。

2. 风险评估

风险评估在信息安全策略制定中起着至关重要的作用。信息安全策略的目标是保护组织的信息资产免受各种威胁和风险的侵害，而风险评估则是识别、分析和评估这些威胁的关键步骤。通过科学的风险评估，组织能够有效地识别信息资产的价值、敏感程度和潜在风险，从而为制定合理有效的信息安全策略提供支持。

风险评估有助于识别和理解组织的信息资产。信息资产是组织最重要的资源之一，包括数据、系统、网络和应用程序等。通过风险评估，组织可以全面了解其信息资产的价值、敏感度及位置，确保能采取适当的保护措施，保证信息资产的安全性和完整性。

风险评估有助于识别潜在的威胁和风险。通过分析组织信息资产、业务流程和技术环境，识别潜在的威胁和漏洞，包括来自恶意攻击者、内部员工、技术故障、自然灾害等方面的威胁。风险评估可以帮助组织及早发现和识别这些威胁，从而采取预防措施。

风险评估有助于确定安全控制措施和优先级。通过分析各种威胁和风险的潜在影响和可能性，组织可以明确需要采取的安全控制措施。这些控制措施可包括技术、管理和组织措施，如加密、访问控制、员工安全培训等。通过风险评估，组织能够根据实际需求，针对性地制定和实施安全控制措施，提高信息资产的保护水平。风险评估有助于持续改进信息安全管理体系。信息安全是一个动态过程，随着业务环境和技术的发展，威胁和风险也在不断演变。定期进行风险评估有助于发现新的威胁和漏洞，及时调整安全策略与控制措施，并借助评估结果持续完善信息安全管理体系。

第十章 自然灾害与气象风险管理

第一节 地质灾害与防范

一、常见的地质灾害类型

（一）地震（Earthquake）

地震是最常见且具有破坏性的地质灾害之一，但除了地震，地球上还有多种其他类型的地质灾害，它们同样可能对人类社会、经济和生态环境造成严重影响。以下将讨论常见的地质灾害类型，以帮助更好地了解和应对这些自然灾害。

除了地震，火山喷发也是一种常见的地质灾害类型。火山是地球表面的一种地质构造，其内部充满高温岩浆和气体。当岩浆喷发至地表时，会释放大量热能、岩浆和火山灰，形成火山口及其周围的喷发物。火山喷发不仅会直接破坏周围环境和生态系统，还可能使火山灰和岩浆流入周围城市和农田，造成严重人员伤亡和财产损失。

山体滑坡是另一种常见的地质灾害类型。山体滑坡通常发生在陡峭的山坡或山谷中，由于地质构造的变化、降雨的侵蚀或人类活动等原因，山体的稳定性受到破坏，从而发生滑坡。山体滑坡不仅会导致土地丧失和生态环境的破坏，还可能造成居民伤亡和财产损失，对当地的经济和社会造成严重影响。

地质液化是另一种常见的地质灾害类型。地质液化通常发生在地震时，当地下水饱和的土壤受到地震波的影响时，土壤失去支撑力，变得像液体一样，导致建筑物、道路和桥梁等结构物发生倾斜、倒塌甚至崩溃。地质液化不仅直接破坏建筑物和基础设施，还可能造成人员伤亡和社会混乱，对城市的正常运行和社会秩序造成严重影响。

地质沉降也是常见的地质灾害类型。地质沉降通常由地下水过度开采、地下开采、地震等原因引起地下岩层的塌陷或变形。地质沉降不仅会导致地表和建筑物的沉降和变形，还可能引发地下水位下降、土壤盐碱化和地表龙卷风等问题，对生态环境和农田产生严重影响。

（二）滑坡（Landslide）

滑坡（Landslide）是一种常见的地质灾害，指的是地表或岩体在重力作用下沿着滑动面发生的大规模移动现象。除了滑坡，地球上还有许多其他常见的地质灾害，以下将对它们进行讨论。

地震（Earthquake）是另一种常见的地质灾害，通常是地球内部能量释放的结果。地震的发生可能导致地表震动、地裂缝、地面沉陷等地质灾害，对人类社会和经济造成严重影响。

火山喷发（Volcanic Eruption）也是一种常见的地质灾害。火山活动可能导致岩浆、火山灰和烟尘等物质喷发至地表，造成火山灾害，严重破坏周围环境和人类社会。

地面塌陷（Subsidence）是一种常见的地质灾害，指由于地下矿产开采、地下水抽取或地下空洞的形成等因素导致地表下沉或塌陷。地面塌陷可能导致房屋倾斜、道路断裂、地下管道破坏等灾害。

泥石流（Debris Flow）是另一种常见的地质灾害类型，通常由山体坡面的泥土、岩石、植被等材料在水的作用下形成流动体，具有高速、大量和强破坏性的特点，主要威胁山区和陡坡地区。

岩溶塌陷（Karst Collapse）是一种常见的地质灾害，通常发生在岩溶地貌区域。地下水对溶解性岩石（如石灰岩）的侵蚀，可能导致地表或地下洞穴坍塌，形成岩溶塌陷灾害，严重损害地表和地下设施。

地面涌水（Groundwater Inrush）是常见的地质灾害，通常发生在矿井、隧道等地下工程中。地下水突然涌入工程空间，可能导致地下水位上升、地面沉降和工程设施破坏等灾害。

岩体崩塌（Rockfall）是一种常见的地质灾害，指岩石在山体坡面上坠落或滚动的现象。岩体崩塌可能受到地震、水文过程或人类活动等因素的影响，严重威胁山区公路、铁路和建筑物。

冰崩（Ice Avalanche）是常见的地质灾害类型，通常发生在高山冰川或冰雪覆盖的山坡上。冰雪松动或融化可能导致大量冰雪坠落或滑动，形成冰崩灾害，对下游地区的建筑设施和人类活动构成威胁。

二、地质灾害的防范策略

（一）地质灾害风险评估

地质灾害风险评估旨在全面了解地质灾害对人类、财产和环境的潜在影响，并据此制定相应的防范策略和措施。采取有效的防范策略在面对地质灾害时至关重要，以减少灾害损失并保障人民生命财产安全。

加强地质灾害监测和预警系统建设是防范地质灾害的关键手段之一。通过建立完善的地质灾害监测网络，实时跟踪灾害发生与演化过程，并及时发布预警信息，能够提前预警并减少灾害造成的损失。例如，地震预警系统通过地震监测设备和数据分析，能提前几秒至几分钟发出警报，为公众争取宝贵的逃生时间。

地质灾害风险评估与规划同样是防范的基础。通过科学评估和分析潜在风险，识别灾害易发区和重点防范区，制定防灾规划和具体措施，能够有针对性地减少灾害损失。例如，针对地震易发区，制定抗震设防标准和建筑抗震设计规范，提高建筑物的抗震能力，降低地震灾害带来的影响。

加强社会教育和公众意识提升是防范地质灾害的重要途径。通过开展地质灾害知识宣传和教育活动，提高公众的灾害认识与应对能力，增强自救和互救意识，能有效减少灾害造成的人员伤亡和财产损失。同时，通过加强地质灾害科普教育，提升公众对防灾减灾工作的支持与参与，营造全社会共同防范地质灾害的良好氛围。

基础设施建设和抗灾能力的提升是防范地质灾害的必要举措。提高公共服务设施、交通运输和通信设施的抗灾能力，能显著减少灾害对基础设施的破坏，保障人民生命财产安全。此外，加强应急救援队伍的组织与能力建设，可以提升灾后应急响应的效率和效果。

国际合作与科技创新也是防范地质灾害的有效手段。地质灾害通常具有跨区域和跨国界的特点，国际合作显得尤为重要。通过采用先进的科技手段，如卫星遥感技术、地震预警技术、人工智能等，可以提高地质灾害监测和预警能力，减少灾害损失。

（二）灾害应急响应与恢复

1. 灾后恢复与重建

灾后恢复与重建是一个综合性、长期性的过程，地质灾害防范策略在其中起着至关重要的作用。有效的防范策略不仅能减轻灾害损失，还能保障人民生命财产安全，促进社会经济可持续发展。因此，深入研究并实施地质灾害防范策略尤为重要。

灾后恢复与重建的首要任务之一是加强地质灾害监测与预警体系。建立健全监测网络和预警系统，可以及时掌握灾害的发生与发展态势，为灾害应对和救援提供宝贵时间。利用卫星遥感、地下监测设备等先进技术，全面监测地质灾害隐患区，及时发现潜在问题，并采取有效措施，最大限度减少损失。

地质灾害风险评估与区域规划是防范策略的重要环节。通过对潜在灾害隐患区的风险评估，科学划分灾害风险等级，制定相应的防灾减灾规划和应对措施。同时，应加强对灾害易发区的规划管理，限制人口和建设活动，避免在高风险区域进行大规模开发建设，从源头减少灾害发生的可能性。

公众灾害防范意识与应对能力的提升同样是防范策略的关键。通过开展灾害防范宣传教育活动，提高公众对地质灾害的认知，培养自我保护意识与应对能力，增强灾后自救、互救及抗灾能力。对受灾群众提供心理疏导和心理援助，帮助他们尽快从灾难阴影中走出来，恢复正常生活与生产。

加强地质环境保护与生态恢复也是防范策略的重要组成部分。地质灾害的发生与人类过度开发和破坏自然环境密切相关。通过加强地质环境保护与修复，恢复生态系统的稳定性与功能，能有效减少地质灾害的发生频率和危害程度。

2. 灾害救援与支援

加强地质灾害监测与预警系统是防范地质灾害的基础。通过建立完善的监测网络和高效的预警机制，可以及时掌握地质灾害的发展趋势，提前采取应对措施，减少灾害损失。借助地震监测设备、遥感技术等手段，实时监测地质灾害隐患区，及时发布预警信息，引导公众采取避险措施，最大限度保障人民生命财产安全。

建立健全地质灾害防治体系是防范地质灾害的重要保障。地质灾害防治体系涵盖法律法规体系、政策措施体系、技术标准体系等方面内容，需要政府、科研机构及社会组织等多方协作，共同推动防治工作。例如，通过建立地质灾害防治法律法规体系，明确各方责任和义务，加强隐患区的管理与治理，提升灾害防治法治化水平。

加强公众教育与意识提升是防范地质灾害的重要举措。通过开展地质灾害知识普及、应急演练等活动，增强公众对地质灾害的认知和应对能力，提高自我保护意识和能力。通过各类媒体平台开展宣传，组织学校、社区等单位开展应急演练，培养公众的防灾意识和应对能力，降低灾害的社会危害。

科技支撑与创新是防范地质灾害的重要保障。通过利用先进科技手段，提升灾害预测、预警、监测与治理能力。例如，结合人工智能、大数据等技术，开发地质灾害风险评估模型，实现灾害精准预测与有效防范，为灾害救援与支援工作提供科技支持与保障。

第二节　气象灾害风险评估

一、常见的气象灾害类型

（一）台风（Typhoon）

台风是一种热带气旋，通常在热带海洋上空形成，是一种强烈的风暴，常伴随狂风暴雨、汹涌海浪等极端天气现象。台风是全球范围内常见的自然灾害，尤其对沿海地区和岛屿国家的生命与财产构成严重威胁与损害。

台风的形成通常发生在热带海洋上，其能量来源是海水表面的热量。当海水温度达到一定程度时，空气中的水汽被加热并上升，形成低压区。随着更多空气被吸入低压区，热带气旋的初步形态逐渐形成。一旦气旋获得足够的能量，便可发展为强大的台风。

台风通常伴随高强度的风暴雨，风眼处是风力最强的区域。台风中心周围常有大量降水，这可能引发洪水和山体滑坡等次生灾害。海浪因台风而变得异常汹涌，甚至可能引发海啸，对沿海地区造成巨大破坏。

台风的路径和强度受多种因素的影响，包括海洋表面温度、大气环流、地球自转等。现代气象学通过卫星观测、数值模拟等技术对台风进行监测与预测，以提前发布预警并尽量减少灾害造成的损失。

尽管现代科技可以提供帮助，台风依然是一种具有极大破坏性的自然灾害。特别是在一些经济欠发达地区，台风可能造成的损失尤为严重，因为这些地区的防灾设施和救援能力相对较弱。

（二）洪水（Flood）

洪水是自然界常见的灾害之一，通常由大量降雨、冰雪融化或河流湖泊泛滥等原因引发，给人类和环境带来严重的破坏与损失。面对洪水，社会应采取一系列有效措施来减轻其影响，并尽可能保护人民的生命与财产。

洪水防范和减灾工作至关重要，措施包括建设与维护堤坝、清理河道、规划合理的城市排水系统等。通过提前采取预防措施，减少水体堆积的能力，可以有效降低洪水对人类的威胁。

及时的预警系统对减少洪水损失同样至关重要。利用现代科技手段，如雷达监测、卫星图像等，可以提前预测洪水的发生，并发布预警信息，帮助受影响地区做好应对准备，包括疏散与紧急救援。

教育公众如何应对洪水也是非常重要的。人们应了解如何识别洪水的前兆，并知晓应采取的行动。此类教育可通过学校课程、宣传活动、社区讲座等方式开展。

政府在洪水应对中也扮演着重要角色。政府应制定相关法律法规规范土地使用与建设活动，以避免不必要的环境破坏和洪水风险增加。同时，政府还应加强应急救援队伍建设和培训，确保在洪水发生时能够快速高效地展开救援工作。

国际合作也是减轻洪水灾害影响的有效途径。洪水常常跨越国界，因此各国应加强信息共享和技术合作，共同应对洪水灾害带来的挑战。只有全球合作，才能更好地保护人类生命与财产，减少洪水带来的损失。

二、气象灾害风险评估方法与应对策略

（一）气象灾害风险评估方法

气象灾害风险评估方法的研究和实践对有效预防和减轻气象灾害带来的损失至关重要。在气象灾害频发的当今社会，科学合理地评估气象灾害的风险水平，有助于及早采取应对措施，保障人民生命财产安全，促进社会稳定与可持续发展。因此，探讨气象灾害风险评估方法显得尤为迫切和重要。

基于历史数据和气候模型的定量分析是常用的气象灾害风险评估方法之一。通过分析历史气象数据，可以识别出气象灾害频发的地区和季节，从而确定灾害的发生概率及其可能的影响范围。同时，利用气候模型对未来气候变化进行模拟预测，能够评估气象灾害的未来发展趋势，为灾害防范和应对提供科学依据。

基于遥感和地理信息系统（GIS）的空间分析是气象灾害风险评估的重要手段。遥感技术能够获取大范围地表信息，如地形、植被覆盖、土壤类型等，结合 GIS 技术进行空间分析，有助于识别潜在的灾害隐患区和易受灾地区，为灾害防范提供空间分布上的参考。

基于脆弱性和暴露度的综合评估是气象灾害风险评估的重要内容。脆弱性评估侧重于分析受灾体系的抵御能力和应对能力，包括社会经济系统和生态环境系统等。通过评估不同系统的脆弱性水平，可以确定灾害可能造成的影响程度。而暴露度评估则侧重于分析不同区域或对象在灾害中可能遭受的影响，包括人口密度、建筑物密度和经济价值等指标。通过综合分析脆弱性

和暴露度，可以全面评估气象灾害的风险水平。

基于风险管理理论的综合评估方法是气象灾害风险评估的重要途径。风险管理理论强调全过程管理和多方参与，包括风险识别、风险评估和风险应对等环节。通过建立健全的风险管理体系，可以及时有效应对气象灾害带来的各种风险和挑战，最大限度地减少损失。

（二）气象灾害风险应对策略

加强气象监测预警是应对气象灾害的首要任务之一。通过建立完善的气象监测网络和预警系统，及时监测气象变化，提前预警可能发生的灾害，并采取防范措施，从而最大限度地减少灾害损失。例如，利用气象卫星、气象雷达等现代技术手段，实时监测台风、暴雨等气象异常，及时发布预警信息，引导人们采取避险措施，保障人民生命财产安全。

加强气象灾害防治体系建设是应对气象灾害的重要保障。气象灾害防治体系包括法律法规体系、政策措施体系和技术标准体系等多方面内容，要求各级政府、科研机构、社会组织等多方共同参与，形成合力。例如，建立健全气象灾害防治法律法规体系，明确各方责任和义务，加强对气象灾害隐患区的管理和治理，推动灾害防治法治化进程。

加强公众教育与意识提升是应对气象灾害的重要手段之一。通过开展气象灾害知识普及和应急演练等活动，提高公众对气象灾害的认识和应对能力，增强自我保护意识。例如，利用各类媒体平台开展气象灾害知识宣传，组织学校、社区等单位开展气象灾害应急演练，培养公众正确的防灾意识和应对能力，进而减少气象灾害对社会的危害。

加强科技支撑与创新是应对气象灾害的重要保障。利用先进科学技术手段，开展气象灾害的预测、预警、监测和防治工作，提升气象灾害防范的准确性和效率。例如，结合人工智能、大数据等技术，开发气象灾害风险评估模型，实现对气象灾害的精准预测和有效防范，为灾害救援与支援工作提供科技支撑和保障。

第三节　气象监测与预警系统

一、气象监测技术

（一）卫星遥感技术

卫星遥感技术能够提供全球范围的气象观测数据。通过卫星，我们可以实时监测大气、海洋和地表的各种气象要素，如温度、湿度、气压、风速等。这些数据有助于气象学家深入理解不同地区的气候特征，掌握全球气象动态。

卫星遥感技术具有较高的时空分辨率优势。传统地面观测站点的数量和覆盖范围有限，而卫星能够实现对整个地球表面的广泛监测，并以较高的时空分辨率获取数据。这些高分辨率的数据提供了更为详细、准确的气象信息，能为天气预报和气候研究提供更可靠的数据支持。

卫星遥感技术还能实现多参数、多层次的气象监测。通过搭载不同类型的传感器，卫星能够获取大气、海洋和地表的多种气象要素数据，包括温度、湿度、云量、降水等。同时，卫星可以在不同高度进行数据采集，从地表到大气顶层，提供多层次的气象监测，有助于全面理解大气环境的变化。

此外，卫星遥感技术还可用于监测和预警极端天气事件。例如，卫星能够实时监测台风、飓风、暴雨等极端天气现象的发展与移动轨迹，及时发布预警信息，协助相关地区采取防灾措施。这对于减少极端天气事件造成的人员伤亡和财产损失具有重要意义。

（二）气象雷达技术

气象雷达技术的基本原理是利用雷达波束穿越大气，当遇到降水、云或雾等物质时，波束会发生散射与反射，通过接收反射回来的信号，识别目标并测量其距离、方向和强度等参数。这项技术能够提供高分辨率、实时性的气象观测数据，为气象学家和预报员提供丰富的信息，有助于准确预报天气变化。

随着科技的不断进步，气象雷达技术也在持续发展与完善。从早期的传统雷达到如今的双偏振雷达和多普勒雷达，技术水平不断提升，观测精度和分辨率大幅提高。现代气象雷达能够同时观测降水粒子的大小、形状与运动状态等多个参数，为天气预报和气候研究提供更全面、精准的数据支持。

除了气象雷达技术，气象监测技术还包括其他一些重要手段，如卫星遥感、地面气象观测站和风廓线雷达等。这些技术可互为补充，共同构建完善的气象监测网络，为气象学研究与天气预报提供多层次、多维度的观测数据。

气象雷达技术在应对气候变化和自然灾害方面发挥着重要作用。通过对降水、风暴和龙卷风等极端天气事件的监测与预警，能够及时采取措施减少灾害损失，并为相关部门和公众提供精准、及时的应对信息。在气候变化的背景下，气象雷达技术的应用将愈加重要，帮助我们更好地理解和应对极端天气事件的频率与强度变化。

二、气象预警与应急响应系统

（一）气象预警系统

1. 预警标准与级别

气象预警系统是保障公众生命财产安全的重要机制，而预警标准与级别是其核心内容。科学合理的预警标准与级别能够及时有效地提供预警信息，帮助公众及时采取应对措施，从而最大限度地减少气象灾害带来的损失。因此，对预警标准与级别进行深入研究和完善具有重要意义。

预警标准的制定应基于科学数据和专业意见，具有客观性和可操作性。标准应考虑不同气象灾害的特点和影响程度，针对降水量、风力等参数，制定相应的预警标准。同时，预警标准应及时更新，根据气象灾害的发展趋势和影响范围进行调整，保持与实际情况的一致性。

预警级别的划分应考虑灾害的严重程度和可能造成的影响。一般而言，预警级别可分为蓝色、黄色、橙色和红色四个级别，分别表示轻微、较轻、较重和严重的气象灾害风险。不同级别的预警对应不同的应对措施和紧急程度，公众可根据预警级别及时采取相应防护措施，减少灾害带来的损失。

预警信息的发布应及时准确，避免虚假和误导。发布机构应建立完善的信息采集、处理和发布机制，确保信息的及时性和可靠性。同时，加强对预警信息的解读和传播，向公众传达气象灾害的严重程度及可能造成的影响，引导公众采取有效的防范措施，提高应对灾害的能力。

气象预警系统建设应加强国际合作和信息共享。气象灾害通常具有跨区域、跨国界的特点，建立完善的国际预警合作机制，促进与邻国和国际组织的信息交流与合作，共同应对气象灾害挑战，是提高预警系统效能的重要途径之一。

2. 预警发布与传播

预警发布与传播是气象预警系统中的关键环节，它直接关系到人们对灾害的认知和应对能力。随着科技发展，气象预警系统不断完善，发布与传播的效率与准确性也得到了显著提高。

预警发布是气象预警系统的核心环节之一。通过实时监测和分析气象数据，预警机构可以及时发现潜在的天气灾害，如暴雨、暴风、雷电等，并通过多种渠道向受影响地区发布预警信息，提醒公众和相关部门采取必要防范措施。

预警传播是确保信息有效传达给受众的关键。传统的传播方式包括电视、广播、短信等，随着互联网和移动通信技术的普及，社交媒体和手机 App 等新兴平台也成为了重要传播渠道。这些渠道的多样性和广泛性保证了预警信息覆盖更广泛的受众群体，并能第一时间传达信息。

预警发布与传播的准确性和及时性是其成功的关键。预警机构需依赖先进的气象观测设备和数据处理技术，及时准确地分析天气情况，确保发布信息的可信度和有效性。同时，信息传播速度至关重要，只有在灾害发生前足够的时间内将信息传达给受众，才能有效减少灾害损失。

预警发布与传播还需考虑受众的特点和需求。不同地区和群体可能面临不同的气象风险和应对能力，信息内容和形式应根据实际情况进行调整和优化，以提高受众的接受度和行动性。同时，信息表达应简明扼要，避免引起误解或恐慌。

预警发布与传播需要政府、媒体、科研机构和公众等多方合作。政府部门应加强预警系统建设和管理，媒体应及时传播信息，科研机构需提升技术水平，公众则应增强对天气灾害的认识和应对能力，共同应对自然灾害挑战。

（二）气象应急响应系统

1. 响应计划与流程

响应计划与流程在气象应急响应系统中至关重要。一个完善的响应计划和流程能帮助应急机构在气象灾害发生时迅速反应，有效组织和调动资源，最大限度减少灾害损失。

建立响应计划是应急响应系统的首要任务之一。计划应考虑各种可能发生的气象灾害情形，明确各级应急机构的职责和任务，并制定相应应对措施和行动方案。这些计划需经过充分论证和实践验证，确保在实际应急情况下能有效发挥作用。

响应流程是在响应计划基础上的重要步骤。它指的是灾害发生时，各级应急机构按照预定程序和步骤进行组织和行动。这些流程应考虑不同情况的特点和要求，确保在灾害发生时能迅速有序地展开应急行动。

在制定响应计划和流程时，应充分考虑气象灾害的特点。不同类型的灾害具有不同发展过程和影响范围，因此应针对性制定应对措施。例如，针对台风、暴雨等气象灾害，可制定疏散和避险计划；针对干旱、霜冻等灾害，可制定应急供水和保温措施。

及时获取灾情信息至关重要。建立健全灾情监测和信息采集系统，及时掌握灾情动态和影响范围，为应急决策提供科学依据。可以利用现代科技手段，如卫星遥感和气象雷达等技术，全面监测和评估灾情。

在应急响应过程中，人员和物资的调度是关键。建立人员和物资调度机制，可根据灾情需求，调动应急救援队伍和物资，为受灾群众提供支持。同时，加强与相关部门和社会组织的协调合作，共同应对气象灾害。

发布灾情信息和应对措施对社会公众也非常重要。建立灾情发布和信息传播机制，能有效引导受灾群众采取适当措施，最大限度减少人员伤亡和财产损失。

2. 应急资源准备

应急资源准备是应对气象灾害的重要环节。气象灾害可能带来严重人员伤亡和财产损失，因此，及时准备好应急资源对于降低灾害损失至关重要。一个完善的气象应急响应系统，不仅需要高效的气象监测和预警机制，还需充足的应急资源和科学应对措施。

应急资源准备包括物资和设备的储备与配置。物资包括食品、饮水、药品、救生器材、应急通讯设备等。在灾害发生前，应急机构应根据历史灾情和气象预报，合理安排物资储备种类和数量，确保在需要时能及时调配和投放到受灾地区。

应急资源准备还包括人员队伍的组建和培训。人员队伍包括应急救援队、医疗队、后勤保障队等，这些队伍将成为救援行动的主力军，需接受系统培训，掌握灾害应对技能和方法，提高应急响应效率。

应急资源准备需充分利用现代科技。例如，卫星遥感和气象雷达技术可实现对灾害影响范围和程度的实时监测和评估，为灾害应急响应提供科学依据。同时，互联网和移动通信技术可实现灾情的快速传播和信息共享，提高应急响应效率和准确性。

气象应急响应系统中的预警机制至关重要。通过建立健全的气象预警系统，可以提前预测和警示可能发生的气象灾害，为社会公众和相关部门提供必要的预防和应对措施。预警信息应准确、及时传达到受灾地区，并引导受灾群众采取适当避险措施，减少灾害损失。

灾后救援和恢复重建也是气象应急响应系统的重要环节。在灾后，应急机构需迅速展开救援，提供紧急救援和物资支援，并组织灾后恢复重建工作，尽快恢复受灾地区正常生活和生产秩序。

第四节 暴雨与洪水管理

一、暴雨管理策略

（一）预警系统建设

预警系统的建设是防范暴雨灾害的首要任务之一。预警系统应具备及时性、准确性和广泛覆盖性等特点，以最大程度提高对暴雨等极端天气事件的应对效率。为了实现这一目标，可以采用多种手段，如气象雷达、卫星遥感、气象观测站等技术设备的建设和完善，并应用信息化技术，实现对暴雨的实时监测和预警。

暴雨管理策略的制定和实施对于减轻暴雨灾害带来的损失至关重要。在暴雨管理策略中，应注重防灾减灾和应急救援两个方面。通过加强城市排水系统的建设和维护，提高城市的抗洪排涝能力，减少暴雨造成的城市内涝现象。同时，需加强对易涝地区的规划管理，避免在这些地区大规模建设，减少暴雨灾害带来的损失。此外，建立健全的应急响应机制，提升对暴雨等极端天气事件的应对能力，及时组织人员进行紧急疏散和救援，最大程度减少人员伤亡和财产损失。

（二）暴雨水利设施建设

暴雨水利设施建设与暴雨管理策略是应对极端降雨事件的关键措施。随着气候变化和城市化进程的加剧，暴雨频率和强度呈上升趋势，这对城市水利设施和管理提出了更高的要求。

暴雨水利设施建设是保障城市排水系统正常运行的重要保障。通过建设雨水管网、蓄洪池等设施，可以有效缓解降雨对城市排水系统的冲击，避免因排水不畅导致的内涝和交通堵塞等问题。同时，合理规划城市排水系统，确保排水管网畅通，并结合地形地貌特点，建设雨水收集利用系统，有效利用雨水资源，推动可持续发展。

暴雨管理策略在应对暴雨过程中起着至关重要的作用，包括及时发布暴雨预警信息，引导市民采取防范措施；加强城市建设规划和管理，严格控制违建行为，减少城市硬化面积，增加绿地覆盖率，提高城市的自然排水能力；加强基础设施的抗灾能力，提升排水系统的应对能力，确保城市基础设施的安全可靠。

加强科技支撑和信息化建设也是提升暴雨管理能力的重要手段。利用遥感技术、地理信息系统等技术手段，实时监测城市降雨情况，预测暴雨发生的可能性和影响范围，为城市暴雨管理提供科学依据。同时，建立健全的应急响应机制，提前制定应对暴雨的应急预案，组织开展演练和培训，提高城市抗灾应急能力。

二、洪水管理措施

（一）河道治理与防洪工程

河道治理与防洪工程是确保河流安全运行的重要手段。在洪水管理中，采取一系列措施至关重要。

建立健全的监测系统是防洪工程的基础。通过实时监测降雨量、河水水位和流量等数据，可以及时预警可能发生的洪水，为应对措施提供科学依据。

加强河道治理是预防洪水的关键。保持河道畅通，清理河道中的淤泥和杂草，确保水流畅通，减少洪水滞留和积聚，是防洪工程的重要环节之一。

修建和完善防洪工程设施也是必不可少的措施。这包括修建堤坝、水闸、泵站等设施，以调节水流，防止洪水泛滥。同时，加固沿岸防护工程，提高河岸的抗洪能力，减少洪水对人员和财产的危害。

此外，科学合理的水资源调配也是防洪的重要手段之一。通过合理调度水库水位，释放水库积水，减缓洪峰过程，降低洪水威胁。同时，加强跨区域、跨流域的水资源调配，实现资源优化配置，提高整个流域的防洪能力。

加强公众防洪意识和应急预案的制定也是不可或缺的。通过开展防洪知识宣传教育，提高公众对洪水的认识和应对能力；建立健全的应急预案体系，明确各级政府和相关部门的责任和任务，提高抗洪救灾的效率和水平。

（二）土地规划与开发控制

土地规划与开发控制在洪水管理中扮演着至关重要的角色。洪水是自然灾害中最为常见和具有破坏性的一种，给人们的生命财产安全带来了巨大威胁。因此，科学有效的洪水管理措施尤为重要。

土地规划在洪水管理中具有关键作用。合理的土地规划可以有效减少洪水对人们生活和财产的影响。通过科学规划，可以避免在洪水易发区域进行建设，从而减少生命财产损失。例如，制定洪水易发区的划定标准和规范，并禁止在这些区域进行建设，都是有效的措施。

开发控制是洪水管理的重要环节。在城市建设和土地开发过程中，需要制定严格的开发控制政策，确保开发过程充分考虑洪水的风险因素。例如，要求开发商在土地利用方案中包含洪水风险评估，并采取相应的防洪措施。这可以有效降低建筑物和基础设施受到洪水影响的可能性。

洪水管理措施还需要综合考虑自然与人为因素。一方面，需要加强对自然环境的监测和预警能力，及时掌握洪水的发生情况，以便采取及时有效的救援和应对措施；另一方面，也需要加强对城市化进程的管理和调控，避免过度开发导致土地资源过度消耗和环境恶化，从而加剧洪水风险。

国际合作是洪水管理的重要方面。洪水往往不受国界限制，需要跨国合作共同应对。国际社会可以加强信息交流与共享，共同开展科研合作，提高洪水管理的水平和能力。

第五节　地震与建筑抗震设计

一、地震的危害与影响

（一）地震对建筑物及人类的影响

地震是一种自然灾害，对建筑物和人类都可能造成严重影响。在地震发生时，建筑物可能遭受破坏，导致人员伤亡和财产损失。同时，地震也会对人类的心理和社会产生长期影响，促使人们更加重视安全和灾害防范。

地震对建筑物的影响显而易见。地震震源释放出的能量在传播过程中会引发地面振动，建筑物作为地面上的物体，必然会受到这种振动的影响。如果建筑物的设计和建造未能满足抗震要求，就可能发生倒塌和严重损坏，进而加剧地震灾害的程度。因此，抗震设计和建筑物结构的强度是减少地震灾害影响的重要因素。通过加固措施、选用合适的建筑材料以及加强建筑质量监管等方式，能够有效减轻地震对建筑物的破坏。

地震对人类的影响同样不可忽视。地震发生时，建筑物倒塌、地面裂缝等灾害可能直接导致人员伤亡。除此之外，地震还会引发心理恐慌和焦虑，特别是对于经历过严重地震的地区居民来说，地震后的心理创伤可能持续较长时间。因此，加强地震教育和心理疏导，提高公众对地震的认识和应对能力，对于减轻地震对人类的影响至关重要。

地震还会对社会产生长期的影响。建筑物损毁和人员伤亡不仅会影响当地的经济发展，还可能造成社会不稳定。为了应对地震带来的影响，灾后重建和救援工作显得尤为重要，这需要大量的资金和人力物力投入。此外，地震可能导致交通和通信中断，影响灾区救援和支援工作的有效开展。因此，强化地震预警系统的建设，提高地震监测和预测的准确性，对于减轻地震对社会的影响具有重要意义。

（二）地震引发的次生灾害

地震引发的次生灾害是指地震发生后，由震源、地震效应以及地震造成的损害等因素引发的各种灾害。这些次生灾害通常包括地质灾害、水文灾害、环境灾害和社会灾害等多个方面，给人们的生命财产安全和社会稳定带来严重威胁。

地震引发的地质灾害是最为常见且严重的次生灾害之一。地震造成的地面震裂、滑坡、崩塌等地质变化，不仅会直接导致建筑物倒塌和道路中断，还可能引发泥石流、山体滑坡等次生地质灾害，给附近地区带来严重破坏和人员伤亡。

地震引发的水文灾害也是常见的次生灾害之一。地震可能导致地下水位的上升或下降，地表水体的突然涌出或干涸，甚至引发地下水位变化导致的井水浑浊等问题，严重影响当地居民的生活供水和灌溉。

此外，地震还可能引发环境灾害。例如，地震造成的建筑物倒塌可能释放大量粉尘和有毒气体，造成空气污染；地震引发的火灾和爆炸还可能导致化学品泄漏，进而对周围环境和居民的健康安全构成威胁。

地震引发的社会灾害同样不容忽视。地震可能导致通信、电力、交通等基础设施的破坏，进而阻碍灾区内外的交流，延误救援和救灾工作的开展。此外，地震还可能造成人员伤亡、家庭破裂、社会秩序混乱等问题，严重影响当地社会稳定和人民生活。

二、抗震设计的技术手段

（一）结构加固与改造技术

结构加固与改造技术在抗震设计中起着至关重要的作用。面对地震带来的挑战，采取一系列技术手段来增强建筑物的抗震能力是十分必要的。

加固和改造建筑结构是提高抗震性能的基础。对于老旧建筑，可以采用钢筋混凝土加固、剪力墙加固、增加横向抗震支撑等技术手段，提升其抗震能力。对于新建建筑，则可采用更加先进的抗震设计理念和技术，如核心筒结构、剪力墙结构等，使其在地震中具备更优异的抗震性能。

采用抗震材料是提高建筑抗震性能的重要手段之一。抗震材料能够有效增强建筑物的抗震性能，例如使用高强度钢材、高性能混凝土等材料，可以提高结构的承载能力和变形能力，从而减少地震对结构的影响。

减震措施同样是提升建筑抗震性能的重要手段之一。减震措施包括使用减震支撑系统、减震装置等，这些技术可以有效减少地震作用对建筑物的影响，提高其在地震中的稳定性和安全性。

科学合理的建筑设计与施工技术也是提高建筑抗震性能的重要保障。在建筑设计阶段，应充分考虑地震对建筑物的影响，选用合理的结构布局和构造形式，确保建筑物在地震中具备良好的抗震性能。在施工过程中，应严格遵守设计要求和规范，确保建筑质量和施工质量，从而提高建筑的抗震能力。

（二）建筑物减震与隔震技术

建筑物减震与隔震技术是抗震设计中保护建筑结构和人员安全的关键措施。地震是自然界中常见的灾害之一，其破坏力足以导致建筑物倒塌、人员伤亡以及经济损失，因此，采用有效的技术手段来增强建筑物的抗震能力至关重要。

建筑物减震技术是抗震设计的重要组成部分。减震技术的核心目标是通过改变建筑结构的动力特性，减少地震引发的结构振动，从而降低地震灾害对建筑物的破坏程度。常见的减震技术包括使用减震器、阻尼器、加筋墙等，这些技术能有效吸收和分散地震能量，减轻地震对建筑物的影响。

隔震技术也是抗震设计的重要手段之一。隔震技术通过在建筑结构与地基之间设置隔震装置，有效隔离地震能量，减少地震对建筑物的传递和影响。常见的隔震装置包括橡胶支座、钢球隔震器等。这些装置能够使建筑物在地震发生时产生相对独立的振动，显著减少地震引起的损伤。

抗震设计还包括合理的建筑结构布局与优化设计。合理的结构布局能够减少建筑物的脆弱部位，从而提高整体的抗震能力。优化设计则可通过选用适当的建筑材料、增加结构的抗震强度等手段，进一步提升建筑物的抗震性能。

抗震设计的技术手段还应根据地震动特性和建筑物的使用功能进行调整。根据不同地区的地震危险性和建筑物的用途，选择合适的抗震设计方案。此外，需要对建筑物进行定期检测与维护，确保抗震措施的长期有效性和可靠性。

随着科学技术的不断进步，越来越多先进的抗震技术应运而生。通过不断的研究和实践，可以进一步优化现有抗震技术，提高建筑物的抗震性能，减少地震灾害对人类的影响。

第六节　气候变化与灾害适应性

一、气候变化对灾害的影响

（一）气候变化引发的极端天气事件

气候变化引发了暴雨、洪水、干旱、风暴等极端天气事件。随着全球气温的上升，大气中的水蒸气含量增加，极端降水事件的频率和强度也随之增大。暴雨和洪水可能导致城市内涝、农田受灾、土地滑坡等问题，给人们的生活和财产安全带来严重威胁。同时，气候变暖也导致干旱和高温等极端天气事件的发生频率增加，严重影响农业生产和生态环境。风暴、飓风等极端天气事件可能对沿海地区和岛屿国家造成严重灾害。

气候变化引发的极端天气事件对人类社会和自然环境造成了深远影响。从人类社会角度看，极端天气事件可能导致人员伤亡、财产损失、基础设施破坏等问题，严重影响社会稳定和经济发展。从自然环境角度看，这些事件可能破坏生态系统的平衡，导致物种灭绝、生物多样性减少、土壤侵蚀等问题，进而威胁到生态系统的健康和可持续发展。

为了有效应对气候变化引发的极端天气事件，需要采取一系列综合对策。首先，应加强气候监测和预警工作，提高对极端天气事件的预测准确性，并及时发布预警信息，减少人员伤亡和财产损失。其次，应加强气候变化的科学研究，深入探讨气候变化与极端天气事件之间的关系，为制定针对性应对策略提供科学依据。最后，加强国际合作，共同应对气候变化带来的挑战，推动全球气候治理进程，最终实现全球气候治理的长期目标。

（二）气候变化与灾害类型的关联

气候变化与灾害类型之间存在密切的关联，气候变化引发的极端天气事件增多和强度加剧，直接导致了各种自然灾害的发生。这种关联不仅在理论上得到了证实，实践中也有大量的证据支持。

气候变化与极端天气事件的增多密切相关，极端天气事件是引发各种自然灾害的主要原因之一。例如，气候变暖导致全球气温升高，进一步加剧了热浪、干旱和风暴等极端天气事件的频率和强度。这些极端天气事件可能引发森林火灾、干旱灾害、风灾等各种自然灾害，给人类社会和生态环境带来严重影响。

气候变化还会改变地球的水循环系统，进而引发洪涝、风暴潮等水文灾害。随着气候变暖，大气中水汽含量增加，降水量和降水强度也随之上升，从而导致洪涝灾害的频发。气候变化还可能引发海平面上升，增强风暴潮的威力，从而引发沿海地区的风灾和海啸灾害。

此外，气候变化可能加剧地质灾害的发生。气候变化影响了地球表面和地下水文环境，可能加剧地表和地下水位的变化，进而引发滑坡、泥石流等地质灾害。特别是在高原和山区地区，气候变暖可能导致冰川融化和降水模式变化，从而引发雪崩、泥石流等地质灾害。

气候变化还可能导致生物灾害的发生。气候变化影响了生物圈的生长和分布，可能引发疫病、害虫、植物病害等生物灾害。例如，气候变暖可能加速某些害虫的繁殖，导致农作物受害加剧，从而引发农业灾害。

二、灾害适应性的实践与策略

（一）社会与政府层面的灾害适应性政策

社会与政府层面的灾害适应性政策是应对日益增加的自然灾害风险和挑战的重要举措。在当前气候变化日益加剧的背景下，制定和实施有效的适应性政策显得尤为重要。

建立健全的灾害监测预警体系是社会与政府应对灾害的首要任务之一。通过利用先进的监测技术和信息系统，实时监测自然灾害的发生和发展趋势，提前预警并及时应对灾害，减少灾害造成的损失。

加强灾害风险评估和管理是提升社会适应性的重要措施。政府部门应利用科学技术手段，对不同类型的灾害风险进行评估与分析，制定相应的应对策略和措施，从而降低灾害带来的潜在损失。

加强基础设施建设和维护是增强社会适应性的重要保障。政府可以加大投入，建设抗灾能力强、抗震抗灾标准高的基础设施，如抗震建筑、防洪工程等，以提高社会应对灾害的能力。

加强灾后重建和恢复工作也是社会适应性政策的重要组成部分。一旦灾害发生，政府应迅速组织开展灾后救援和重建工作，恢复受灾地区的生产生活秩序，最大限度地减少灾害造成的影响。

此外，加强社会组织和民间力量在灾害适应性政策制定和实施中的参与也是至关重要的。政府应与社会组织、专家学者、企业及民间团体等密切合作，共同制定和实施适应性政策，形成合力，提升社会的整体灾害适应能力。

加强灾害教育和公众参与也是提高社会适应性的关键举措之一。政府应开展广泛的灾害教育宣传活动，提高公众对灾害的认识和应对能力，从而增强社会整体的灾害适应性。

（二）科技与技术应用在灾害适应性中的作用

科技与技术在灾害适应性中扮演着至关重要的角色。随着气候变化和人类活动影响的加剧，各种自然灾害频发，严重威胁人类的生命财产安全及社会经济发展。科技与技术的应用能够显著提升社会对灾害的适应能力，减少灾害带来的损失。

科技与技术在灾害监测与预警方面发挥着重要作用。通过先进的传感器技术、卫星遥感技术以及地理信息系统等，可以实时监测地震、台风、洪水等自然灾害的发生情况，及时发出预警并向公众发布警报，提高灾害应对能力。例如，地震预警系统能够在地震发生前几秒或几分钟提供预警信息，让人们有足够的时间采取避险措施。

科技与技术在灾害应急救援中同样发挥着不可替代的作用。利用先进的通讯技术和信息系统，可以实现灾害救援的快速响应和资源调配。例如，无人机和遥控机器人可以在灾区进行勘察和救援，减少人员伤亡的风险；智能救援装备可以提高救援效率，帮助更多受灾群众。

科技与技术在灾后重建和恢复中也同样具有重要意义。借助先进的建筑材料和工程技术，可以快速修复受损建筑和基础设施，恢复正常的社会生活秩序。例如，采用抗震设计和防洪措施可以增强建筑物的抗灾能力，从而减少灾后重建的成本和时间。

科技与技术还能够提升社区和个人的灾害准备能力。通过开发智能手机应用程序和在线平台，可以向公众提供灾害风险评估、紧急求助、自救互助等信息和服务。同时，利用虚拟现实和模拟训练技术，可以提升人们对灾害应对策略的认知和技能，增强自我保护意识。

第十一章 技术创新与未来发展趋势

第一节 先进技术在应急管理中的应用

一、先进技术在灾害监测与预警中的应用

（一）卫星遥感技术在灾害监测中的应用

卫星遥感技术在灾害监测中发挥着至关重要的作用，其应用范围涵盖了多种自然灾害，包括洪水、地震、火灾和风暴等。通过卫星遥感技术，能够实现对灾害事件的实时监测、评估和预警，为灾害应对和救援工作提供了重要的技术支持。

卫星遥感技术在洪水灾害监测与预警中具有显著优势。卫星可获取大范围的地表水情信息，结合遥感技术对洪水灾害的发生进行监测与预警。通过监测洪水灾害的演变过程及受灾范围，相关部门可以及时采取应对措施，减少人员伤亡和财产损失。此外，卫星遥感技术还可对洪水灾害的影响进行评估，为灾后重建和救援工作提供科学依据。

在地震灾害监测中，卫星遥感技术也发挥着重要作用。地震发生后，卫星可以通过遥感技术获取受灾地区的地表形变信息，进而实现对地震影响范围和程度的快速评估。通过监测地震灾害的演变过程及其受灾范围，能够及时组织救援力量，最大限度地减少人员伤亡和财产损失。卫星遥感技术还能够监测地震后的次生灾害，提供灾后救援和重建支持。

除了洪水和地震，卫星遥感技术还广泛应用于火灾监测、风暴监测等灾

害的预警和监测中。通过监测火点及火线变化情况，卫星能够实现火灾灾害的快速监测与预警，为扑救和灾后评估提供支持；同样，通过监测风暴的路径和强度变化，卫星遥感技术可以对风暴灾害进行有效监测，为风暴过后的救援和重建工作提供有力保障。

（二）智能传感技术在灾害预警中的应用

智能传感技术在灾害预警中的应用具有重要意义，为提高预警的准确性、及时性和可靠性提供了新的途径。通过实时监测和数据分析，智能传感技术能够及时发现灾害预警信号，进而为灾害防范和救援工作提供关键支持。

智能传感技术在地质灾害预警中具有重要作用。地质灾害如地震、滑坡、泥石流等通常具有突发性和瞬时性，传统的监测手段存在滞后性和局限性。而智能传感技术通过布设传感器网络，可以实时监测地下水位、地表位移、地震波等重要参数的变化，利用先进的数据处理与分析算法，及时识别地质灾害的预警信号，从而提高预警的准确性和及时性。

在气象灾害预警中，智能传感技术也展现出极大潜力。气象灾害如暴雨、暴雪和台风等具有快速发展和广泛影响的特点，传统气象观测手段难以满足实时监测和预警的需求。智能传感技术通过布设气象传感器网络，实时监测大气温湿度、风速风向、降水量等气象参数变化，结合先进的气象模型和预警系统，可以有效预警气象灾害的发生，为社会公众和政府部门提供及时、准确的预警信息。

智能传感技术同样适用于水文灾害的预警工作。水文灾害如洪涝、山洪等与地表水位、降雨量、河流流量等密切相关，传统水文观测手段可能无法满足水文灾害的及时监测和预警需求。智能传感技术通过布设水文传感器网络，实时监测水位、降雨量、河流流量等水文参数变化，利用先进的水文模型和预警系统，能够提前预警水文灾害的发生，为社会公众和政府部门提供可靠的预警信息。

此外，智能传感技术还可应用于生态灾害的预警中。生态灾害如森林火灾、荒漠化及生物灾害等通常与植被覆盖、土壤湿度和环境温度等因素密切相关。传统生态监测手段可能无法满足及时监测和预警的需求。智能传感技术通过布设生态传感器网络，实时监测植被状况、土壤湿度、环境温度等生态参数变化，结合先进的生态模型和预警系统，能够提前预警生态灾害的发生，为保护生态环境和生物多样性提供有效保障。

二、先进技术在灾害应对与救援中的应用

（一）人工智能技术在救援行动中的应用

人工智能技术在救援行动中的应用为应对自然灾害和紧急情况提供了全新的解决方案。在灾难发生时，人工智能的快速响应和精准预测能力发挥了关键作用，为救援工作提供了重要支持。

人工智能在灾害预警和监测方面的作用不可忽视。通过对大量数据的实时监测和分析，人工智能系统能够迅速识别灾害发生的迹象，并进行预警和预测。例如，利用人工智能算法分析地震、洪水、风暴等灾害数据，可以提前预警可能发生的灾害，并为相关部门提供建议，帮助采取相应的救援措施，最大程度地减少灾害带来的损失。

人工智能在灾后救援和搜救工作中也发挥了重要作用。通过应用机器学习算法和无人机等技术，救援人员能够迅速搜索受灾区域，寻找被困人员和伤者。人工智能系统通过图像、声音和其他传感器数据的分析与识别，帮助救援人员找到灾区内的安全通道和避难所，从而提高搜救效率和成功率。

在灾后重建和资源调配方面，人工智能同样具有重要作用。通过利用大数据和智能算法分析受灾地区的需求与资源分配情况，可以优化资源调配方案，提高救援物资的分发效率，确保受灾群众的基本生活需求得到及时满足。此外，人工智能还能够协助灾后重建项目的规划和设计，提供智能化的解决方案，加速灾区的恢复与重建进程。

人工智能在灾害预防和减灾方面的作用也越来越重要。通过数据挖掘和机器学习算法分析历史灾害数据和环境参数，人工智能可以揭示灾害发生的规律与趋势，提出有效的预防和减灾措施。人工智能系统能够帮助政府和相

关部门制定科学合理的灾害管理政策和规划，从而降低灾害带来的风险和影响。

（二）无人机技术在灾后救援中的应用

无人机技术在灾后救援中的应用已成为提高救援效率和减少人员伤亡的重要手段。随着无人机技术的不断发展和普及，其在灾害救援中的作用越来越受到重视。

无人机在灾后救援中可提供全面的灾情勘察。通过搭载高清摄像头、红外热成像仪等设备，无人机可以在灾区空中进行全方位的拍摄和监测，获取灾区受损情况的详细信息。这些信息对救援指挥部制定救援方案和确定救援优先区域具有重要参考价值。

无人机还能够在灾后救援中实现远程通信和信息传输。若灾区通信网络受损或中断，无人机可以搭载通信中继设备，为救援人员提供临时通讯支持。同时，无人机还可搭载图像传输设备，将灾情图像实时传输至救援指挥中心，帮助指挥部及时掌握灾情，指挥救援行动。

无人机技术在灾后救援中还可以实现空中投送救援物资。通过搭载货物投放系统，无人机能够将急需的救援物资，如食品、药品和毛毯等，精准投送至灾区，满足受灾群众的基本需求。与传统的地面运输方式相比，无人机能够更快速地到达灾区并进行空中投送，节省时间和人力成本。

无人机还可以用于搜救失踪人员并提供医疗救援。搭载红外热成像仪和夜视摄像头的无人机可以在夜间或恶劣天气条件下搜索失踪人员，提高搜救效率。同时，无人机还可携带医疗设备，向受伤人员提供急救和医疗救援，缓解灾区医疗资源不足的问题。

此外，无人机还可用于灾后环境监测和评估。通过搭载环境监测设备，无人机能够实时监测灾区的空气质量、水质等环境参数，评估灾后环境对人类生活的影响。这有助于灾区政府和相关部门及时采取有效的环境保护和修复措施，保障灾民的生命健康。

第二节 人工智能与大数据分析

一、人工智能的核心技术

（一）机器学习与深度学习

机器学习是一种通过让计算机从数据中学习规律和模式，以实现任务自动化的技术。在机器学习中，计算机通过对大量数据进行学习和训练，从中总结出数据的规律和特征，并将这些知识应用于新的数据进行预测和决策。机器学习的核心思想是通过数据驱动的方法，实现对复杂任务的智能化处理，从而达到人工智能的目标。

深度学习是机器学习的一个分支，其核心在于人工神经网络模型。与传统的机器学习算法相比，深度学习模型具有更强的表达能力和学习能力，能够处理更加复杂和抽象的任务。深度学习模型通过多层次的神经网络结构，实现对数据的逐层抽象和表示，从而进行复杂模式和规律的学习与识别。深度学习在图像识别、语音识别、自然语言处理等领域取得了巨大成功，已成为推动人工智能发展的关键技术。

机器学习与深度学习在多个领域都取得了广泛应用。在图像识别领域，深度学习模型如卷积神经网络（CNN）在图像分类、目标检测、图像分割等任务中取得了显著成绩。在语音识别领域，深度学习模型如循环神经网络（RNN）和长短期记忆网络（LSTM）在语音识别、语音合成等任务中表现卓越。在自然语言处理领域，深度学习模型如递归神经网络（RNN）和变换器（Transformer）在文本分类、机器翻译、情感分析等任务中实现了突破。

机器学习与深度学习的未来发展充满潜力。随着数据量的不断增加和计算能力的提升，机器学习与深度学习模型将变得更加强大与智能。与此同时，人工智能技术的应用领域将进一步拓展，涵盖更多行业和场景。未来，机器学习与深度学习将继续占据人工智能领域的核心地位，推动技术的不断进步，并为社会带来更多的便利和发展。

（二）自然语言处理与计算机视觉

自然语言处理（NLP）与计算机视觉（CV）是人工智能（AI）领域的两大核心技术，它们分别致力于使计算机能够理解和处理人类语言与图像信息，是实现人机交互、智能识别及决策的重要工具。NLP 与 CV 的结合不仅能推动更加智能化的应用，还能拓宽人工智能的应用领域，具有广阔的发展前景。

自然语言处理是人工智能的一个重要分支。NLP 的目标是让计算机能够理解、处理和生成自然语言，包括文本理解、分析、生成及翻译等方面。通过自然语言处理技术，计算机可以识别文本中的实体、关系及情感，执行文本分类、信息抽取、问答系统等任务，进行大规模文本数据的智能处理与分析，为用户提供更便捷的智能服务。

计算机视觉是另一项重要的人工智能技术。CV 的目标是使计算机能够理解和处理图像信息，包括图像理解、分析、识别和生成等方面。通过计算机视觉技术，计算机能够识别图像中的物体、场景及动作，执行图像分类、目标检测、图像分割等任务，实现对图像数据的智能处理和理解，为用户提供更直观、更丰富的信息服务。

NLP 与 CV 的结合能够催生更加智能化的应用。例如，在智能语音助手中，结合 NLP 与 CV 的技术能够实现语音识别、语义理解与场景感知，使语音助手能够准确理解用户需求并作出回应；在智能医疗领域，结合 NLP 与 CV 的技术可以实现医学影像的自动识别与疾病的自动诊断，帮助医生提高诊断效率与准确性；在智能交通领域，结合 NLP 与 CV 的技术能实现交通信息的自动采集与分析，协助交通管理部门进行交通管控和智能调度。

此外，NLP 与 CV 的结合还能够拓宽人工智能在多个领域的应用范围。例如，在智能教育领域，结合 NLP 与 CV 的技术可以支持智能教学系统和智能评测系统，帮助教师和学生实现个性化学习与评估；在智能家居领域，结合 NLP 与 CV 的技术可以实现智能家居控制系统和智能安防系统，提升家居生活的智能化和安全性。

二、数据采集与存储技术

数据采集与存储技术以及大数据分析技术在当今信息时代发挥着至关重要的作用，对各行各业的发展和决策具有重要意义。

数据采集与存储技术是大数据分析的基础。在信息化时代，数据产生的速度和规模呈指数级增长，因此，高效、可靠的数据采集与存储技术显得尤为重要。数据采集涵盖了从各种来源获取数据的过程，包括传感器、网络、移动设备、社交媒体等。数据存储则依赖强大的数据库系统和存储设备，以确保数据的安全性和可靠性，并保障数据的高效访问和管理。

大数据分析技术通过对海量数据的挖掘和分析，可以发现数据背后的规律和价值。大数据分析技术包括数据清洗、数据挖掘、数据建模、机器学习等多个环节，能够帮助人们从数据中提取有用的信息和洞察，支持决策和创新。通过大数据分析，企业和组织可以发现潜在的趋势和模式，提前预测市场变化、用户行为、自然灾害等，为决策提供重要依据。

数据采集与存储技术的发展为大数据分析提供了坚实的基础。随着云计算、物联网、移动互联网等技术的不断进步，数据采集的来源愈加丰富多样，数据存储的能力和效率也在持续提升，从而为大数据分析提供了更加丰富、可靠的数据资源。同时，分布式存储、云存储、非结构化数据存储等新型存储技术的出现，使得数据存储更加灵活和高效。

大数据分析技术的应用领域也在不断拓展和深化。除了商业智能、市场营销、金融风控等传统领域，大数据分析技术还被广泛应用于医疗健康、智慧城市、环境监测、交通管理等新兴领域，为各行各业带来了创新与变革。例如，在医疗健康领域，大数据分析能够帮助医生更好地诊断疾病、预测病情发展趋势，并提高医疗服务的质量与效率。

三、数据处理与分析方法

数据处理与分析方法是大数据分析的核心，为海量数据的提取、存储、清洗、分析和挖掘提供技术支持，帮助人们从数据中获取有价值的信息与洞察。大数据分析技术涵盖了多个方面，包括数据处理、数据挖掘、机器学习、人工智能等。下面将对这些技术逐一进行论述。

数据处理是大数据分析的基础。在大数据环境下，数据量庞大且多样化，因此需要进行有效的数据处理，以便进行后续分析。数据处理包括数据清洗、数据集成、数据转换和数据加载等步骤。数据清洗用于识别和纠正数据中的错误、不一致性和缺失值，保证数据的质量与完整性；数据集成则是将来自不同数据源的数据整合为统一的数据集；数据转换是将数据转化为适合分析的格式与结构；数据加载则是将处理后的数据加载到目标系统中，供后续分析使用。

数据挖掘是大数据分析的重要环节。通过应用统计学、机器学习、模式识别等技术，数据挖掘能够发现数据中隐藏的模式、规律和关联性，从而为决策提供支持和指导。数据挖掘包括分类、聚类、关联规则挖掘、异常检测等技术。例如，分类技术用于将数据划分为不同类别或标签，聚类技术用于将数据分组为具有相似特征的类别，关联规则挖掘用于发现数据中的相关性规则，异常检测则用于识别数据中的异常值或模式。

机器学习是大数据分析的关键技术之一。机器学习通过构建数学模型和算法，使计算机系统能够从数据中学习并改进性能，实现自主预测、分类、聚类等任务。常见的机器学习算法包括决策树、支持向量机、神经网络和随机森林等。这些算法可以根据不同问题和数据特征进行选择与应用，为大数据分析提供强大的工具和方法。

人工智能技术在大数据分析中的应用也越来越广泛。人工智能技术包括自然语言处理、计算机视觉、深度学习等多个方面。在大数据分析中，人工智能技术能够处理非结构化数据、图像数据、文本数据等复杂数据类型，提取其中的信息和知识。例如，自然语言处理技术可用于分析文本数据中的情感倾向、主题关键词等；计算机视觉技术可用于分析图像数据中的物体、场景、特征等。

第三节 新兴技术的安全性考量

一、新兴技术安全风险评估与预防

（一）安全风险评估的方法与工具

安全风险评估的方法与工具涵盖了多种技术和流程。常用的方法包括定性评估和定量评估。定性评估通过对潜在风险的描述和分析，评估其可能性和影响程度，从而识别主要的安全风险。定量评估则通过数学模型和统计分析，对安全风险进行量化和分级，为决策提供科学依据。

在工具方面，常用的评估工具包括风险矩阵、事件树分析、故障模式和效应分析（FMEA）、风险管控矩阵等。这些方法和工具能够帮助组织全面理解和评估安全风险，进而制定有效的风险管理措施。

针对新兴技术带来的安全风险，必须采取一系列预防措施。在新技术引入前进行充分的安全风险评估至关重要，需识别潜在的安全风险并制定相应的风险管理计划。应加强对新技术的持续监测和管理，及时发现新技术可能带来的安全隐患，并采取应对措施。同时，强化员工的安全培训和意识教育，提高其对安全风险的识别和应对能力。可借助技术手段，如安全漏洞扫描工具和入侵检测系统，增强对新技术系统的安全监控和防护，确保能够及时发现和应对安全威胁。

人工智能、物联网、区块链等新兴技术的应用正在不断拓展，但同时也带来了新的安全挑战。例如，人工智能系统可能存在数据泄露、算法偏差等安全问题；物联网设备可能面临远程攻击、隐私泄露等威胁；区块链技术可能遭遇智能合约漏洞、51%攻击等风险。针对这些安全风险，需要采取针对性的评估和预防措施，确保新兴技术的安全可控。

（二）预防安全风险的措施与策略

预防安全风险的措施与策略是保障新兴技术应用安全的关键。随着新兴技术的不断发展和普及，安全风险日益突出，如何有效评估和预防安全风险已成为亟待解决的问题。

建立完善的安全管理体系是预防安全风险的首要措施。包括制定和实施安全政策、建立安全组织机构、配备专业安全管理人员等，以确保新兴技术应用的安全性和可靠性。通过建立健全的安全管理体系，可以加强对安全风险的监控和管理，及时发现和解决安全问题，从而提高新兴技术应用的安全性。

加强安全培训和教育是预防安全风险的重要手段。通过开展安全培训，提升员工和用户的安全意识，增强他们对安全风险的识别和应对能力。培训内容应涵盖安全规范、安全操作技能、应急处置流程等，从而提高员工和用户对新兴技术应用的安全认知和行为规范，降低安全风险的发生概率。

加强技术研发和创新是预防安全风险的重要保障。通过引入先进的安全技术和加密算法，提升新兴技术的安全性和抗攻击能力。例如，在人工智能、物联网等领域，可以研发安全认证技术、数据加密技术等，保障数据的安全传输和存储，防范黑客攻击和数据泄露风险。同时，加强对新兴技术的安全审计和评估，及时发现和解决潜在的安全漏洞和隐患，提升新兴技术的安全可靠性。

加强国际合作和信息共享是预防安全风险的重要途径。新兴技术的安全风险往往具有跨国性和跨行业性，因此，各国政府、企业和组织应加强合作，共同应对。通过建立安全信息共享平台、加强技术交流与合作，共同研究和解决安全问题，制定和实施全球安全标准与规范，提升新兴技术的全球安全治理水平，共同应对安全挑战。

二、新兴技术隐私保护与数据安全

（一）个人隐私保护的法律与政策

个人隐私保护的法律与政策以及新兴技术隐私保护与数据安全，是当今信息社会中备受关注的重要议题。随着信息技术的飞速发展与应用，个人隐私面临着越来越多的挑战与威胁，制定和实施有效的法律政策，强化对新兴技术的隐私保护和数据安全至关重要。

个人隐私保护的法律与政策是保障公民基本权利的重要手段。各国和地区都制定了相关的隐私保护法律与政策，以保护公民个人信息不受非法获取和滥用。这些法律和政策通常包括个人信息的收集、使用、存储、传输与销毁等方面的规定，要求数据处理者遵守相关规定，保护用户的个人隐私权益。

随着人工智能、物联网、大数据等新兴技术的不断涌现，个人隐私保护面临新的挑战与风险。新兴技术的广泛应用使得个人信息的获取与利用变得更加便捷和普遍，同时也带来了隐私泄露与数据安全问题。因此，加强对新兴技术的隐私保护与数据安全已成为当务之急。

针对新兴技术隐私保护与数据安全的挑战，需要综合运用多种手段与方法来加强保护。加强技术监管与规范是保障隐私安全的重要途径。政府及相关部门可制定更加严格的技术标准与规范，要求新兴技术企业加强个人隐私保护措施，确保个人信息的安全与隐私不受侵犯。

加强数据安全管理与风险评估是保障个人隐私的关键。企业与组织在收集、存储和处理个人信息时，应建立完善的数据安全管理体系，采取有效的措施防止数据泄露与滥用。同时，应进行定期的数据安全风险评估，及时发现和解决潜在的安全隐患，保障用户个人信息的安全。

加强个人隐私保护意识与教育也是保障隐私安全的重要手段。政府、企业及社会组织可以开展广泛的隐私保护宣传教育活动，提高公众对个人隐私保护的重视和认识，增强个人防范意识与能力，共同维护个人隐私安全。

（二）数据安全与隐私保护技术

数据安全与隐私保护技术在当今信息化社会中变得越来越重要。随着大数据、人工智能和物联网等新兴技术的快速发展，对数据安全与隐私保护的需求变得愈加迫切。新兴技术不仅带来了巨大的便利与发展机遇，也给数据安全与隐私保护带来了新的挑战。研究和应用新兴技术的隐私保护与数据安全已成为当前的重要课题。

加密技术是保障数据安全和隐私的基础。传统的加密技术，如对称加密、非对称加密与哈希算法，在数据传输和存储中起着至关重要的作用。对称加密使用相同的密钥进行加密与解密；非对称加密则使用公钥和私钥；哈希算法则用于生成数据的摘要。近年来，基于新兴技术的加密方法，如量子加密和同态加密等，也逐渐受到关注，具有更高的安全性与效率，能够更好地保护数据安全与隐私。

隐私保护技术在新兴技术应用中愈发重要。随着大数据、人工智能和物联网的快速发展，个人数据的采集、存储与处理变得更加广泛和深入，隐私泄露的风险也随之增加。隐私保护技术如身份匿名化、数据脱敏、差分隐私等变得尤为重要。身份匿名化通过对数据进行去标识化处理，隐藏个人身份信息；数据脱敏则通过对敏感信息进行模糊化处理，保护个人隐私；差分隐私是一种更加严格的隐私保护技术，通过在数据中添加噪声来隐藏个体的敏感信息，保护数据的隐私性。

安全多方计算是新兴技术中的一项重要技术，也可以用于隐私保护。安全多方计算允许多个参与方在不泄露各自私密输入的情况下进行计算，从而保护了数据的隐私性。这项技术可以应用于各种场景，如医疗健康数据的共享、金融数据的分析等。通过安全多方计算，可以在保护隐私的前提下实现数据的合作分析，促进数据的共享与利用。

区块链技术也被广泛应用于数据安全与隐私保护领域。区块链技术通过分布式、不可篡改的特性，保证了数据的安全性与透明性。在区块链上存储的数据是经过加密与分布式存储的，确保了数据的隐私性与完整性。同时，区块链技术还可通过智能合约实现编程代码自动执行数据交易和共享的规则，进一步保护数据的安全与隐私。

生物识别技术也是保护数据安全与隐私的重要手段。生物识别技术通过识别个体的生物特征，如指纹、虹膜、面部等，进行身份认证与访问控制，从而保护数据的安全与隐私。生物识别技术具有高精度和不可伪造性的特点，可以有效防止非法访问与篡改，广泛应用于金融、医疗、政府等领域。

第四节　空间技术与卫星监测

一、空间技术在现代社会中的重要性

（一）空间技术对社会发展的促进作用

空间技术在通信领域发挥着重要作用。卫星通信技术使得人们可以随时随地进行电话通话、互联网访问等通信活动，极大提高了信息传输的效率和便利性。通过卫星通信技术，全球通信网络得到了重要支持，实现了全球范围内的通信覆盖。

空间技术在导航领域也发挥着关键作用。全球定位系统（GPS）等卫星导航技术，使得人们能够准确地确定位置，并为导航、地图制作、车辆监控等领域提供了重要支持。卫星导航技术实现了高精度的定位和导航，极大便利了人们的出行和日常生活。

空间技术在气象领域也发挥着至关重要的作用。气象卫星能够实时监测大气环境和天气变化，为气象预报、灾害预警等提供数据支持。通过卫星气象技术，可以及时预警和防范自然灾害，从而减少人员伤亡和财产损失，保障人民生命财产安全。

此外，空间技术还在资源调查、环境监测、农业、林业、渔业等领域发挥着关键作用。卫星遥感技术可以实现对地表的高精度监测和调查，为资源开发利用、环境保护和农业生产提供支持。通过卫星遥感技术，能够实现自然资源的精准管理和可持续利用，推动社会经济的可持续发展。

（二）主要的空间技术应用领域

空间技术在现代社会中扮演着至关重要的角色，广泛应用于通信、导航、气象、地球观测、科学研究等多个领域。这些应用不仅为人类生活带来便利，还推动了社会经济发展和科技进步，彰显了空间技术在现代社会中的重要性。

通信是空间技术的关键应用领域之一。卫星通信技术通过卫星网络，实现了全球范围内的通信覆盖，不受地理位置的限制，为全球用户提供了高质量的通信服务。无论是陆地、海洋深处还是沙漠中，卫星通信技术使人们能够保持与世界各地的联系，极大提高了信息传输的效率和便利性。

导航是空间技术的另一个重要应用领域。全球卫星导航系统（GNSS）如美国的 GPS、俄罗斯的 GLONASS、欧盟的 Galileo 等，利用卫星信号为全球提供精准的定位和导航服务。这些导航系统广泛应用于航空、航海、汽车导航、物流运输等领域，提高了交通运输的安全性和效率，促进了全球贸易和经济的发展。

气象是空间技术的另一个重要应用领域。卫星气象技术通过卫星观测和遥感技术，实时监测和预测地球大气和海洋环境的变化，为气象灾害的预警和防范提供了重要依据。卫星气象技术还可以监测大气污染、海洋污染等环境问题，为环境保护和生态建设提供科学数据支持，有助于改善人类居住环境，推动可持续发展。

地球观测是空间技术的一个重要应用领域。通过卫星遥感技术，可以高精度地观测和监测地球表面的各种信息，包括地形地貌、植被覆盖、土地利用、水资源分布等。这些数据广泛应用于资源调查、环境监测、灾害管理、城市规划等领域，为科学研究和社会发展提供了重要支持，推动了人类对地球的深入认识和有效管理。

空间技术还在科学研究领域发挥着重要作用。通过载人航天和无人探测器等手段，人类不断探索宇宙的奥秘，进行行星、恒星、星系等天体的探测，推动了天文学、天体物理学等学科的发展。同时，空间技术为地球科学、生命科学、材料科学等领域提供了独特的研究平台和实验条件，促进了科学技术的持续进步。

二、卫星监测在不同领域的应用

（一）环境监测与资源调查

环境监测与资源调查是维护生态环境和可持续发展的重要保障，而卫星监测技术的应用为这两项工作提供了全新的解决方案。卫星监测技术通过高分辨率、全天候、全球范围的观测，可以对环境变化和资源分布进行快速、准确的监测和调查。

在环境监测领域，卫星监测技术已成为不可或缺的重要手段。卫星能够监测大气、海洋、陆地等多个环境要素，包括大气污染物的排放、海洋表面温度变化、陆地植被覆盖变化等。通过卫星遥感技术，可以及时发现环境问题的发生和变化趋势，为环境保护和治理提供科学依据。

在资源调查领域，卫星监测技术也发挥着重要作用。卫星能够对自然资源进行全面、高效的调查和监测，包括土地利用、森林资源、水资源等。利用卫星遥感技术，可以快速获取和分析资源分布、变化及利用状况，为资源管理和规划提供科学支持。

卫星监测技术在农业、城市规划、灾害监测等领域也具有广泛的应用。在农业领域，卫星可以监测农作物生长情况、土壤湿度、病虫害等因素，帮助农民进行科学管理和作物生产。在城市规划领域，卫星监测可以监测城市扩张、土地利用、交通流量等因素，为城市规划和建设提供科学依据。在灾害监测领域，卫星可以快速监测地质灾害、气象灾害、森林火灾等灾害事件，为灾害预警和应急响应提供重要支持。

（二）自然灾害监测与预警

自然灾害监测与预警是保障人民生命财产安全、减轻灾害损失的重要手段。作为一种远程感知技术，卫星监测具有广阔的监测范围、高时空分辨率和全天候监测能力，已在多种自然灾害的监测与预警中得到了广泛应用。

卫星监测在气象灾害监测与预警中发挥着重要作用。气象灾害如台风、暴雨、暴雪等，常常威胁人民的生命财产安全。卫星监测可以提供大范围、高时空分辨率的气象信息，为气象灾害的监测和预警提供重要依据。卫星可以实时观测云图、降水量、风场等气象要素，通过数据分析和模型预报，可以提前几天对潜在的气象灾害进行预警，为政府和社会各界采取防范和救灾措施提供充分的时间和准确的信息。

卫星监测在地质灾害监测与预警中同样具有重要意义。地质灾害如地震、山体滑坡、地面沉降等，对人民生命财产构成严重威胁。卫星监测能够提供高时空分辨率的地表变化信息，为地质灾害的监测与预警提供有力支持。卫星可监测地表形变、地下水位、地形变化等地质要素，及时发现地质灾害隐患，预测地震发生的可能性，为地质灾害的风险评估和预警提供科学依据。

卫星监测在水文灾害监测与预警中同样发挥着重要作用。水文灾害如洪水、干旱、冰雪灾害等，严重威胁人民生命财产安全。卫星监测可以提供大范围、高时空分辨率的水文信息，为水文灾害的监测和预警提供必要支持。卫星可以监测地表水位、降水量、土壤湿度等水文要素，及时发现洪涝、干旱等水文灾害的迹象，预测水资源的供需状况，为水资源管理和水灾应对提供科学依据。

卫星监测在环境保护与应对气候变化中同样具有重要作用。环境污染和气候变化已经成为全球性挑战，而卫星监测可以提供全球范围、长时间序列的环境和气候数据，支持环境保护和应对气候变化的决策。卫星可以监测大气污染物、植被覆盖、海洋温度等环境要素，分析气候变化趋势、评估环境影响，为环境保护政策的制定和实施提供科学依据。

参考文献

[1] 李季，李雪峰. 以新时代党的创新理论为指引提升基层应急管理能力[J]. 中国应急管理科学，2024（3）：1-8.

[2] 朱正威，赵雅. 新安全格局下的应急管理体系：方向、意涵与路径[J]. 学海，2024（2）：130-145.

[3] 李召麒. 应民之所急聚数字之智——评《应急管理体系数字化建设理论与实践》[J]. 经济问题，2024（4）：129.

[4] 孙运宏，张卫. 新时代公共安全体系建设的逻辑转向与实现路径——基于大安全大应急框架的分析［J］. 江海学刊，2024（2）：131-139.

[5] 李积婷. 风险治理视角下的公共安全管理机制优化研究［J］. 中国管理信息化，2024，27（4）：224-226.

[6] 高婧琦，俞添泷，张永宝，等. 安全与应急领域高质量论文可视化分析[J]. 中国安全生产科学技术，2024，20（1）：30-36.

[7] 李瑞昌，唐雲. 纵向干预下政府公共安全学习论［J］. 复旦学报（社会科学版），2024，66（1）：182-191.

[8] 白银川. 应急管理战略研究的热点与趋势——基于 CiteSpace 的可视化分析［J］. 中国应急管理科学，2023（12）：28-42.

[9] 戚馨元. 提高公共安全治理水平路径研究［J］. 广西经济，2023，41（6）：109-118.

[10] 薛静. 公共安全危机视阈下公安应急管理能力建设的问题与进路［J］. 四川警察学院学报，2023，35（6）：107-114.

[11] 詹承豫. 公共安全与应急管理研究专题[J]. 北京航空航天大学学报（社会科学版），2023，36（6）：80.

[12] 罗云. 公共安全的国家战略与策略——二十大报告“提高公共安全治理

水平”精神学习与解读［J］．安全，2023，44（11）：1-9，89.
［13］刘诚．安全生产权与劳动安全卫生权［J］．工会理论研究（上海工会管理职业学院学报），2023（5）：4-20.
［14］童星．适应大应急大安全的应急管理学科建设［J］．中国应急管理科学，2023（9）：1-11.
［15］容志，宫紫星．理解韧性治理的一个整合性理论框架——基于制度、政策与组织维度的分析［J］．探索，2023（5）：119-133.
［16］容志，陈志宇．结构性均衡与国家应急管理体系现代化［J］．上海行政学院学报，2023，24（5）：4-17.
［17］詹承豫，徐培洋．基于系统韧性的大安全大应急框架：概念逻辑与建设思路［J］．中国行政管理，2023，39（8）：137-144.
［18］吕子辰．如何建设博物馆公共安全应急管理体系［J］．文化产业，2023（22）：70-72.
［19］黄全义，杨秀中．对于数字减灾与应急数据的思考［J］．中国减灾，2023（13）：10-13.
［20］王祥喜．在应急管理部党委会部务会上强调加快推进应急管理体系和能力现代化更加有效维护和塑造有利于发展的公共安全环境［J］．劳动保护，2023（7）：6.